谭波

著

央地财权、事权匹配的宪法保障机制研究

RESEARCH ON THE CONSTITUTIONAL SAFEGUARDING SYSTEM
OF MATCHING FINANCIAL POWER AND ROUTINE POWER BETWEEN
THE CENTRAL AND LOCAL GOVERNMENTS

社会科学文献出版社
SOCIAL SCIENCES ACADEMIC PRESS (CHINA)

冲破央地关系的瓶颈（代序）

莫纪宏

谭波教授的新作《央地财权、事权匹配的宪法保障机制研究》即将面世，请我作个序言。因谭教授是我指导的博士后，并且在博士后研究期间主要关心的也是央地关系问题，故不宜推却。但说些不痛不痒捧场的话也没有什么趣旨，因此，想就谭教授新作中涉及的央地关系这一重要议题谈几点看法，见教于业界行家。

央地关系是一种政治关系，也是一种法律关系。讲政治关系，会涉及政治决断，也就是说，一个共同体是如何处理整体与部分的关系的。当然，历史经验的分析很重要，甚至古代的井田制、分封制、封建制、宗主制、殖民地、大一统帝国、邦联、联邦等，这些过往和既存的事实都表达了整体与部分的关系类型；至当代，基本上浓缩成联邦制与单一制两种类型了。从政治关系上来看，联邦制存在着部分优先，部分之和大于整体的逻辑关系。表现在合法性秩序上，就是联邦的权力来自州的授权，部分的合法性是基础。单一制是演绎逻辑关系，整体是原点，根据世事变化的需要，可以对整体做多种角度的部分切割，自然就是部分之和小于整体了。部分的权力来自整体的让渡。政治上的央地关系必然要通过法律制度巩固下来，联邦制下的央地关系是契约化的，各个地方有很大的自主性，联邦的权威在于契约中的权限或是表现为规范意义上的宪法中的职权；单一制下的央地关系是授予式的，地方与中央之间的权力界限是可以随着中央的兴趣变化而不断变动的。这种逻辑关系很精确地反映在新中国成立后的央地关系上。中央不断向地方"放权"，一"放"就乱，一"乱"就收，一"收"就死，一"死"就放。反复循环、不断延绵，无有定则。今天也没有完全摆脱这种魔咒。法律都不能约束这一魔咒，说明了央地关系确实比较复杂。当然，不能不说在单一制国家，央地关系更显得政治性突出，法律性薄弱。

在全面推进依法治国的大背景下，要破解央地法律关系上的魔咒，寻找一个具有相对稳定性的授权规则，保持一定时空范围内的秩序稳定，确实需要建立一个央地关系的法律分析模型。谭教授的新作从"财权""事权"两个法律链接点来考虑这个问题的解决方案，应当说，抓住了央地法律关系的核心。谭教授运用了比较法的数据来分析央地财权、事权匹配的事例和经验，对我国目前央地法律关系中的财权、事权匹配状况做了比较精细的分析，提出运用宪法的价值和规则来相对固化央地关系中的财权、事权匹配格局，这里面的逻辑是比较清晰的，由此产生的财政宪治主义思路也很有破题的价值。这是谭教授新作的学术意义所在。

我想补充一点的就是，央地关系中的财权、事权匹配问题是一个政治关系问题，不完全受制于法律制度的约束。财权、事权可以细化，甚至还可以分段、分区设计，从而保证央地法律关系的适当清晰度，但宪法制度中的财权、事权之间的平衡和比例关系状况是否妥当，这实际上已经超出了宪法价值和秩序的范围。有时看似财权、事权不相称的地方，可能央地关系在政治层面表现得很平稳；而在财权、事权之间的匹配关系非常清晰，甚至具有明确的可预见性的情况下，央地之间的法律关系反而陷入了困境。故分析央地财权、事权匹配的宪法保障机制，除了要引入宪法价值的判断标准，对央地关系的政治样态也不能忽视。谭教授新作中注意到了这个问题，但还有很多进一步阐发的空间。以目前的生态文明建设为例，从局部和眼前来看，许多央地财权、事权的匹配关系是看不到"均衡""适当"的价值特性的，但因为政治上正确，故仍有其存在的合法性。总之，阅读谭教授新作，既是受教，也是启发。希望谭教授的新作促使更多的同行萌生新的选题，以此促进央地关系的深入研究。

目 录

引　言

　　央地财权、事权在目前很长的一段时间内都将是我国央地关系甚至是政治体制中一个热点话题。原因就在于，长期以来我们单一制国家的架构让中央统管了大部分事务，而随之而来的权力下放又让地方找不到感觉和"财路"，以致所谓的"两个积极性"变成了"中央积极下放事权，地方积极博取财权"。其实，从过往的经验看，"改革成功的重要因素之一是对地方积极性的充分发挥，各地的积极试点，创造一个又一个的'地方经验'"。①

　　因此，当下这种状态无疑不利于我国长久的经济健康稳定发展。在有些国家，国家的直接下级地方政府通常被称为"次国家政府"，可见其地位之重，也可想见权力其大，当然，联邦制国家在其中甚为突出。但单一制国家也存在相应的地方自治传统与制度，这些也足以让不同级别的地方政府拥有相应的财权，用以支撑事权行使，并且这种制度都在宪法的"地方自治"部分有明确规定。更多的时候，单一制国家的事权分配在宪法之外的其他具体法律中得以实现。

　　对于中国而言，省级政府在整个国家架构中占据着十分关键的作用，其原因不难理解。从我国目前的情况来看，省级人大与其常设机构以及政府拥有立法权等重要权利，省级的政府职能部门还有着各种具体的审批权限，这些都决定了省作为一级重要单位在中国的施政过程中占据着十分肯綮的位置。一方面，其在中央决策的"下达"中被称为直接执行者；另一方面，它又是各类信息的汇集以及"上传者"。在财政领域，除了计划单

---

　　①　谭保罗：《供给侧改革需要哪种"地方经验"?》，《南风窗》2016年第3期，第36页。

列市外，很多钱物都是经由省级单位再来一级级下放地方，如果发挥其作用，还可以对这种下放起到至为重要的把关作用，防止或减轻省级以下直至基层地方的财政之混乱。很多学者都认为，基层地方的财务出现这种混乱现象，从根本上来说是因为制度未得到有效的执行。[①] 而这个制度的执行，关键在省。

对于事权而言，也是如此。目前十八届三中全会以及四中全会提出省级政府在推进区域公共服务均等化方面的目标，实际上就是对其事权行使方面地位的肯认。在参加全国人大会议以及其他相关的国家决策会议时，省也是重要单位之一。既然如此，探讨省级单位的财权配备就成为对应话题。所以，我们可以看到预算法在修改过程中犹豫再三还是将有限的举债权交给了省、自治区和直辖市，这说明了这方面财权设置的必要性。

诸如上述，实际上说明一个问题，制度是需要设计并实施的。党的十八届四中全会提出"全面推进依法治国"中的"宪法实施"问题，是一个起点。反观法治，其真谛也恰在于有良法并得到很好执行。财权、事权的匹配在中国当下表现出的问题就在于，事权不固定甚至随意，财权不够用甚至缺位，因此那两者在各自的轨道上成为"难兄难弟"，甚至自说自话，也就不足为奇了。当我们强调宪法实施之时，首先要明白宪法约束权力的一面，而约束的前提也是先要划清界限，否则就不能称之为"良法"。所以，本课题的研究径路就在于探讨宪法层面的分权研究及其配套谱系的定位，从而成为我国央地关系处理的一个很好的突破点。

在社会主义法治体系行将建构之际，我们必须找到其在央地权力匹配方面的表现并将其现实化，而"理顺中央与地方财政关系是我国当前和今后一段时期深化财税体制改革和加强财税法治建设的三个关键环节之一"。[②] 如果处理不好，将成为整个法治体系的一大缺憾，并有可能影响到全面推进依法治国的进程，从而影响其他几个"全面"工作的侧翼，不可不察。

---

① 谭元斌：《乡级财政还能有多乱》，《人民文摘》2015 年第 2 期，第 35 页。

② 魏建国：《中央与地方关系法治化研究——财政维度》，北京大学出版社，2015。

第一章 央地财权、事权匹配宪法保障机制的理论解构

在下文正式展开探讨之前，我们面临的首要问题就是，什么是"财权"和"事权"。这是我们需要明确的重点概念，但是不经过讨论而直接界定，这种开门见山式的演绎少了推演过程。在进行下一步讨论之前，我们可以顾名思义，"财权"和"事权"都是一种权力，在传统的法学范畴中，我们无法找到其位置。但是随着学科研究的交叉，很多原属于其他学科的概念范畴都像"财权""事权"一样，进入了法学研究的视野。作为权力的"财权""事权"，很明显是为了满足中央和地方公共管理或公共服务的需要而产生的，[①] 后者是因"事"而生的权力，是管理事务的权力，而管事就需要"人财物"，也即前者是为满足后者的"事"的需要所拥有的"生财"方面的权力。这也是本课题对"财权" "事权"所做粗浅定义。

第一节 央地财权、事权匹配宪法保障问题的出现

前文提到对"财权""事权"的界定，其重要的前提是两者都依法而生，否则便不具合法性，不能成为可以探讨的问题。而财权、事权需要匹配，也需要法治的保障，尤其是作为一国法律体系核心的宪法的保障，这种保障能保证两者本身以及其匹配机制具有根本的合宪性，同时也使两者

---

① 参见熊文钊主编《大国地方：中央与地方关系法治化研究》，中国政法大学出版社，2012，第198页。

能够在整个法治体系之下得到来自各方面的制度保护。

一 央地"财""事"两权为什么要匹配？

央地之间的"财权""事权"关系是一个由来已久的问题，古今中外，概莫能外。一个国家，大体可以分为中央和不同层级的地方这几个单位，如果将地方各级区域作为一个集合体，便产生了这里的"中央"与"地方"的对应。从理论和实际上看，各级政府都拥有一定的行政职权职责，这些职权职责的完成当然需要财力的支持。这也是我们所说的为什么要产生相应的财政和出现相应的财政供养。一级政府所需要的无非就是我们通常所说的人力、物力、财力，而这所有的物质消耗最终都可以归结为"财力"一词，因为人力是由财力来供养和物力则可以由财力来交换获得。如果想要一级政府完成相应的事务，则必须赋之以相应的财力。这种简单的道理，可以归结为财政学的问题，也可以被归为行政（管理）学的研究对象。因为，在任何时间和场合，巧妇都难为无米之炊。从党的十七大以来的历届党的全会文件中，我们也能够认识到这个问题的重要性（参见表 1-1）：

表 1-1 党的十七大以来"财力"与"事权"官方文件表述一览

序号	具体表述	出台时间
1	"健全中央和地方财力与事权相匹配的体制"[①]	2007 年 10 月
2	"按照财力与事权相匹配的原则，科学配置各级政府的财力"[②]	2008 年 2 月
3	"增加对县的一般性转移支付、促进财力与事权相匹配"[③]	2008 年 10 月
4	"在合理界定事权基础上，按照财力与事权相匹配的要求，进一步理顺各级政府间财政分配关系"[④]	2010 年 10 月
5	"健全中央和地方财力与事权相匹配的体制"[⑤]	2012 年 11 月
6	"中央出台增支政策形成的地方财力缺口，原则上通过一般性转移支付调节。""必须完善立法、明确事权……""中央和地方按照事权划分相应承担和分担支出责任"[⑥]	2013 年 11 月

续表

序号	具体表述	出台时间
7	"推进各级政府事权规范化、法律化，完善不同层级特别是中央和地方政府事权法律制度"⑦	2014 年 10 月
8	"建立事权和支出责任相适应的制度，适度加强中央事权和支出责任"⑧	2015 年 10 月
9	"财政事权是一级政府应承担的运用财政资金提供基本公共服务的任务和职责，支出责任是政府履行财政事权的支出义务和保障"⑨	2016 年 8 月

注：①摘自党的十七大报告《高举中国特色社会主义伟大旗帜，为夺取全面建设小康社会新胜利而奋斗》。②摘自党的十七届二中全会报告《关于深化行政管理体制改革的意见》。③摘自党的十七届三中全会报告《中共中央关于推进农村改革发展若干重大问题的决定》。④摘自党的十七届五中全会报告《中共中央关于制定国民经济和社会发展第十二个五年规划的建议》。⑤摘自党的十八大报告《坚定不移沿着中国特色社会主义道路前进，为全面建成小康社会而奋斗》。⑥摘自党的十八届三中全会报告《中共中央关于全面深化改革若干重大问题的决定》。⑦摘自党的十八届四中全会报告《中共中央关于全面推进依法治国若干重大问题的决定》。由于 2014 年的中央全会决定的角度是建设法治政府，主要是从政府权力规制的角度提及事权，所以这里没有涉及财权或财力的问题。⑧摘自党的十八届五中全会报告《中共中央关于制定国民经济和社会发展第十三个五年规划的建议》。⑨摘自国务院《关于推进中央与地方财政事权和支出责任划分改革的指导意见》。

从上面的表格可以看出，一开始的提法（2007～2012 年）是"财力"和"事权"的匹配，后来逐渐变成"事权"的单提，同时还出现了其他词汇与事权相对应（如支出责任），这也表明在此问题上国家决策层的认识在逐步深化，而相应的顶层设计也在悄然发生着变化。这些年官方表述所在的章节名称也各异，有的位于政府职能转变的部分，有的位于经济体制改革的部分或加快完善社会主义市场经济的部分，具体又涉及加快财税体制改革的问题，还有的则属于加强预算管理的问题，一直到 2015 年的章节名称"建立事权和支出责任相适应的制度"。这本身就说明了这一问题的复杂性、涉及领域的多元性。2016 年国务院又提出了"财政事权"的概念。但是，可以肯定的是，不管是政治体制改革领域还是经济体制改革领域，甚至微观的财税体制改革领域，都需要央地之间达成财权、事权的匹配，这样才能更利于保障一国上述领域秩序的稳定，否则就可能出现所谓的"基础不牢，地动山摇"的危险局面，或者"大河无水小河干"的难堪。这也是改革开放以来我国在处理央地关系过程中反复获得的教训。中央因其行使全国性事权的需要，其掌握的财权要多于自身所掌握的财力，往往要能够满足向地方进行财力转移的需要，而下级政府则刚好相反，在单一制国家尤其如此。

二　央地财权、事权匹配在我国为什么需要宪法来保障?

如果说"财力"与"事权"的匹配还只是财政学或行政管理学的问题，那么财权的问题就成为典型的法学问题。法学的研究机制或法律规范的调整机制注重的便是相应的权利义务机制。"财权"与"事权"本身都是权力范畴的问题，即便是"财力"，其本身也出自权力，是权力行使的结果。而"行政权本身只能依宪法存在"，[①] 实际上"有关国家行政机关的基本组织、主要职权、主要活动原则、主要管理制度等都是由宪法直接规定的"，[②] 也就是事权的宪法化是由来已久的规律和趋势。而为了体现国民意志，实现"财"的取之于民之后的用之于民，也必须紧依宪法，因为宪法是最高的国民意志。此外，不少财政学或管理学的学者在研究这一问题时，纷纷提出应该制定中央地方关系相关法、政府间转移支付相关法、《税收基本法》并修改《预算法》这些具有宪法性质或与宪法密切相联系的法律，以资保障政府间财权、事权匹配。而在此之外，学者还纷纷对宪法保障的调整建言，"应该在作为国家基本大法的宪法的修正中增加关于我国政府间事权、财权划分，确定我国政府间事权、财权划分的宪法基础。"[③] 足见在这种问题上最终解决途径的同归性。

其实，财力更多的只是强调国家资源的分配，国家会采取各种制度力

---

① 〔日〕室井力主编《日本现代行政法》，吴微译，中国政法大学出版社，1995，第 20～22 页。
② 姜明安主编《行政法与行政诉讼法》，北京大学出版社，2015，第 36 页。
③ 周波：《政府间财力与事权匹配问题研究》，东北财经大学出版社，2009，第 296 页。

保"财力"与"事权"相匹配,也就是说,要保证"干多少事有多少钱",这也是一些财政学者的看法。[①] 以事务的性质、种类和数量来确定相应的财政分配,而国家的相应保障并不一定是指所谓的法律制度,这种匹配也并非一定就是法律规范所需要调整的对象。而如果将这种所谓的"财力"使用相应的"财权"来代替,这其中蕴含的问题可能就发生了相应的变化,即地方不只是被动地从国家分配机制那里获得财力支持,更重要的还在于其自身能够靠自己所拥有的财权来自我保障,从接受"输血"到自身"造血",这种机制的改变是巨大的,同时也应和了国家传统文化中一直以来提倡的"救急不救穷"。这种"造血"机制的存在也便于地方因地制宜,根据地方的不同情况来采取不同的"财权"行使机制,而中央需要做的便是起到良好的监管作用。从整个机制来看,"财权"就是这里的"造血干细胞",而法律机制正是保障这一财权运行机制正常运作的指挥与监控系统。如果再进一步,宪法无疑是这种指挥与监控系统的控制中枢,相当于其中的"大脑"。

我国现行宪法对央地关系调控有直接的原则性表述,"在中央集中统一的领导下,充分发挥地方的主动性、积极性"。这是央地国家机构职权划分的原则,当然在财权、事权的配置领域也应适用。在中国现行的财力配置体制下,财力的供给增加并不是能够立竿见影的,也就是说,

---

① 如财政部财政科学研究所所长刘尚希研究员就一直坚持这种"财力与事权"相匹配的观点。周潇枭:《专访财政部财政科学研究所副所长刘尚希:未来应建立"财力"与"事权"相匹配的财政体制》,《21世纪经济报道》2012年10月9日,第23版。

　　同时,在实际的行政过程中,对财权和事权的配置也存在关于"财力"与"财权"的不同看法,如2007年笔者在参与的一项国家社科项目的调研中,曾有问题被设计为"您认为目前政府间事权与财权配置方面的主要问题是?"其中"事权和财权不匹配"以67.5%的比例高居第一,"财权高度集中于中央及省级政府"占44.5%,"财权划分不清晰"占到41.9%,"地方政府财政自主权过小"占到了39.2%,而在多选题的设计中,"县乡两级政府财力严重不足"也占到了67%。这一方面说明了地方行政人员对财权和事权关系以及财权本身的重视度,另一方面也说明了在实际的行政过程中,确实存在对一定级别的政府不需要财权的看法,这也是目前我国立法在最终确定法条内容时所采取的态度。参见石亚军主编《中国行政管理体制现状问卷调查数据统计》,中国政法大学出版社,2008,第30页。

事权下放从中央到地方已经立了"杆",而"财"这种事权执行手段并不是马上就能够随之跟进,有时中央决策的落实甚至还需要地方辅之以配套资金,在中央与地方共同事权的领域尤其如此。而就目前的情况来看,在事权不断下放的大趋势下,如果更多的财力在一时难以到达地方的手中,那么只有"造血"这种财权的运行才能改变地方彻底的"等靠要"态度。

在现行宪法前述的原则规定之下,还有相应的宪定体制予以支持,也就是我国当前的财力分配体制。全国人大和全国人大常委会的职权当中,分别有相应的事务权限,并有同级的预算通过权限,国务院则负责在自身事务权限的基础上确定自己的预算方案,提交给前述机关审议通过;地方相应级别的人大和政府的关系也大抵如此,只不过从全国范围来看,国家的预算又囊括了各地方单位的预算,虽然按照预算法的规定,我国的预算是分级管理的(参见表1-2)。

表1-2 现行宪法典中关于央地事权配给的相应规定①

条文序数	具体内容
第 62 条	"全国人民代表大会行使下列职权……"②
第 67 条	"全国人民代表大会常务委员会行使下列职权……"③
第 89 条	"国务院行使下列职权……"④
第 99 条	"地方各级人民代表大会在本行政区域内,保证宪法、法律、行政法规的遵守和执行。"⑤
第 100 条	"省、直辖市的人民代表大会和它们的常务委员会,在不同宪法、法律、行政法规相抵触的前提下,可以制定地方性法规,报全国人民代表大会常务委员会备案。"⑥

① 完整地说,还应该有司法事权的罗列,虽然其都统一属于中央事权。
② 参见现行宪法第62条。
③ 参见现行宪法第67条。
④ 参见现行宪法第89条。
⑤ 参见现行宪法第99条。
⑥ 参见现行宪法第100条。

续表

条文序数	具体内容
第 107 条	"县级以上地方各级人民政府依照法律规定的权限，管理本行政区域内的经济、教育、科学、文化、卫生、体育事业、城乡建设事业和财政、民政、公安、民族事务、司法行政、监察、计划生育等行政工作，发布决定和命令，任免、培训、考核和奖惩行政工作人员。乡、民族乡、镇的人民政府执行本级人民代表大会的决议和上级国家行政机关的决定和命令，管理本行政区域内的行政工作。"①
第 119 条	"民族自治地方的自治机关自主地管理本地方的教育、科学、文化、卫生、体育事业，保护和整理民族的文化遗产，发展和繁荣民族文化。"②

从上述方面来看，宪法在确认央地权限的同时，又以相应的预算体制作为宪法支撑，这实际上就是一种间接的宪法保障。而从更直接的角度而言，如果在宪法之中明确相应的财权、事权理念以及何种事权属于中央的专属事权而何种事权属于央地共同事权等问题，那么这种宪法部署的财权、事权格局则相应会更加实际，易于落实。这里需要注意的是，如同前言中所提的，这里的事权主体在中国语境下体现为狭义的各级政府，③ 而地方政府也主要集中于省级政府，这也是本章一直所述及的财权、事权匹配的主要研究对象。

三　部分国家财权、事权匹配宪法保障机制的列示

如果说前述现状只是对我国宪法对财权、事权匹配保障的一种总结，那么我们纵向比较一下其他国家对央地财权、事权匹配保障的做法，会发现其中有不少典型经验，这些经验并不一定可以全盘为我所用，但对其进行相应的列举完全有利于我们了解现行世界部分国家宪法对财权、事权匹配保障的代表性做法。

---

① 参见现行宪法第 107 条。
② 参见现行宪法第 119 条。
③ 在国外，"政府"（government）一般包括行使立法权的国会或议会、行使行政权的行政机关和行使司法权的法院的统称。参见《宪法学》编写组《宪法学》，高等教育出版社，2011，第 242 页。

（一）联邦制国家

笔者曾对世界 193 个国家的宪法中关于央地财权、事权的保障机制做过统计，[①] 发现其中有一些典型的关于保障央地财权、事权匹配的宪法规定，尤其在一些联邦制国家中更是明显。联邦制国家作为"国中有国"的典型，其联邦与成员单位之间的关系相对分明，也就是说联邦成员单位也有自己的一套治理体系和制度规范，为了更好地维护自身利益，才选择加入联邦。这种架构本身就决定了联邦成员单位有相对比较独立的财权与事权，而且这种权力划分往往都是通过宪法进行的。以发展中国家巴西为例，其宪法的相关规定大体如下（参见表 1 - 3）：

表 1 - 3　巴西宪法典中关于财权、事权匹配的宪法规定

编　名	章　名	节　名
第三编　国家组织	第二章　联邦 第三章　联邦各州 第四章　市 第五章　联邦特区和联邦直辖地 第六章　干预	
第六编　税收和预算	第一章　国民税收体系	第一节　一般原则 第二节　对征税权的限制 第三节　联邦税 第四节　州税和联邦特区税 第五节　市税 第六节　税收分配

可以看出，在巴西联邦宪法中，事权和财权的分配都已入宪且有明确规定。在第三编"国家组织"中，也有关于联邦财产权的规定，其后依次是联邦事权、专属立法权、共同事权和竞合立法权的规定，州则有州的固

---

① 谭波：《央地财权、事权匹配的宪法保障机制比较研究》，《河南工业大学学报》（社会科学版）2013 年第 2 期，第 58 ~ 71 页。

有财产，主要是一些自然资源类的财产。在第六章"干预"中，明确规定，"除下列事项外，联邦不得干预各州或联邦特区"，这些事项主要涉及国防、公共秩序、国家机构权力的行使、联邦法律或判决的执行等方面的内容，另一方面就是财政状况保障方面的联邦干预权力的行使，如连续 2 年未予偿还宪法规定的税收收入，在法定期限内未向市移交本宪法规定的税收收入，以及联邦为贯彻州税或转移税中的强制最低限额部分用于维持或发展教育以及公共健康服务的宪法原则而必须采取的干预措施。在税权方面，禁止联邦在全国范围内设立不统一的税。州税和联邦特区税有其固定的种类。比较典型的是"税收分配"，其中规定了分配给州和联邦特区、市的税收种类以及联邦应该移交的税收收入。巴西作为与中国同样拥有庞大国土面积的国度，其发展程度也与中国相当，在分税制上的宪法保障措施其实对于我国目前税收领域的分权有着相当的借鉴参考作用。不仅州税甚至市税都出现于宪法之中，最关键的是对征税权进行了宪法表述，这等于说巴西确立了征税权这种"财权"的宪法地位。

　　无独有偶，在苏丹和南苏丹宪法附件中，则不仅限于有财权的规定，还有事权的相应宪法规定。这两个国家原属一国，在分设之后仍然在宪法风格上保持了相应的接近。比如，在两国宪法中的财政和经济事务方面，首先就确定了公共财富公平分配的原则。这实际上对于公平确立财力的划分有着直接的导引作用，这也是尊重客观实际的表现。而在事权方面，这两国宪法也规定了中央和地方的剩余权力以及解决共同事权冲突的方式。"剩余权力应当根据其性质分别对待。如果权力是关于一个全国的事务，要求的是一个全国的标准或者是单一一个州无法管理的事务，它应当由联邦政府行使。如果权力是关于一个通常由州或地方政府管理的事项，它应当由州政府或地方政府行使。""如果联邦法律和州法律在两者共同权力范围下的事项上发生矛盾，应当以联邦法律为准。"① 这种规定实际上正是通

---

① 在苏丹宪法中还规定了解决共同权力冲突方面的其他规则，"应以能最有效处理问题的法律为准，并兼顾以下：（1）承认国家的主权和确保南苏丹及各州自治权的重要性；（2）确定国家或南苏丹所需规范和标准的程度；（3）附属性原则；（4）促（转下页注）

过宪法这种最高法来解决相应的矛盾冲突。不同的争议应该有不同的解决方式与解决依据，对于公权力领域的矛盾冲突，最好和最高的解决方式其实就是宪法及由其衍生的具体机制与机构，上述苏丹与南苏丹宪法的规定恰恰印证了这一宪法精神。

如果说前述样板都是处于别的大洲，与东方传统不甚接近的话，那么我们放眼亚洲，也能够找到很好的制度设定。我们的亚洲近邻印度和巴基斯坦宪法中都规定了联邦和省之间的财政收入的分配以及借款和审计的相关内容。除此之外，同章还规定了"财产、合同、债务和诉讼"的内容。

（二）单一制国家

其实，并非只有联邦制国家做如此规定，单一制国家的地方相比联邦制而言相对中央的独立性较弱，但是有些单一制国家也建立有相应的地方自治制度，事权自不待言，地方单位的财权也得到相应的法律保障。单一制国家中，有不少国家的宪法规定了国家财权的缴纳与分配问题（如西班牙宪法"经济与财政"和"国家的地区组织"章、厄瓜多尔宪法"财政收入"章、哥伦比亚宪法"关于资源分配和司法管辖"章、斯洛文尼亚宪法"自治"和"公共财政"章等）（参见表1-4）。

表1-4　部分单一制国家宪法典中关于财权、事权匹配的规定①

国	具体宪法条文表述
西班牙	根据宪法和法律，自治区和地方机关可设定和征收赋税
	为了实现法定任务，地方政府的财政须有充足的资金，而这方面的经费主要从地方的税收以及国家税收中的相应份额获得
	自治区的财源（resources）由以下各项构成：

(接上页注①)进人民福利和保护所有人人权及其基本自由的需要"。由于2011年南苏丹已经独立建国并通过了过渡宪法，因此，在这里特此说明。

① 考虑篇幅的需要，本表并未将相关条文的全部内容摘引，而只是为说明宪法规定的模式而择其要者加以列示说明。

续表

国	具体宪法条文表述
厄瓜多尔	地方自治政府应获得自身财政收入，并按照辅助性、团结和公平原则接受部分国家财政收入
	地方自治政府应获得至少 15% 的永久性收入，以及不低于 5% 的中央非永久性收入，国债的有关收益除外。年度拨款应可预见、直接、及时、自动地下发
	地方自治政府之间的资源分配应根据以下标准，受法律约束
	授予各地方自治政府的管辖权应有相应的资金予以支持。若无足够的资金拨款，则不得授予管辖权，被授予机构明确同意接受的除外
	地方自治政府在辖区内对不可再生自然资源进行开采或工业化生产的，有权依法获得此项收入的一部分
哥伦比亚	除宪法另有规定外，应由政府提议，法律应确定国家、省、区和市各自应承担的服务职能
	法律应根据地方各级政府的职责，规范省、区、市参与总体系的财政收入分配标准；应包含为实施该参与总体系所需的规定，在其中纳入分配原则，并考虑以下标准
	来源于领土实体的税收和其他垄断开发的资源所形成的资产和收入，属于该地区的独有财产，并享有与私人收入和财产同等的保障。
	各部门和地区税收享有宪法保护权，法律不得将其转移给国家，但为抵御对外战争而暂时使用的除外
斯洛文尼亚	根据法律的规定，在提供必要资金的前提下，国家可以把国家权限中的某些职能转移给城镇市或区行使（笔者注：城镇市和区均为该地方自治区域）
	国家和地方共同体通过征税、其他义务缴款以及本身财产的收入来筹集资金，用于行使自己的职权
	地方共同体在宪法和法律规定的条件下确定税收和其他缴款

（三）特例：从单一制转向联邦制的南非

南非在国家结构形式上曾为单一制，在 20 世纪 90 年代之后，经过
"新南非"的酝酿，其宪法在转型联邦制的过程中也起到了很重要的作用，
尤其在财权、事权匹配的保障问题上表现明显。南非作为联邦制国家也在
其宪法"财政"章中规定了"税收的正当持有及分配"和"省及地方财
政事务"问题（参见表 1-5）。

表 1 - 5 南非宪法典"财政"章关于税收的正当持有与分配的相关规定

	议会法律应当规定：
第 1 款	（1）在国家、省及地方层次的政府之间公平分配全国征集的税收
	（2）决定该资金的每一省份的合理份额
	（3）从国家政府的资金份额转出到各省、地方政府以及市的划拨行为，以及其他可能的划拨
第 2 款	第 1 款中所指法律只有在咨商过各省政府、有组织的地方政府及财政和会计委员会，并考虑过该委员会的建议后才可制定，并且应当斟酌下列事项：
	（1）国家利益
	（2）必须制定的关于国债及其他国家义务的条款
	（3）由客观标准所决定的国家政府的需要与利益
	（4）确保各省及各市能够提供基本服务及履行分配给他们的功能的需要
	（5）各省及各市的财政能力及效率
	（6）各省、各地方政府和各市的发展及其他需要
	（7）各省中及各省间的经济发展的不平衡
	（8）依据国家立法各省和各市的责任
	（9）资金稳定性及可预期性的需要
	（10）依照类似客观标准弹性反映紧急状况或其他临时需要，以及其他因素的需要

最具代表性的当然是上述宪法法条第 2 款中各要素的考量，这等于说确定了进行具体的财力分配立法时需要考量的要素，这是宪法的指引具体立法功能之体现，也更好地保证了法律体系的统一性。另外，在该国宪法的"省及地方财政事务"部分中，涉及的内容包括省的税收资金、省及地方政府财政的国家来源、省的捐税、市的财政能力与功能、省的借贷以及市的借贷，将地方"财"的问题细致到了"市"一级。

四 新中国成立前央地关系财权、事权匹配宪法保障的历史分析

如果说上述的横向对比还不足以说明问题，那么我们对中国历史的分析则可以保障我们得到相应的佐证，那就是，这种宪法保障机制其实还是

客观存在并发挥过相应的作用的。

（一）央地财权、事权缺乏宪法保障体制之流弊

在中国历史上，中央与地方的关系一直处于实践调整的张与合之中，甚至出现了"分久必合、合久必分"的周期律。周的分封、汉的封国、唐的节度使和其在少数民族地区的羁縻州等，都是曾经改变央地关系却又带来央地格局颠覆的尝试。比如，唐分天下为十道，其中九道都经过羁縻州，当唐王朝在民族地区统治力量增强时，会改羁縻州为正州，反之则改正州为羁縻州，[①] 这些都是中央王朝的行政调控方式。宋朝为防唐之藩镇格局弱化中央的控制，采取了强干弱枝的集权做法，以致地方政府事权能力骤然下降，无法独立完成诸如剿匪等治安任务，但是这也为后世中央治理提供了一条思路与经验，直到元朝的行省雏形形成以致影响现代，元朝时的中央集权甚至在经济上表现为中央可以通过责问行省丞相来纠正其经济改革上的不作为。此外，对少数民族边疆地区，元朝还设置了由羁縻州演化而来的土司制度，这在当时是比较先进且具有历史进步作用的，可以保证中央对边疆地区的良性统治，土司制度也从原来中央对少数民族实行相对松散的管理演化到正式有效管理，直至明清后来的"改土归流"。这些都只是一朝一代为了自身利益的维系而采取的不同措施，具有很大的随意性，往往也会随着朝代的更迭而随之变更。

对于封建国家来说，财权问题就更为重要，"封建"二字本意即为封邦建国。在很多时候和场合，封建中央政权因处理不好财政问题而导致覆亡，中国最后一个汉族封建政权的灭亡和李自成的顺利进京就与此有着莫大的关系。[②] 在封建社会之中，由于皇权专制的影响，这种关系或权力配置的法制化调控可能存在，但是从宪法的角度而言，这种划分的合宪性是

---

① 刘敏、郭木容：《黔北杨氏土司墓：一种旧制度的缩影》，《三联生活周刊》2015 年第 10 期，第 113 页。

② 唐元鹏、白伟志：《李自成的 1644 哪只蝴蝶煽动了甲申鼎革的翅膀?》，《南方人物周刊》2015 年第 8 期，第 80 页。

从近代才开始的。在清一代，央地关系大致可分为初期中期与末期两个阶段，在 1840 年之前这种关系基本稳定，而在后一时期，中央政府诸多权力开始下移，清中央也开始酝酿相应的央地权力配置改革，"明定职权、划分限制，以某项属之各部，虽疆吏亦必奉行；以某项属之疆吏，虽部臣不能挽越"。[①] 实际上是要强枝弱干，同时综合日本式集权体制与美国式分权体制之长，而这两国实际均已步入宪法政治行列，尤其是后者，传统悠久。而从实际状态来看，当时"中央政府办不成的事，地方政府办成了，新的现代化事业之花基本都开放在地方上"。[②] 美国学者弗朗茨·迈克尔将之称之为 19 世纪中国之地方主义，也就是说，在中国当时的一些比较重要的地方，出现了一些政治权力以及军事权力方面的中心，它们担负着政府的重要职权与责任，但仍属于国家之内的体制管理之中。如果国家的权威受到威胁，那么这时就要求建立类似的地方之政府机构，因此形成了地方的权力中心。[③] 这实际上是央地财权、事权开始变化的一个典型表征。综上来看，但这时的调控并非宪法所得及，而是实力决定命运。地方的经济实力成为超越事权表象的更具决定性的因素。

（二）民国时期央地财权、事权匹配宪法保障的历史回顾

为什么要从民国时期说起，主要就是宪法本身也是自那时真正落户于中国的。从我国的立宪过程来看，清末的两部宪法性文件并不涉及央地关系的财权、事权划分，倒是民国，出现了不少诸如此类的典型。最典型的如 1923 年的《中华民国宪法》，在第五章"国权"中，提出"中华民国之国权，属于国家事项，依本宪法之规定行使之。属于地方事项，依本宪法及各省自治法之规定行使之"。其后，就有国家立法并执行的事项、由国家立法并执行或令地方执行的事项、省立法并执行或令县执行的事项这些区分，这样实际上就等于对事权做了一种宪法上的划分。除此之外，关于财权，也做了一些

---

① 雪珥：《地方政改大博弈》，《国家人文历史》2015 年第 1 期，第 74 页。
② 马平安：《中国近代政治得失》，华文出版社，2014，第 163 页。
③ 马平安：《中国近代政治得失》，华文出版社，2014，第 165 页。

相应的限制，比如说，国家对各省征税的种类以及相应的收税方式，为了避免相应的弊端或者为了维护公共利益时，就可以通过法律来进行限制。但是，就财权与事权的匹配而言，并没有相应的机制来支撑。与此相似的是，1931 年的《中华民国训政时期约法》第六章"中央与地方之权限"，中央与地方之权限，依《中华民国建国大纲》第十七条之规定，采均权制度。该部宪法文件还使用了"事权"概念，"各地方于其事权范围内，得制定地方法规，但与中央法规抵触者无效"，这表明当时的立宪已经接受了事权的立法思路。除此之外，在接下来的章节里，还分别规定了中央制度和地方制度，从政府组织的角度明确了事权的行使主体（参见表 1-6）。

表 1-6 1923 年《中华民国宪法》"国权"划分一览①

序号	由国家立法并执行之事项	由国家立法并执行，或令地方执行之事项②	由省一级立法并执行，或令县执行之事项③
1	外交	农、工、矿业及森林	省一级的教育、实业及交通
2	国防	学制	省一级的财产之经营处分
3	国籍法	银行及交易所制度	省市政
4	刑事、民事及商事之法律	航政及沿海渔业	省水利及工程
5	监狱制度	两省以上之水利及河道	田赋、契税及其他省税
6	度量衡	市制通则	省债
7	币制及国立银行	公用征收	省银行
8	关税、盐税、印花税、烟酒税其他消费税，及全国税率应行划一之租税	全国户口调查及统计	省警察及保安事项
9	邮政、电报及航空	移民及垦殖	省慈善及公益事项
10	国有铁道及国道	警察制度	下级自治
11	国有财产	公共卫生	其他依国家法律赋予事项
12	国债	救恤及游民管理	

① 谭波：《我国立法事权的制度立论及其改革之基本原则》，《学习论坛》2015 年第 11 期，第 77 页。

② 所列各款，省一级于不抵触国家法律范围内，得制定单行法。所列第 1、第 4、第 11、第 12、第 13 各款，在国家未立法以前，省一级得行使其立法权。

③ 所定各款，有涉及二省以上者，除法律另有规定外，得共同办理。其经费不足时，经国会议决，由国库补助之。

续表

序号	由国家立法并 执行之事项	由国家立法并执行，或 令地方执行之事项	由省一级立法并执行，或 令县执行之事项
13	专卖及特许	关于文化之古籍、古物， 及古迹之保存	
14	国家文武官吏之铨试、任 用、纠察及保障		
15	其他依本宪法所定属于国家 之事项		

　　紧接着就是 1947 年的《中华民国宪法》，该部宪法也就中央与地方权限划分提出了自己的思路，即"国权"章，这与 1923 年的《中华民国宪法》神似，已经表明了这种为当时世界所普采的立宪思路的共通性。但是，这两部宪法均因其特殊的历史背景，未来得及在当时的中国得以全面推行。在中华民国到新中国成立前的这段时间里，正是由于当时军阀割据的局面，才导致中央不得不在宪法中肯认各路地方人马的地位。但即便如此，"在整个北洋时期，地方对中央政府不满，宣布独立或者自主，大到数省，小到几个县，属于家常便饭"，[1] 但这并不代表其自立为国家，而是不听中央的所谓招呼，表面上保持着对北京政府的隶属关系，然后北京再通过政治或其他手段，使其放弃独立，而相应的省宪也就更不消说了。当然，在中央层面，也设有相应的机构，来调整中央与地方军系之间的关系。[2] 这样，在国家层面的宪法中承认地方的法定地位便成为一种笼络局面的手段，因此，这时的央地财权、事权匹配，已经有所谓的宪法条文规定，遗憾的是并没有进入真正的宪法实行阶段（参见表 1-7）。

---

① 张鸣：《北洋裂变：军阀与五四》，广西师范大学出版社，2010，第 73 页。
② 如抗战受降将军徐永昌就曾被蒋介石任命为军令部部长，这个职务的内容就有整顿军队、情报分析、部署作战以及协调中央与地方军系的关系。而徐也是始终在军阀割据的时代心向中央，始终以全局统一的国家观为上。邹金灿、杨宙、白伟志：《徐永昌，士人与将军》，《南方人物周刊》2015 年第 7 期，第 35 页。

表 1 - 7　1947 年《中华民国宪法》央地权限划分一览①

序号	由中央立法并执行之	由中央立法并执行之，或交由省县执行之②	由省立法并执行之，或交由县执行之
1	外交	省县自治通则	省教育、卫生、实业及交通
2	国防与国防军事	行政区划	省财产之经营及处分
3	国籍法及刑事、民事、商事之法律	森林、工矿及商业	省市政
4	司法制度	教育制度	省公营事业
5	航空、国道、国有铁路、航政、邮政及电政	银行及交易所制度	省合作事业
6	中央财政与国税	航业及海洋渔业	省农林、水利、渔牧及工程
7	国税与省税、县税之划分	公用事业	省财政及省税
8	国营经济事业	合作事业	省债
9	币制及国家银行	二省以上之水陆交通运轮	省银行
10	度量衡	二省以上之水利、河道及农牧事业	省警政之实施
11	国际贸易政策	中央及地方官吏之铨叙、任用、纠察及保障	省慈善及公益事项
12	涉外之财政经济事项	土地法	其他依国家法律赋予之事项
13	其他依本宪法所定关于中央之事项	劳动法及其他社会立法	
14		公用征收	
15		全国户口调查及统计	
16		移民及垦殖	
17		警察制度	
18		公共卫生	

---

①　谭波：《我国立法事权的制度立论及其改革之基本原则》，《学习论坛》2015 年第 11 期，第 77 页。

②　所列各款，省一级于不抵触国家法律内，得制定单行法规。

续表

序号	由中央立法 并执行之	由中央立法并执行之，或 交由省县执行之	由省立法并执行之，或 交由县执行之
19		振济、抚恤及失业救济	
20		有关文化之古籍、古物及古迹 之保存	

从这种历史格局来看，也正是因为民国时期的各路军阀或势力只是将宪法作为粉饰门面的工具，为了分权而立宪，没有真正将宪法作为央地财权、事权匹配的后盾与保障，也才进一步加剧了当时宪法保障的苍白。当然，在这种乱世的状态下，宪法是不可能真正发挥其作用的。宪法本身应该是政治力量关系对比的集中表现，但是它的实施又取决于其所处的时代之稳定程度，其本身的良好实施能够促进央地财权、事权关系匹配等问题得到很好的解决，但它并不能成为改变政治力量对比关系的根本，这一点其实在中国古代封建社会漫长的央地关系变化中已经得到验证。也就是说，只有在政治力量足够强大的阶级通过革命并立宪成功之后，稳定地推行宪法，这时的央地财权、事权关系才能在宪法的保障下进入良性的状态，继而通过这种宪法实施再来不断推进宪法机制的改进，这就是央地财权、事权匹配宪法保障机制作用机理的真谛。

第二节　财权、事权在各学科中的内涵界定

财权、事权很明显是国家或政府这个政治实体或公共组织所使用的范畴，但就组织而言，也存在私组织的"财"问题，但这里更多地被称之为财力以及内部行政问题，如我们通常所说的企业的人、财、物，便是这一问题的良好注脚。另外，与国家行政一样，企业的私行政也存在各样的部门设置与事务管辖，[①] 如人力资源部、法务部等，事无巨细，各有分工。

---

① 原有的行政法与行政诉讼法学教材中通常在开篇会对"行政"有分类，其中便有公行政与私行政之分，而公行政之下又分为国家公行政与其他社会组织公行政。

这足以说明，从本底上，两者是相通的，只不过国家的"财"与"事"所依托的是"权"（力），比如"事权"经常被译为"power"便是其体现，而企业等私组织的"权"（如果也这样称呼的话）是一种"right"，如我们在行政法中一直反对政府干预的经营自主权。如此，我们便找到了他们的共通之处与各自特性。

一　财政学视角下的财权与事权

在财政学中，财权和事权分别有阐述。"政府事权是指法律授予的、政府管理国家公共事务的权力"，包含"整体政府在宏观调控、市场监管、社会管理和公共服务过程中应承担的职责和任务"以及"中央与地方不同层级的政府各自应承担的职责和任务"①。但并不是所有的财政学的教科书都明确提到这两个概念，有的纯粹使用的是"财政收入"一词来涵盖"财权"的内涵，分出了"中央财政收入"与"地方财政收入"的概念，在"权"的视角，出现了中央"课税优先权"以及"举债优先权"的提法。② 关于"财权"与"事权"的联动，典型的如"政府间的财政关系"章节，其中涉及"政府间职能与支出划分"时，就会有相关的论述。比如在唐祥来与康锋莉主编的《财政学》中，将"政府间支出责任划分"作为一个非常典型的问题来论述，其中提到"中央政府支出责任范围"和"地方政府支出责任范围"。事权的内涵被视作公共产品的供给方面的职责，事权划分也就成了这方面职责的划分，在财政支出方面也就表现为"支出责任"。③ 这样，如目前国家的官方文件所言，事权和支出责任便被联系在一起，甚至被画了等号。其实，"支出责任"的英文表述为"expenditure responsibility"。当谈到财政方面的活动一级政府公共收支的时候，

---

① 安秀梅主编《中央与地方政府间的责任划分与支出分配研究》，中国财政经济出版社，2007，第3~4页。
② 谭建立、昝志宏主编《财政学》，人民邮电出版社，2010，第140页。
③ 李齐云、马万里：《中国式财政分权体制下政府间财力与事权匹配研究》，《理论学刊》2012年第11期，第38页。

一般都使用"支出责任"（expenditure responsibility）这个词；而当谈到政治方面的统治和来自政府的强制时，就经常采用"政府权力"（government power）这个概念。[①] 因此，支出责任被视为事权的一个方面的表征，虽然在特定场合能代表事权之本质。[②] 其实政府的事权本来就来自其责任，职权职责本身就是一个问题的两个方面，这一点在法学视角下也是如此（参见表1-8）。

表1-8　政府支出责任划分[③]

政府级别	具体的支出责任范围
中央政府支出责任范围	1. 全国性受益和公共产品和公共服务 2. 具有地区间外部性的公共产品 3. 调节地区间和居民之间收入分配的支出 4. 全国性自然垄断行业的生产和服务提供
地方政府支出责任范围	1. 地方受益的公共产品与公共服务 2. 地方性自然垄断行业的生产与服务提供

其次是关于政府间财权的划分，我们可以看出虽然这里强调的是"收入划分"，但从个别的论述和用词上，很明显使用的是权力的隐喻，如"税基的决定""税率的决定""税收的征收与管理"等词眼，很明显这是对权力的归纳。因此，在财政学视野中，倘若涉及分税制的问题，"财权"与"事权"便成为论述问题的主要突破口，[④] 而财权与事权不匹配的问题也就随之浮出水面。我们可以按照理想型的划分方法，将目前世界上各种央地之间的财权、事权匹配状况大体划分如下（参见表1-9）：

---

① 冯兴元：《地方政府竞争》，南京：凤凰传媒出版集团、译林出版社，2010，第174页。

② 郑毅：《中央与地方事权划分基础三题——内涵、理论与原则》，《云南大学学报》（法学版）2011年第4期。

③ 唐祥来、康峰莉主编《财政学》，人民邮电出版社，2013，第266~268页。

④ 在笔者看来，"事权"与"权力"相比更倾向于具体事务管理权的认定，而"权力"则具有相应的集体名词性，事权可以说是权力在具体领域的表现或具体化。如果将"权"作为整体，用"权力"则更合适于"事权"。再者，权力可以包含财权与事权，单纯用时不可能以"权力"与"财权"相对应。

表 1 - 9 不同理想模型下政府具体财权、事权匹配状况分类①

	单一中心地方辅助模型	单一中心层层控制模型	多个中心各级并列模型	多个中心交叉网状模型
政策和监管	中央制定政策并进行监管	中央制定政策并进行监管	根据受益范围各级政府自行制定政策并监管	中央制定政策并进行监管
财政资金来源	财政资金绝大部分来源于中央，少量来源于地方	根据预算级别各级政府预算安排，不足部分上级补助	根据预算级别各级政府预算安排，中央政府酌情适当补助	中央负责大部分资金来源，地方根据情况适当配套
具体服务提供	服务提供由中央负责，地方提供辅助性服务	各级政府提供服务，并对上级负责	各级政府自行提供服务	中央提供指导性和全局性服务，地方提供具体执行服务

从上表的内容不难看出，不同政府关系模式下的财权、事权匹配的状况都是不同的。在财政学视角内，财政分权的理论基础包括社区"俱乐部"理论和蒂布特模型等方面，以公共产品理论为依托。前者主要讲述社区公共产品的提供数量多少合适以及成员数量多少合适，而后者主要讲述"用脚投票"的理论，讲究市场化的选择对政府行为的引导。从这种论述看，财政学中的"财权"和"事权"更注重一个"政"字，认为这是一种"政"事，为了"政"的合理运行而主张用经济理论来加以调控与引导，使政府之力与市场之力间保持平衡。所谓的"权"的观念不太明显，"权"是为"政"服务，确切地说是为整个经济发展服务。

在中国共产党于 2014 年召开的党的全会上通过的《中共中央关于全国深化改革若干重大问题的决定》（以下简称决定）中，"建立事权和支出责任相适应的制度"被置于"深化财税体制改革"部分中，大体有如下划分（参见表 1 - 10）：

---

① 参见安秀梅主编《中央与地方政府间的责任划分与支出分配研究》，中国财政经济出版社，2007，第 25 页。

表 1 - 10　党的十八届三中全会确定的事权划分格局

事权种类	具体内容
中央事权	国家防务、对外交往、国安、关系到全国的统一市场规则与管理
中央与地方之共同的事权	部分的社保事务、跨区域的重大项目建设的维护
地方的事权	带有区域性之公共服务①

　　除此之外，在央地之间，适度加强中央事权和支出责任，按照事权划分来相应承担或者分担支出责任被作为一种基本原则确定下来。但是中央可将部分事权支出责任委托于地方来承担，这种渠道的基础是财政转移支付，而如果某项公共服务跨了区域而且对于其他的地方影响比较大，那么中央政府就要进行财政转移支付，主要用意还是要承担一部分支出责任，用以实现地方事权。这样实际上就在财政体制改革方面确定了"明确事权"的精神，"充分发挥中央和地方两个积极性"。这种思路实际上就是在强调"事"与"财"的匹配思路，虽然这里的匹配正如有些财政学者所主张的那样，"应保障'财力'与'事权'相匹配，而不是'事权'与'财权'相匹配"②，这一提法的演化过程从 2007 年逐渐细化开始，直到 2013 年逐渐细化为所谓的"中央到地方的支出责任"，政府的支出责任被加以明确。③ 在此领域，缺乏对"财权"的提及，更强调财力所产生的领域以及财政本身的公共产品供给的原理。

二　公共行政学视角下的财权与事权

　　公共行政学也可以称之为行政管理学，其对财权与事权的关注也是持续发展的。财权被视为某一级政府所拥有的财政管理权限，包括财政收入权和财政支出权，而狭义的则仅指财政收入权，更细化一点则被视为课税

---

① 参见党的十八届三中全会《中共中央关于全面深化改革若干重大问题的决定》。
② 周潇枭：《专访财政部财政科学研究所副所长刘尚希：未来应建立"财力"与"事权"相匹配的财政体制》，《21 世纪经济报道》2012 年 10 月 9 日，第 23 版。
③ 刘尚希：《财力与事权相匹配将成改革重点》，《济南日报》2013 年 11 月 5 日。

权和税收征管权。① 行政管理总是与政府的职能分布分不开的，在我国这源于政府自身的职能界定。2003 年 9 月，时任总理温家宝讲话中指出了我国现阶段政府各类职能的具体内容（参见表 1 – 11）。

表 1 – 11　我国现阶段政府各类职能的具体内容②

职　能	具体内容
经济调节和市场监管	通过经济、法律手段调节经济，主要为市场主体维护好发展环境，统一规划，确定政策，进行信息方面的引导，协调关系，进行监督、检查和提供服务
社会管理	对社会组织加以规范、管理，对社会矛盾加以协调，对社会秩序、社会稳定和社会公正加以维护，对人民的生命、财产安全加以保障
公共服务	对各类社会事业加以发展，推行各类公共政策，增加就业，强化各类社会保障，加强基础设施建设，优化各类政府服务、信息提供职能

2013 年党的十八届三中全会《决定》在前四项职能的基础上又增加了"环境保护"职责，并且将公共服务职责从原来的第四位提至第二位，对中央政府而言其经济调节职责也被改为宏观调控职责，主要着力于国家发展的顶层设计，省级、地市级机构主要着眼于一个较大区域的公共事务，而县级机构则是承接中央与省地政策并加以落实。比如，在我国的粮食行政领域，一直有中央事权粮食和地方事权粮食的分类，③地方储备粮就是地方事权粮食的一种。2015 年，在国务院印发的《关于建立健全粮食安全省长责任制的若干意见》中还提到了"做好行政区域内中央储备粮等中央事权粮食库存检查工作"，但这实际上是从粮食的生产、粮食的流通与粮食的消费等环节方面定位省级政府的粮食安全责

---

① 参见文政《中央与地方事权划分》，中国经济出版社，2008，第 19 页。当然，该学者也同时指出，从广义上理解，财权还包括中央政府与地方政府在政府资产所有权、大型项目审批和投资权以及财政税收方面的权力关系。这又与本书所要研究的法学视阈内的财权有不谋而合之处。

② 谭波：《法治视野下的行政执行机构研究——以交通运输业为主线》，郑州大学出版社，第 19 页。

③ 谭波：《我国央地事权细化的法治对策——从粮食事权引发的思考》，《云南行政学院学报》2015 年第 5 期，第 142～146 页。

任，当然同时也是规定粮食事权，确立省长对粮食安全责任的体制。① 同时，事权分配的思路进一步明晰，"中央主要负责特大自然灾害、必要战略储备、全国性粮油市场出现较大波动等情况。地方主要负责本地区一般自然灾害和区域粮食市场波动等情况"。② 如果说财政学更强调财力，从财力的角度来确定事权及支出责任的匹配关系的话，那么行政学更加突出事权的概念，强调从行政的角度来完善相应的事权配置和类别调整，并辅之以相应的财政管理权限，如果放在央地关系的视角下就成为财政分权的核心内容之一。

三 法学视角下的财权与事权

如财政学和公共行政学一样，法学视角下的事权也并不囊括立法（事）权与司法（事）权等广义事权。随着学科融合的加速，法学学者也开始关注"财权""事权"的问题。较早的如薛刚凌教授在其主编的《行政体制改革研究》中所提到的"中央与地方关系中的核心问题是权力配置问题，这些权力包括事权、财权、产权、人事权、机构设置权、行政区划调整权、立法权等；而事权和财权又是其中最重要的两大权力"。③ 随之而来的有该学者对中央与地方政府之间关于事权及财（政）权（限）争议的研究，其中事权被界定为事务权限，也就是政府管理社会事务以及国家事务并且提供公共服务的权限。政府管理国家和社会事务，提供公共服务等方面的权限，具体又可以分为市场监管、经济调节、社会管理和公共服务等四方面权力。④ 可以看出，这里的界定与前文的公共行政学的界定有相近之处，客观上表现了一种学科话语平台的共通。事权与财权作为研究对象上也不再是为一门学科所独自关注。

---

① 新华网：《国务院印发〈关于建立健全粮食安全省长责任制的若干意见〉》，转引自中国经济网，http://www.ce.cn/xwzx/gnsz/gdxw/201501/22/t20150122_4408819.shtml，最后访问日期：2015年1月31日。
② 刘慧：《地方粮食出问题 省长责任没得推》，《经济日报》2015年1月23日。
③ 薛刚凌主编《行政体制改革研究》，北京大学出版社，2006，第182~183页。
④ 薛刚凌主编《中央与地方争议的法律解决机制研究》，中国法制出版社，2013，第121页。

党的十八届三中全会中提出"明确事权"之前就提出了要"完善立法",其实也表明事权改革抑或财税改革都要走法治路径,要通过法学与财政学以及公共行政学的联姻来最终造就财权与事权配置的合理化、法治化。党的十八届四中全会的决定其实在这方面表现更明显,除了体现推进政府的事权之规范化与法律化,完善政府尤其是央地政府的事权制度的一般精神外,还对不同层级政府的事权职能做了细化(参见表1-12)。

表1-12　党的十八届四中全会对央地财权、事权的改革方向

政府级别	进一步强化之内容以及方向
国务院	宏观上的管理、对于制度设定方面的职责以及必要之执法权
省一级政府	统筹推进一定的区域内基本的公共服务之均等化
市县同级政府	主要是执行方面的职责

而其一级标题和二级标题分别为"深入推进依法行政,加快建设法治政府"和"依法全面履行政府职能"。可以看出,对于"事权"的界定,基本上是限囿于行政(事)权,涉及政府按照组织法在各个领域所涉及方面的事务权限,更具体的可以从行政机关的"三定方案"中得到相应的职责依据,即所谓的"定职权",包括政府或其职能部门的行政立法权,这也是笔者在研究过程中所力图把握的一个方向与要点。如果在法学视野内总结,可以将上述事权概念总结为三大方面:行政立法和制度创新权、行政组织和行政区划权、具体行政权。

就"财权"而言,主要指的是围绕政府财政而衍生出的权力,既包括政府举债权、税权等较为明确的权力表现形态,[①] 也包括财政转移支付(权)等非典型的权力表现形态。法学视角下的权力与其他两大学科

---

① 有学者将"财权"与"税权"并列,可以看出这里该学者对"财权"的界定是狭窄的,其可能指的是政府可以支配财力的权力,与"财力"本身区别不大。如"考虑事权与财权、税权相统一,即政府的事权要与财力相匹配","以事权为基础划分各级政府的财权,并进一步划分税权,这是建立规范的公共财政框架的核心和基础"。参见任进《和谐社会视野下中央与地方关系研究》,法律出版社,2012,第111页。

的权力应略有区别，主要强调权力的法定性，强调其中的权利义务关系，比如地方政府举债权这种权力就经由 2014 年《预算法》的修订而获得相应的普遍合法性，再比如税权这种权力目前也可以分为不同层面，但税收立法权却仍被中央所掌控。但是，区别于前述两个学科领域，财权在法学领域里的提法更有空间，也更有依据，地方不仅在作为单一制国家的组成单位获取国家财力资源的配给，同时也在法律的框架下进行着财权的运用。

第三节　财权、事权在法学视野内的关系架构

一　"财力"概念的式微与"事权"概念的单设

在目前的中央文件中，可以看出对"财力"的提法强过"财权"。但仍有学者认为"财力与事权匹配"是实然状态，而应然状态应该是财权和事权相匹配，"财权在各级政府之间的划分是财政利益在各政府间分配的体现"①。"财力"与"事权"两词在官方文件中起始的时点基本是相同的，如前文所述，两者存在伴生关系，但是随着近年来中央在各类场合对两词用量的丰富，也逐渐出现了新的用法与关联词汇，如十八届三中全会中提到的"地方财力缺口""中央事权""中央和地方共同事权""地方事权"均彰显此趋势。对于"财力"与"事权"而言，其出现背景也可以存在不同的模式，比如行政管理体制改革、农村改革等，抑或是全面的改革，这些都可以成为两者改革的原初动力与环境，但是在具体的改革图景中，主要还是以财税改革为主线，穿插了其他同类改革。但是从改革的趋势而言，改革是需要不断深化和分层的，这样就造就了 2013 年通过的党的全会《决定》中的分开来规定的模式，"财力"不一定非要依托"事权"，"事权"也未必就与"财力"同时出现。

---

① 李齐云、马万里：《中国式财政分权体制下政府间财力与事权匹配研究》，《理论学刊》2012 年第 11 期，第 38 页。

对于地方而言，需要的到底是"财力"还是"财权"，应有本质的区别。"财力"大体上是一种"外力"，主要以中央对地方的财政转移支付和税收返还为主，同时辅之以地方自身的税收和其他财政收入，说到底，地方是作为受体存在的。而就"财权"而言，地方的主动性不言而喻。说到底，"权"可产生"力"，[①] 或者说财权可以囊括财力，起码不排斥财力，而有"力"者未必就真正主动，或成为能够自足的主体，只有财力就意味着财权可能会与其失之交臂，或者被理解为只给点财力或金钱等物质资源足矣，其他就是多余。但从实际状况来看，远非如此，财权可能是地方发展过程中不可回避之议题与利器。以地方举债权为例，原本中央采取由财政部代理发行的方式，但是随着形势发展的需要，这种自行发债的权力已经逐渐下放地方。[②] 在行政审批改革领域也是如此，不断下放的审批权限实际上造就了地方的主体地位，而这种下放涵盖了包括经济管理在内的各方面的权力，为地方经济社会发展所必需。如前文所述，单纯的"救急"未必能改变地方的行政生态与发展的主观能动性，但是当权力已经真正归属地方时，和事权相匹配的地方态度就不再是"等靠要"，而是各地竞相的"赶帮超"。财权其实并不像某些学者所想象的那样，只是为了供给财力而存，更多的时候它也是锻炼地方生存与博弈能力的一种利器，缺少它造成的直接后果可能是地方就失去了获取积极性的途径，而所谓的中央和地方"两个积极性"的理论与提法就无以支撑。而在中央文件的不断引导下，关于财力的比拼已

① 在解放前夕，陈云在谈到统一财政经济工作时指出，必须"严格财权、统一财经、迅速制止财政的多头管理"，从中央到地方实行严格的财政管理，这里的"财权"很明显指的是一种财政管理权，但也已经初步具备了现代"财权"的雏形。转引自韩毓海《五百年来谁着史：1500年以来的中国与世界》，九州出版社，2010，第222～223页。

② 地方政府自主发债首单于2014年6月23日招标发行。发行总额148亿元的"广东省政府债券"，成为国内首单自发自还的地方政府债券。总额137亿元的山东省自发自还地方债券于2014年7月14日发行，被业界认为是"标志我国首批地方政府自主发债改革渐入常态化"。但就目前来看，广东和山东自发自还试点的中标利率均低于财政部代代还的同期限债券利率。李光磊：《自发自还地方债：发行利率低于国债或难持续》，《金融时报》2014年7月15日。

经成为地方发展的一种重要风向标，但这种比拼比的往往是行政级别和其他政策因素。正如各地财政预算执行情况及其本级预算草案的报告中所体现的情况一样，大体是城市行政级别和规模、与 GDP 相对应的当地经济发展状况、产业结构选择、财政税收体制以及当年的偶发因素等。①

做个假设，如果只是持久性地在"财力"上而不是在"财权"方面补给地方，那就可能导致地方在生存发展上的"软骨病"。"仅财力均等，并不足以推进公共服务均等化，如果没有完善的制度，财力的运用就可能缺乏效率，甚至白白浪费资源。"② 也即围绕"财权"的制度建设才能实现政府职能的根本转变。从中央和地方的关系来看，虽然有单一制的整体框构，但地方在组织法和行政主体资格上毕竟是独立的，也更如子公司和母公司之间的关系而非分公司之于总公司，这在前文所提到的债券发行的问题上已经十分明确。国家从由财政部代理发行地方债券到地方自发自还，说明原本设定的代理责任承担的方式并不适合于真实的央地财政关系。但是，另一方面的情况是，中央在举债权是否下放地方的问题上也是犹犹豫豫。从 2010 年的一审稿到 2012 年的二审稿再到 2014 年的三审稿，其间经历了大是大非的变化，从允许到禁止再到适度放开，③ 这足以说明立法者在此问题上的认识经历了从不完整到完整的反复过程，客观上也是条件臻于成熟的过程。④

目前的"适度放开"实际上也在向公众透露这样一个信息，即地方

---

① 《2015 中国城市财力榜排行出炉》，《投资时报》2015 年 3 月 5 日。
② 《要公共服务均等须破除制度障碍》，《财经》2014 年第 22 期，第 14 页。
③ 具体内容可参见席斯《预算法修订破冰，地方发债获认可》，《经济观察报》2010 年 4 月 30 日。新华社：《预算法修正案草案二审稿提交，地方政府自行发债仍被禁》，《京华时报》2012 年 6 月 27 日。杜涛：《预算法三审稿　审慎地方债务开口》，http：//www. eeo. com. cn/2014/0422/259530. shtml，最后访问日期：2014 年 7 月 15 日。
④ 笔者 2012 年曾对此有过 500 份范围内的适度调研，当时认为地方自主发行债券的条件不成熟的占到超四成。参见谭波《央地财权、事权匹配的宪法保障机制比较研究——以 500 份调研问卷为缘起》，《河南工业大学学报》（社会科学版）2013 年第 2 期，第 59 ～ 60 页。

应该有地方举债权这类的财权，但是对其监控应该由中央或国家立法来完成，[①] 即通常由立法参与者所表述的"开正门，堵偏门"。因此，从正常的发展趋势来看，"财权"是调整中央与地方两个积极性的重要指挥棒，与"事权"成为不可偏废的两极，只有一极就有可能致地方跛脚行路，时间若久必留隐患，而中央也因其财权摊子过于庞大而仍忙于如过去那样的不断接受地方的"顶礼膜拜"而尾大不掉。

二　国外财权、事权匹配争议解决的宪法趋势[②]

在联邦制国家的央地财政关系表述中，目前还有一个与支出责任（expenditure responsibility）相对接近的词即"spending power"，从字面意思看，它指的是消费力或购买力。在财政领域，它可以指财政支出能力。这种"spending power"实际上已经在 20 世纪逐渐成为联邦制国家中央影响地方的一种普遍路径。[③] 以加拿大为例，在某些不便由中央统一立法的领域（如公共卫生、社会福利等），联邦会采取财政手段来影响地方的政策或规划标准，而这些领域原本属于联邦成员单位管理的领域。[④] 但是，一系列争论随之而来，即这种由中央干预宪法规定的省级（次国家团体，sub‑state community）事务的做法，是不是对联邦主义的一种严重违反，

---

① 《预算法》修正案草案三审稿第 35 条规定："经国务院批准的省、自治区、直辖市的一般公共预算中必需的建设投资的部分资金，可以在国务院确定的限额内，通过发行地方政府债券举借债务的方式筹措。"债务还应有"稳定的偿还资金来源"。举债规模"由国务院报全国人民代表大会或者全国人民代表大会常务委员会批准。省、自治区、直辖市依照国务院下达的限额举借的债务，列入本级预算调整方案，报本级人民代表大会常务委员会批准"。地方政府不得在法律规定之外以其他任何方式举债，以及为他人债务提供担保。程丹：《预算法三审稿拟适度放开地方发债》，http://finance. sina. com. cn/stock/t/20140422/080618876313. shtml，最后访问日期：2014 年 7 月 15 日。

② 以下内容参见谭波《央地关系视角下的财权、事权及其宪法保障》，《求是学刊》2016 年第 1 期，第 104~110 页。

③ See Ronald Lampman Watt，"The spending power in federal systems：a comparative study"，*Institute of Intergovernmental Relations*，Queen's University，1999.

④ See Mollie Dunsmuir，"The Spending Power：Scope and limitations"，*Law and Government Division*，*Parliament of Canada*，http：//publications. gc. ca/collections/ Collection‑R/LoPBdP/BP/bp272‑e. htm，October 1991.

特别是在省级单位并未主动提出或征得同意的场合，一方面联邦政策逐渐取代了省级管辖权内自身的政策制定，另一方面也在违背地方意愿的情况下对保护地方的特色发展极为不利。[①] 譬如，美国宪法中有这样的规定，代议机构可以通过确定和收取各种税来抵偿国家债务、提供国家的防御以及福利，但是这种提供能不能就此影响到州的独立性或权限，尚争论不已。相关的判例精神也在不断发生演变，比如在 1936 年的 U. S. v. Butler 案中，法院的判决倾向于不允许政府通过税收来诱使州贯彻某种政策或者侵犯州的权限，而在 1937 年的 Steward Machine Company v. Davis 案中，法院则在判决中表达了政府可以诱使州来贯彻某种联邦政策，但不能通过强制完成。而在 1987 年的 South Dakota v. Dole 案中，法院则又为联邦政府的诱使行为设定了四种限制，权力的运用必须出于公共福利，国会必须明确限制联邦基金的使用，这些限制必须与开支计划中的联邦利益相关，这种权力不得用于诱使州来违宪。

更多的联邦制国家在 "decentralization" 与 "centralization" 之间，还是选择了倾向后者，而这种实际状态的合法性，则仍需考问。但从其实效性而言，已经逐渐为更多联邦制国家所接受。[②] 在我国，同样面临的问题也是中央与地方之间的财政松紧关系及其相应的中央财政干预。曾经在 20 世纪进行的分税制改革与其之前央地财政力量强弱的变化使得中央对权力的直接下放心存忌惮。这样，在财权不下放，而我国财政转移支付缺乏高层级规范，地方随要随给，甚至不断重演 "跑部钱进" 和 "会哭的孩子有奶吃" 的情况下，中央的财政干预已经失却了其本来用意，而难以预料的另一个后果是，越有财力的地方其实往往可能对中央产生更强的离心力。在分税制改革推行十几年之后，财力雄厚的地方逐渐对中央的某些宏观调控措施有阳奉阴违之嫌。[③]

---

① See Ian Peach, "A Federalist's Defence of Decentralization", in A. López - Basaguren and L. Escajedo San Epifanio (eds.) *The Ways of Federalism in Western Countries and the Horizons of Territorial Autonomy in Spain*, Vol. 1, Springer - Verlag Berlin Heidelberg 2013, pp. 116 - 117.

② See Anthony Gray, "Federal spending power in three federations: Australia, Canada and the United States." *Common Law World Review*, 2011, 40 (1), pp. 13 - 39.

③ 参见薛刚凌主编《行政体制改革研究》，北京大学出版社，2006，第 4 ~ 5 页。

在一些有地方自治制度的单一制国家，中央对地方的干预有加强法定化的趋势，如日本在 2000 年前后进行分权改革时修订的宪法性法律《地方自治法》中规定了"法定受托事务"，否定了以往的行政干预方式，① 比如 2003 年修正的《地方自治法》第 2 条第 9 项的法定受托事务中的第一种情形就是"法律和基于法律制定的政令规定的都道府县、市町村还有特别区处理的事务中，作为国家本应发挥作用、特别需要国家确保其妥善处理的事务，根据法律和基于法律制定的政令特别规定的事务"。② 在强化单一制国家中央对地方干预的合法性的同时，其实是对传统干预的一种回归与收缩。从过于强调行政上的上下级关系往法治化的央地关系过渡，与前文提到的联邦制国家刚好走着不一样的方向与进路，也即在合法性与实效性之间把握一种平衡。我国当下进行的事权改革实际上已经是在走央地明确分权的路线，但另一方面也注意到具体事务处理的特殊需要，比如在 2013 年党的十八届三中全会的报告里，有这样的类似表述，"中央可通过安排转移支付将部分事权支出责任委托地方承担"。也即是，对实际上注重财政调控实效性的一种暗示与转变，是向日本"法定受托事务"制度的一种靠近。同时，跨区的公共服务，而且对其他地方影响比较大，中央可以进行财政转移支付，以实现这种支出责任，为的是最终促成地方事权的顺利实现。这实际上又是联邦制国家"spending power"做法的极好注脚。正如一个坐标系的两条不同坐标轴，在不断纠偏和吸取前期异域经验的基础上不断居中稳行。

作为单一制的国家，除民族区域自治和特别行政区自治制度外，在长时间内对地方自治的隔离使得央地财政关系距成熟还有很长的路要走。总括上述两方面，无论是采取哪种做法，都还需要解决合法性的问题，这里面首当其冲的又是合宪性问题。不管是"事权"还是"支出责任"，首先都要解决概念的宪法化问题，这是涉及一国推进财政民主和预算法治的不

---

① 〔日〕原田尚彦：《行政法要论》（全订第四版增补版），日本学阳书房，2000，第 70～71 页。
② 万鹏飞、白智立主编《日本地方政府法选编》，北京大学出版社，2009，第 23 页。

二法门。但也必须指出的是，有宪法规定与条文修改并不能就此成为我们所追求的一种终极目标，更重要的是，宪法应该成为我们在调整央地财政关系过程中的一种机制，也就是这种状态与做法本身应该具有明确的合宪性，以期与制度的有效性形成呼应。

三 现行宪法对央地财权、事权匹配的机制缺位

从上述多国宪法采取的立法例以及相应的制度实践来看，宪法已经成为央地财权、事权匹配的一种重要的终极保障。在我国现行宪法中，涉及财权、事权匹配的相应规定委实过少甚至缺位。如前所述，目前的宪法典中关于央地权限划分的规定倒是存在，但是并没有注意到央地财权、事权匹配的重要问题。也就是说，存有"上下一般粗"的权力划分，却没有对各自的职责侧重做出明确的规定，导致长期以来的"职责同构"。上下对口不仅没有全面解决问题，反而使一些中央政策的执行存在落空的危险。改革开放之后，中央政府在不小的长度上把经济发展这个任务下放于地方，"改革开放后，中央在很大程度上把发展经济的任务交给了地方，地方在此时就会博弈，中央往往会因财的问题放弃自己的行政义务，地方则我行我素式地执行来自中央的决策"。[①] "职责同构"也使得中央可以凭借其上位性将任何能下放的事权或职责都下放地方，造成央地事权与财权上的"剪刀差"，地方不堪其苦，必然倒向"土地财政"甚至"倒地财政"。可见，财权、事权匹配尤其是对地方"财权"规定的缺失是造成整个混乱局面的始作俑者。而这一点恰恰是许多国家宪法中所重点强调的。

没有人能长期承担"无米之炊"的重担，地方政府也是如此。2000 年的《立法法》似乎注意到了权力划分问题的重要性，采取法律保留的方式将必须留给中央的立法项予以强调，同时对地方立法的主动性予以肯认，但这依然是立法事权的问题，未涉及财权匹配的根本。从涉及财权的宪法性法律来看，主要是预算法、财政法、税收法、财政转移支付法、国有资

---

① 林卿颖：《国务院组织大督察除"政令不出中南海"之弊》，《新京报》2014 年 8 月 12 日。

产管理法等方面的立法，但是从实际的立法现状来看，这些立法的滞后性都不足以应对当下中国在央地财权、事权匹配方面的宪法重任。预算法争议甚大，久拖不决；税收法大多为国务院的行政法规；财政转移支付更是以财政部规章这种低级别规范性文件打头。种种的立法缺位使得我国财权匹配事权的问题难以从根本上得到解决。

四 总结

从以上规定来看，国家财权与事权匹配的保障并不是一个简单的原则问题，它需要确定价值（如公平、利益等），也需要确定原则（基本公共服务均等化、管理重心下移等），更需要具体的规则设计，这是一种典型的系统工程设计，应搭建出合理结构，从而按照结构主义的路径来决定功能。但是无论如何，宪法在其中扮演的角色是至重的，它需要倡导一种精神，做出本该做出的规定与蓝图设计，在可能的情况下将一些制度设计做出细化，涉及财政、债务、资产、税收等诸方面，从而实现与具体宪法相关法、经济法的衔接（如德国、加拿大等国家对财政转移支付均等系数的计算及应用），实现依宪治国的初始架构。有些规定正是目前我国当下宪法及其实施过程所急需的，以厄瓜多尔宪法为例，可以感受到这种宪法规则的细致性，这也许是发展中国家尤其是身处转型期之中的类似国情国家的共同需求。正如有学者所提出的，应该在我国宪法中确定中央和地方的宪法主体地位、合理划分中央和地方之间的事权、增加中央与地方财权划分的规定、确立财政转移支付的法律地位、加入关于国债的规定、强化人大的财政立法权与财政监督权以及实现税收立宪。[①] 同时，将相应的宪法相关法的内容予以充实，与宪法典配合形成完整的宪法财权立法谱系，与之匹配相应宪法合理的事权规定。

但上述建议只是解决了财政立宪的第一步，更重要的问题是怎样将这

---

① 王旭伟：《宪政视野下我国中央与地方财政关系研究》，中国社会科学出版社，2012，第157~163页。

些宪法规范变现。真正要实现财权、事权匹配的宪法保障，制度的常态化是不可少的。前文提到的印巴两国宪法中都在"财政、财产、合同和诉讼"编中规定了相应的争议解决举措，[①] 如顾问委员会或财政委员会的权力、审计权、最高法院和高等法院在其中的司法判断权等的运用，并规定了诉讼的程序问题。因此，诸如宪法法院、宪法委员会或普通法院护宪这种制度设计也是央地财权、事权匹配的宪法保障中应有之义，以此实现对相应权力配置的矫正正义甚至央地关系的司法调控。[②] 否则，争议一旦产生，无从解决，往往就造就宪法规定的实际夭折。在落实相应的宪法精神上，运用怎样的宪法解释、形成怎样的宪法惯例，以保障事关央地财权、事权匹配的宪法实施机制之形成。

[①] 印度宪法为第十二编，内含"财政""借款""财产、契约、权力、债务、义务与诉讼""财产权"四章，巴基斯坦宪法为第六编，内含"财政""借款与审计""财产、合同、债务和诉讼"三章。

[②] 郭殊：《中央与地方关系的司法调控研究》，北京师范大学出版社，2010。

第二章　国外央地财权、事权匹配宪法保障样板及意义分析

国外的情况五花八门，首先要找一个统领，所谓的"言必称希腊"也是此用意。"西方"是一个历史悠久的概念，最早之于古希腊的城邦政治，分散灵活而又不失共性，而其后的罗马帝国，虽版图庞大却能在各行省选贤任能，保证帝国治理之需，[1] 并且维持了多年的大格局，现在看来，当时的"constitution"功不可没，虽然这时的"constitution"还主要指皇帝的诏令。不管是所谓的共和制还是帝制，[2] 央地关系的完整化与深层化成为当时一道亮丽的景观，比如被称为"奥古斯都"（神圣、庄严、伟大）的屋大维在召开元老院会议后宣布交卸他作为三巨头之一的权力而恢复共和，但最后迫于元老院和公民的请求，宣布有权治理一切尚未接受绥靖的边疆行省和一般驻有军队的全部领土而"不再管理"那些老的和秩序较好的行省，有权向这些行省派遣全权代表招募军队、征收军税和管理地产。[3]在这样的央地关系格局下，在后期的罗马帝国甚至出现了所谓的"两帝共

---

[1]　这一点与当时同时期的中国西汉相比有同点，西汉著名的察举制度也是将人才的流转组织为庞大的网络，将人力资源和讯息经过流转汇聚中央，同时人才的不断流转也使地方不至于独占权力，地方任官的本籍回避制度和本籍人辅助制度使得央地之间的沟通达到最优而不至于使地方坐大。但与罗马的区别在于这种制度的政治化而非严格的法制性。但也有学者认为西汉实际上是采取继承秦代精神的"儒表法里"。参见许倬云《西汉时期的意识形态》，《国家人文历史》2015 年第 1 期，第 72 ~ 73 页。

[2]　恺撒养子屋大维所采取的名为"恢复共和"实为实行恺撒"帝政"目标的改革，被后世研究者视为"奥古斯都（当时元老院授予屋大维的称号）卓越的政治手腕，在于他所作所为都是合法的"，也就是都符合当时共和体制下的法律规定。参见〔日〕新潮社编著《罗马人的故事精编体验本》，朱悦新译，中信出版社，2014，第 94 ~ 95 页。

[3]　《图说天下·世界历史系列》编委会编《古罗马》，吉林出版集团有限公司，2008，第 132 页。

治"以及"四帝共治"。但不管怎样，真正意义上的央地财权、事权的宪法保障直至近代宪法在西方产生并待其作用发酵之后才真正出现。再者，在联邦制和单一制的分野上，联邦制因其独特的单位划分机制而使地方保留了更大更多的发展活力，相对而言发展更便利，宪法与法律保障也更为显明，"国中有国"的制度特点也保证了其发展的自主性与针对性，亚洲的阿拉伯联合酋长国之下的成员单位迪拜更是这些年发展的一桩独特案例。迪拜成为中东地区第一个摆脱单一资源即石油依赖的国家，通过产业多样化已经提前步入后石油时代。[①] 由此也看出财权、事权匹配在一个国家次级单位发展过程中所能起到的助力。但是，正如前文所述，缺少宪法在一国央地财权、事权匹配中的持续保障作用，央地财权、事权匹配的问题便不能得到彻底解决，央地之间的权力配置关系可能因为人治而暂时的得以维系，但难脱其不稳定性，蕴含着相应的制度隐患。

第一节　国外财权、事权匹配宪法保障机制的样板分析

在财权、事权匹配领域，各个国家都有其不同的做法，这些做法或依据国情，或考虑历史，有的游离于法律之外，还有的规定于法律之中，更有的被规定于宪法之中。如果说宪法的规定更多地在于引导，那么其他法律的规定则是在此引导之下彰显具体作用的机制，可以肯定的是，其他法律的某些规定必定是宪法相关规定的落实。不能片面地肯定法律对财权、事权匹配的保障作用而忽视宪法在其中的根本影响与控制。同时，各个国家的宪法规定不同，也不是所有国家的宪法都不能对财权、事权匹配起到直接的保障作用，这其中必然有宪法的直接保障和宪法的间接保障之分。这正如宪法对权利的保障，到底是通过具体的法律来起作用，还是直接具有适用力，进而通过宪法诉讼等机制来实现救济。下述以洲为单位所进行的划分，虽不尽合理，但从根本上来说，确是考虑到各种文化、历史传统

---

① 王大琪、郑廷鑫：《迪拜的野心》，《南方人物周刊》2015年第8期，第76页。

的影响，暂且为类别划分找到的一种权宜之计，而单一制和联邦制的划分则是对央地财权、事权匹配有重要影响的指标，有必要将其纳入。

一 亚洲区

（一）单一制国家

根据前文的总结，联邦制国家在宪法分权方面较单一制国家更为典型，但这并不是说单一制国家的宪法在保障央地财权、事权匹配方面就无所作为，前文所说的我国宪法对央地财权、事权匹配的侧面保障便体现这种规律。这种保障在亚洲的部分单一制国家的宪法中体现在财力的配置上，也体现在具体种类事权的赋予上，而有些制度在我国宪法规定中缺位，却出现在其他部门法之中。

1. 国家财产、地方财产的宪法定位①

在阿塞拜疆国宪法第 13 条中，首先对财产进行了分类，即财产包括国家财产、私有财产和地方政府财产三种。马尔代夫宪法规定了国家财产和国家负债的问题，这实际上是对国家财权进行宪法保障的一种表现。对于财政问题的规定采取法律保留的方式，《阿曼苏丹国国家基本法》即是如此。其基本法第 57 条规定，"法律规定下列问题的相关条款及其负责部门"，其中重点提到"规定各种税收和其他的公共财政的收入与支出方式""国家财产的保护、管理和使用条件，以及出让其中一部分的限度""国家发放和获得的贷款"。

2. 受苏联影响的自治单位事权的宪法规定

在阿塞拜疆宪法第 144 条关于自治市的事权方面，首先规定自治市可以被授予行政权和立法权等特别权力，紧接着，财权匹配方面，给予自治市必要的财政支持以行使这项权力。第 146 条规定，"自治市在法庭上、附加费用的补偿上以及国家机构的决定的结果上应被保护"。下一章"立

---

① 关于此一问题，笔者也曾在联邦制国家宪法中找到类似的制度样板，并将其写入《论联邦制国家地方物权制度构建及其启示》一文之中，《理论月刊》2014 年第 3 期。

法制度"规定,地方行政机关可以在它们的职权范围内做出决定和规定的指示、其他法案,只要与立法体制中的法案不抵触。吉尔吉斯斯坦宪法规定,地方自治机关可以被授予国家权限,但应当将行使上述国家权限所必需的物质条件、财政资金和其他资金转交给地方自治机关。

3. 宪法中单设地方政府条款

在不丹宪法中,有所谓的"地方政府条款"(即第22条),内含22款,该条款首先就明确规定,"权力和权威应当分散并下放给地方选举出的政府,以方便人民直接参与社会、经济和环境福祉的发展与管理"。无独有偶,菲律宾宪法也是有着与不丹宪法类似的条款格局,其地方政府条款中,第5~7款明确了地方政府应有的事权、财权及目标。首先是财权,"在国会规定的原则和条件下,遵照地方自治的基本政策,各地方政府有权创造各自的收入来源,征收税款、费和附加费。上述税款、收费和附加费完全属于地方政府"。同时,"各地方政府有权从国家税收中获得法定的合理份额,其应自动拨付"。而地方政府对自身管辖区范围内之国家资源所获得的收益,可依法获合理份额,甚至地方居民都可以通过直接分配来分享收益。泰国宪法在"地方政府"章规定,地方政府职权应考虑扩展地方分权范围并与国家这个整体相协调,完善地方财政体系以提供职权范围内充分的公共服务,厘清中央与地方政府之间的职权范围、财政收入分配,根据各类地方政府机构的不同能力协调分权状况。

4. 原英国殖民地国家宪法统一基金制度的设置

斯里兰卡有着事关国家财产和债务的统一基金制度的设置,其来源包括税收、进口税、地方税、关税以及共和国非因特别目的而划拨的其他收益和收入。作为英国曾经的"保护国",小国文莱也实行了相应的统一基金制度。

5. 宪法中财权、事权匹配公平价值的体现

还有一些亚洲国家,采取其他的方式从侧面保障央地财权、事权的匹配。比如伊朗宪法规定,在开发自然资源、运用公共收入和分配经济活动时,政府对各省、地区不得存有歧见,从而保障各地区依据其发展需求及

潜力，获取必要的资金与设备。

（二）联邦制国家

前文提到，联邦制国家在宪法方面的分权表现十分明显，不管是在立法权还是在具体事权方面都有相对完整的总结，有时为了合理设置其结构，专设附件置于宪法典最后，直观明确，同时也更加突出了此问题的重要性。

1. 通过宪法典附件中设置立法清单明确央地立法事权的划分

印度和巴基斯坦是此类国家的典型。[①] 巴基斯坦宪法对于央地立法事权划分较为细致。虽然这里的立法主体属于相应级别的议会，但考虑到其本身的联邦制属性，再加上政府在起草过程中所起到的重要作用，实际上也等于宪法为省级政府的立法事权进行了背书。实际上这也构成了联邦和各省之间的行政关系，宪法对此有相应表述，"依照本宪法的规定，联邦行政权包括属于议会立法权限的各项事务，包括对巴基斯坦内部及与之有关的外部地区的权利、权力和审判权的行使。但是，上述权力，除本宪法或议会制定的任何法律有明确规定者外，不得包括任何也属于各省议会立法权限的事务"。根据宪法，联邦议会有权制定适用于巴基斯坦全国或其任何部分的法律（包括具有治外法效力的法律）。省大会有权制定适用于本省或其任何部长的法律。联邦议会拥有就"联邦立法清单"的任何事项立法的专属权；联邦议会和省大会对刑法、刑事程序和证据具有立法权；省大会对联邦立法清单中未列举的事项具有立法权；联邦议会对与联邦区域相关、不被任何省包括的所有事项拥有专属立法权。如果省大会法令的任何规定同联邦议会有权制定的法令的任何规定相抵触，应以上述联邦议会法令（不论是先于或后于上述省议会法令通过）或现行法律为准，而上述省大会法令，其同有关联邦议会法令或现行法律相抵触的部分一概无

---

① 巴基斯坦与印度同属于联邦制国家，且由于之前的历史原因，其两者在制度设置上有着较为相近的理律，在此不重复赘述。

效。如果一个或更多省大会通过关于议会可以就未列入附表四联邦立法清单的任何事项立法的决议，则议会有权据此就有关事项予以立法规定。但是，上述任何法令都可以由施行该法令的有关省以省大会法令予以修改或废除。附录中，对于联邦立法清单做了明确规定（参见表 2 - 1）。①

表 2 - 1　巴基斯坦宪法中关于立法事权规定的部分列示

事权方面	
第一部分	第二部分
在和平获战争中捍卫联邦或其任何部分	
军队、海军、空军工作	
外事	
国籍、公民身份与归化	
从一省获联邦首都移居出或移居至或定居于一省或联邦首都	
巴基斯坦的入境许可	
邮政和电信	电力
货币、造币和法定货币	
外汇；支票、汇票、本票和其他类似工具	
联邦的公债，包括为联邦统一基金的安全借款；国外贷款和国外援助	公债的监督和管理
联邦公共服务和联邦公共服务委员会	
联邦退休金，即联邦或联邦统一基金应支付的退休金	
联邦监察员	审理调查
行政法院和行政事务裁判所	根据联邦法建立的所有管理机关
图书馆、博物馆和联邦控制和财政支持的相似机构	
为以下目的的联邦机构和学院，即为了研究、为了职业或技术训练或为了推进特殊研究	法律、医学和其他职业
有关在外国的巴基斯坦学生和在巴基斯坦的外国学生的教育	高等教育和研究机构与科研技术机构的标准

---

① 有必要指出的是，该国宪法原有联邦和邦同时立法清单，但 2010 年宪法第十八修正案第 101 节将其删除。

续表

事权方面	
第一部分	第二部分
核能	矿油和天然气；联邦法宣布的危险易燃的液体和物质
港口检疫，海员和海洋医院，以及与港口检疫有关的医院	主要港口，即这些港口的宣布和界定，及港口机关的建立和权力
海洋运输和航海，包括潮水上的海运和航海；海事法院管辖权	
飞机和航空	
灯塔	
通过海路或航空运输乘客和货物	
版权、发明、设计、商业标志和商品标志	
出口销售鸦片	
从联邦政府规定的海关边境进出口，省际贸易和商业，与外国的贸易和商业，从巴基斯坦出口商品的质量标准	省际事务和合作
国家银行；银行业，即省有或省控制的公司外的公司进行的银行商业并且只能在该省内进行商业活动	
除有关一省从事的保险外的保险法和保险商业行为的管理，政府保险，一省从事的省大会立法能力内的任何事项	
证券交易所和未来不以一省为目标和商业的市场	
公司，即贸易公司的合并、管理和解散，包括银行业、保险和金融公司，但不包括一省所有或控制的公司且只能在该省内进行商业活动的公司或合作社，包括无论贸易与否但目标不限于一省的公司，但不包括大学	
国际条约、公约、协定和国际仲裁	
国家高速公路和战略公路	铁路
包括地理调查的联邦和联邦气象组织	
在领海外捕鱼和渔业	
为联邦目的属于政府或政府占有的工作、土地和建筑，但位于一省的财产，除联邦法另有规定外，永远属于省立法机关	

续表

事权方面	
第一部分	第二部分
度量衡标准的建立	
总统、国民大会、参议院和省大会的选举；首席选举委员和选举委员会	共同利益理事会
总统、国民大会议长和副议长、参议院主席和副主席、总理、联邦部长、国务部长的工资、津贴和特权，参议院和国民大会成员的工资、津贴和特权；对拒绝在其委员前提供证据或制作文件的人的惩罚	本部分中任何事项的相关费用，但不包括在任何法院内产生的费用
除最高法院外所有法院对本表内任何事项的管辖权和权力，范围由宪法明确规定或授权，最高法院管辖权扩大和向最高法院授予补充权力	任何省的警察机关成员的权力和管辖权可以扩展到另一省的任何地区，但不能使一省的警察未经另一省政府同意就在另一省行使权力和管辖权。任何省的警察机关成员的权力和管辖权扩展到省外的铁路地区
违反与上述任何事项有关的法律	违反与上述任何事项有关的法律
为本部分任何事项的目的调查和统计	为本部分任何事项的目的调查和统计
根据宪法在顾问委员会（议会）立法能力内或与联邦有关的事项	
本部分阐明的任何事项的附带事项或辅助事项	本部分阐明的任何事项的附带事项或辅助事项

从表2-1可以看出，在中央立法事权的配置方面，第一部分和第二部分完整地构成了立法清单，两者是并列的关系，互为补充。①

除了前述提到的印度之外，马来西亚宪法中"联邦和各州的关系"中也涉及立法权的分配和行政权的分配，在缅甸宪法的附录中，我们也可以看到其中有对事权的分割，特别是包括联邦立法目录、省或邦立法目录以及自治区政府的立法目录。这都是比较典型的联邦制分权的做法。伊拉克宪法第四章"联邦权力"明确规定，联邦政府除享有专有权外，还与地区

---

① 以上笔者在表格中所做的类比并不完全恰切，只是依照字面的理解将其归为相似类别。

政府共享一些权力，涉及总体发展规划、关税、环境、公共卫生、公众教育等政策制定及在电能、水资源政策的来源规范及分配。但实际上这种规定对联邦制的类型和权力范围并未进行明确的界定。[①]

2. 通过宪法进行税种划分

仍以巴基斯坦为例，在财权方面，该国宪法首先明确了税种的划分，这也是分税制在宪法层面的制度设置（参见表2-2）。

表2-2　巴基斯坦宪法中关于财权部分的规定列示

财权方面
关税，包括出口关税
消费税，包括盐税，但不包括饮用酒类、鸦片和其他麻醉剂的税
农业所得外的所得税
公司税
进出口、制造、加工或消费的商品销售和购买税（服务营业税除外）
资产的资本价值税，不包括对不动产的税
矿油税、天然气税和为核能产生而作用的矿产税
向任何工厂、机械、企业、设施和装置征收的，用来代替消费税（包括盐税，但不包括饮用酒类、鸦片和其他麻醉剂的税）、农业所得外的所得税、公司税以及进出口、制造、加工或消费的商品销售和购买税（服务营业税除外）规定的一种或多种税和关税的生产税
通过铁路、海洋或航空运输的货物或乘客的终点税；票价税和运费税
有关本部分内任何事项的费，但不包括任何法院收费

缅甸作为联邦制国家，宪法对省或邦政府征收税费的规定非常清楚，其中包括土地收益、消费税、水税和堤防税以及据此产生的电力使用税收、公路桥梁通行费、淡水渔业的征税、海洋渔业征税、船只税、省财产的收益与租费以及其他盈利、对服务企业征收的税费、罚金、利息、投资盈利、出产物的征税、登记费、运输税、盐税、从联邦基金账户接收的收入、捐款、无主金钱与财产、被发现的宝藏。从这里可以看出缅甸对地方财权的明确，实际上建基于全部可获得的财产权、财政权以及其他财产收益，是比较完整的

[①]　徐菁菁：《十年之乱：谁应为伊拉克负责》，《三联生活周刊》2014年第28期，第68页。

地方财权规定模式。当然，这也是建基于对事权进行明确划分的基础之上。

3. 在宪法中设立财政专章来规范财政程序等相关问题

巴基斯坦宪法规定，在财权方面，重点保障中央的权威，"凡其后果将涉及联邦统一基金的支出或从联邦公共账目中提款，或影响到巴基斯坦货币或货币流通或巴基斯坦国家银行的机构或职能的一切财政法案、提案或修正案，不得在议会提出或动议，但由联邦政府提出或动议，或经联邦政府同意提出或动议者除外"。在财政程序方面，规定了联邦统一基金的设定与支出问题。这与前述的斯里兰卡和文莱等单一制国家在制度设置方面较为接近。尼泊尔作为较小的联邦制国家，也拥有相应的联邦统一基金制度，在财政程序上也设定比较明确的税收法定和借贷担保法定的原则，以保证中央与地方在财权设定方面的合法性。

在省统一基金方面，巴基斯坦宪法规定，财政措施也需要省政府同意。"省政府的税收、借款及偿还贷款所得的全部款项均为省统一基金的组成部分。省政府或者代表省政府所收得的款项和高等法院或由省设置的任何其他法院所收取或存放的款项"均应记入省公共账目的贷方。而且，不仅如此，联邦和省在分配财政收入方面的规定也做到了细致入微。由联邦财政部部长和各省财政部部长以及总统和省长协商后任命的其他人组成的国家财政委员会也在央地财权合理配置中起到了很大的作用。① 联邦财政部部长和省财政部部长每半年监控一次裁决的实施，将他们的报告向顾问委员会（议会）两院和省大会提交。总统除了紧急状态下以命令对有关联邦政府和省政府间收入分配的法律进行修改或提供额外援助外，其他情况下应依国家财政委员会的建议将相应份额分配给各省。未经总统事先批准，凡有关对拨给任何省的全部或部分净收入实行征税或变相征税的任何

---

① 比如，国家财政委员会在此方面的职责包括：（1）税收（含所得税，包括公司税，但不包括对由联邦统一基金支付的报酬构成的收入所征收的税；销售和购买税；棉花出口税以及总统规定的其他出口税；总统规定的国产税；以及总统规定的其他税）净收入在联邦和各省之间的分配；（2）联邦政府向省政府发放援助拨款；（3）联邦政府和省政府行使宪法赋予的借款权。国家财政委员会裁决中省的份额不得少于以往裁决中给予省的份额。

法案或修正案，有关改变为实施所得税条例而业已规定的"农业收入"的含义的任何法案或修正案，以及影响各省分配或可能分配款项原则的任何法案或修正案，一律不得在国民议会提出或动议。但省议会可以通过法令，在议会法令随时规定的范围内，对从事专门职业、贸易、行业或受雇佣的人征税而不被视为征收所得税。

马来西亚"联邦和各州的关系"编第三章系"财政负担的分配"，其中提到"凡是共同事务表所规定事务的法律和行政措施涉及财政支出的，除另有规定外，应当按照本宪法所确定该项开支的承担者为：（1）联邦——如果该项开支系联邦承付款项，或者按照联邦政策由联邦特别批准的州承付款项；（2）州——如果该项开支系州承付款项"。另外，在第七编"财政"中，还有关于征税、统一基金、州补助金、向各州分配税赋和收费的规定，并对借款限制做了明文规定。在附件八"州宪法的应有规定"中，财政条款明确规定，"除依据法律的授权，不得由州或者为了州的用途而征收任何地方税或地方税"。

阿联酋宪法规定，除法律规定外，不得征收、修改或取消联邦税收，不得举借公债，不得签订有关在未来一年或多年由国库负担费用的合同。

4. 以自然资源利润为切入口进行财政调控

巴基斯坦第158条规定，"对于在遵守本宪法生效日所承担的承诺和义务的情况下，天然气气井所在的省份可以优先满足本省对天然气的需求"。向天然气气井征课的、由联邦政府收取的联邦天然气国产税的净收入，以及联邦政府收取的天然气气井使用费的净收入，都不构成联邦统一基金的组成部分，而应拨付给天然气气井所在的省份。联邦政府或其建立或管理的任何企业从水力发电站所发全部电力得到的净利润应拨付给该水电站所在的省份。① 此类规定同样适用于来自石油井的石油征收的消费税和许可使用费的纯收入。第172条规定了无主财产的处理方式，其实也是对联邦政府财权尤其

---

① 在计算本条所说的"净利润"时，应从水电站的母线所供全部电力按公共利益委员会规定价格得到的收入中扣除该电站的全部经营费用，其中包括所有应付款项，如税、投资的利息或还本、折旧和报废、经常性费用以及公积金提留等。

是物权进行保障的一种表现，"凡无合法业主的房地产，一律属所在省省政府所有，在其他情况下，均属联邦政府所有。在巴基斯坦大陆架或在巴基斯坦领海内水下的所有土地、矿藏以及其他资源均属联邦政府所有"。

海湾国家在此方面因盛产石油而表现较为明显。在阿联酋宪法中，每个酋长国的自然资源和财富均被视为其自身的公有财产，联邦负责保护和更好地运用这些自然资源和财富，使之符合国民经济的利益。有些国家关于央地自然资源收入调控的宪法保障机制还受到国家政治形势的影响。以伊拉克为例，1988 年两伊战争结束后，伊拉克又经受了海湾战争及其后 10 年的国际制裁，执政的复兴党政府自上而下为民众分配石油财富和工作岗位、补贴以及公共服务的时代一去不复返，中央政府在社会生活中的核心地位受到撼动，不断依赖于部族的网络统治，中央权力不断向地方让步。[1] 2003 年美国发动的伊拉克战争结束后，2005 年之后，伊拉克通过宪法确认了石油以及天然气的全国共有性，联邦政府与产油区获取的收入在全国分配，收入则按人口状况在国内均分，石油所在省区只有管理权。[2] 对曾遭受前政权损害的地区，应按照一种可确保全国各地均衡发展的方式，在一定时期内指定配额。同时，两者还应按能给伊拉克人民带来最大利益的方式，共同制定必要的战略政策以开发上述资源，并应使用市场原则下的最先进技术且对投资予以鼓励。以伊拉克北部的库尔德地区为例，该地区是伊拉克最重要的石油产区之一，占全国领土仅 1/10 的土地上产出伊拉克总石油储备的 1/3，其与联邦政府据此签有协定，政府每年要从联邦预算中拨出 17% 的资金，为该区支付石油生产等相关费用。作为该国的民族区域自治地区，其财政收入无须上缴中央，坚持自主决定。[3]

---

① 徐菁菁：《十年之乱：谁应为伊拉克负责》，《三联生活周刊》2014 年第 28 期，第 64 页。

② 但问题在于，宪法并没有提出由谁来决定石油权益的分配。徐菁菁：《十年之乱：谁应为伊拉克负责》，《三联生活周刊》2014 年第 28 期，第 68 页。

③ 2014 年，伊拉克国内又爆发了内乱，库尔德人也借此占领了中央政府军弃守的石油重镇，并且声明不会将这些新控制的地区交还给伊拉克政府管辖。而该地区在 20 世纪初所探明的石油储量占到世界总储量的 6%，而目前的石油出口占到了伊拉克出口总量的 40%。参见邹珊《北部伊拉克：渴望独立的库尔德人》，《三联生活周刊》2014 年第 28 期，第 71～76 页。

二　欧洲区

(一) 单一制国家

1. 通过宪法规定"议会和政府的关系"进行相应的立法事权设置

法国宪法是这种类型的典型，但这种宪法规定模式并不广泛存在于欧洲各国，而是在法国等其他洲的原殖民地国家。与前述英国式的所谓"统一基金"制度建构一样，这里我们可以将之归为"法国式"的法律保留专属规定，这种规定中既包含了事权规定的法律保留要求，也包括了财税设置的法律保留要求。[①] 法国宪法中规定的是"议会和政府的关系"，但实际上也指明了中央与地方在立法事权方面的划分标准。一方面规定了由法律规定准则的事项，另一方面又规定了由法律规定原则的事项。组织法、规划法和财政法从事权和财权方面为央地权限的配置划定了法定范围。1983年法国还专门制定了市镇、省、大区和国家权限划分法，使每一种权限的范围及其相应的资源，尽可能全属于国家，或全属于市镇、省或大区，[②]这实际上就是财权、事权匹配的一种制度雏形。

2. 通过地方自治来肯认地方的自治事权与财权

在欧洲，很多场合下，单一制国家的地方（local）指的是地方自治场合下的地方，而非指的次国家政府意义上的联邦地方，但在这种意义上，也存在相应的宪法保障。比如，克罗地亚宪法第 138 条规定，"地方和区域自治单位在管辖范围内享有税收权，并得在执行事务时对税收自由支配。地方和区域自治单位的税收与其由宪法和法律规定的权限应成比例。国家依法援助经济实力较弱的地方和区域自治单位"。阿尔巴尼亚宪法在涉及"地方自治"时规定，"国家行政管理的法律权力可以授权给地方政府单位。行使代理权而产生的费用由国家负担""只有依照法律或根据它

---

① 谭波：《财税法定原则的宪法表达及其启示》，《河南工业大学学报》（社会科学版）2016
年第 1 期。

② 王名扬：《法国行政法》，中国政法大学出版社，2003，第 92 页。

们所订立的协议所约定的义务才可以赋予地方政府机构。与法律赋予地方政府机构的义务有关的费用包括在国家的预算中"。这实际上与很多单一制国家的做法不谋而合，也相当于事权委任制度。地方单位可行使所有权，以独立的方式管理创收，有权依照法律设立税收以及税收等级，这实际上是为维系其事权实现而采取的财权下放，只要这种收取和支出收益是行使其职责所必需的。立陶宛宪法中的"地方自治和地方管理"章规定，"地方自治机关编制和通过自己的预算。地方自治会议在法律规定的范围内，并依照法律固定的程序，有权确定自己的收费。地方自治会议可以规定税收和收费方面的优惠，但用于优惠的资金应当由地方自治机关的预算资金负担"。罗马尼亚宪法规定地方税费应由地方或郡议事会在法律规定的权限范围内确定，这也是其地方的财政权的表现。而特殊情况下为特定资金需要而确定的财政贡赋，根据法律，只能被用于预设之目的。

安道尔宪法规定，"在国家财政权的范围内，同一部有效法律确定市镇为在经济和财政领域行使职权而得到承认的特权。这些特权至少涉及自然资源的收入和利用、传统税目，及与市镇公共服务，行政许可，进行商业、工业和职业活动及不动产有关的税目"，而"属于国家的权限可通过法律授予市镇"，"为保持市镇的经济能力，从总预算向市镇转移资源由有效法律规定，资源中的一部分平均分配给所有市镇，另一部分为可变部分，根据市镇的人口、区划范围大小和其他因素依照比例进行分配"。

3. 通过规定法律保留来确定地方行政单位的财政关系

这种规定其实与上一种关于地方自治的规定有相似之处，只不过这里更强调"次国家政府"的权力以及相应的法律保留方式。比如，苏联加盟共和国白俄罗斯宪法对地方苏维埃的专有职权进行了概括、规定，其可以"依照法律的规定，确定地方的税收和收费"以及"在法定的范围内，规定地方财产管理和支配的程序"。荷兰宪法中就明确，"省、市行政机关征收的地方税以及省、市行政机关与中央政府的财政关系，均由议会法令规定"。

4. 通过宪法确立国家财产制度或统一基金制度

罗马尼亚宪法中将公共财产的归属主体定位为国家或地方行政单位，属于国家或地方行政单位的财政资源的形成、管理、使用及监控，由组织法规定，在财政资源未确定的情况下，不批准预算开支。这里凸显出财权与事权挂钩的特色。税费或其他国家预算、国家社会保障预算的收入应由法律确定。正如前述亚洲国家所显现出的规律那样，英国的前殖民地很多都建有相应的统一基金制度。马耳他作为英联邦成员国，也受其影响，在财权保障上建构了本国的统一基金制度，统一基金由马耳他的所有收入和它筹集或收受的其他款项构成，不包括根据马耳他法律设立的其他专门基金的收入和款项，除依据宪法、马耳他现行法律、拨款法以及宪法规定的应由统一基金拨付的支出和拨款外，不得从统一基金中支取任何款项。

（二）联邦制国家

1. 在宪法层面细化央地立法权与行政权

这一点与中国近代历史上两个版本的《中华民国宪法》规定的模式颇为相像，以德奥等联邦制国家为典型，例如，奥地利宪法规定，联邦及各州的税收权限，由专门的联邦宪法性法律（"财政宪法"）予以规定，联邦、各州和各市镇应努力确保整体经济的平衡和财政的可持续性。除此之外，联邦宪法对联邦和州各自的立法权及执行权规定特别详细，并且联邦可以同各州就双方的管辖权限有关事项签订事项，当然这里也可以延及向地方共同体的权限委派。俄罗斯宪法中，对于央地事权分配的规定较为明确，这与一般联邦制国家的宪法有异曲同工之妙。比如，在古建筑的保护工作方面，就是将历史文化遗产按照珍贵程度分为联邦级、州级甚至市级，由相应的不同级别部门负责保护、修缮和管理工作。①

2. 通过专章"财政制度"来确定财政职责的承担

德国在此种类型的财权、事权匹配的宪法保障上较为典型。其宪法第

---

① 赵嫣：《俄罗斯打响古建筑保卫战》，《环球》2015 年第 6 期，第 59 页。

十章"财政制度"中的制度设置，很多都是围绕央地财政关系平衡展开的，而关于财权、事权的匹配，更是非常明显，从其条款名称就可看出德国基本法第十章"财政制度"的条款立法主旨表现得非常明显。有关于中央对地方财政的帮助，尤其是在地方行使相应事权时对地方的支持，如除了宪法另有规定的以外，中央和地方各负其"出"。中央委托地方则要负其支出，如果是事先由联邦提供经费而且由地方来执行的，可由联邦支付全部或一部分，如果法律规定了联邦支出的过半比例，则直接由联邦委托州来执行，此外还有相应的所谓的财政援助。收益权分配和税收分权在其中也是一目了然。在这种前提下，作为地方的"州"不必为地方财政力度不足而感到担忧，而且宪法中相应法条的实施也有具体的法律再行落实，宪法法院对上述宪法法条的维护也力度甚大。但是，应该考虑到，这毕竟是作为联邦成员单位的财政权力，而且相应法治的建构也绝非一朝一夕。

3. 通过宪法确定的收益分配机制来进行相应的财权匹配

在俄罗斯联邦及其联邦主体共同管辖事项的规定中，有着关于财权的相应内容。比如土地、矿产、水流和其他自然资源的管理、使用和支配问题属于两者共同管辖首当其冲的首要事项，除此之外，国家财产的划分、自然资源的利用等这些都属于共管对象。可以说，从这些方面也可以侧面体现宪法对财权问题的关注，不过总体来说，俄罗斯联邦在其统辖的财政权限上依然显出较其他联邦国家来说更为强势的趋向。比利时作为联邦制国家，相对较为复杂，其由共同体和行政区组成，"依据宪法规定的原则，共同体或省独享的利益由共同体议会或省议会管理"。在其"财政"章中，规定了税种设立分权的内容。"设立使国家受益的税种，只能通过法律进行"，"设立使共同体或行政区受益的税种，只能通过法令或第 134 条规定的规则进行"，[①]"设立省的收费和税种，只能由省委员会决定"。

---

① 比利时宪法第 134 条规定，"为实施第 39 条而制定的法律决定其所设机构对所辖事项的规则的法律效力。该法律可赋予所设机构在法律规定的权限内依据法定形式颁布具有法律效力的法令"。第 39 条的部分规定如下，"法律赋予由其创建、由当选的代理人组成的行政区机构管理由法律决定的事项的权力"。

三　美洲区

（一）联邦制国家

1. 通过宪法确立央地的各类权限，实现较为彻底的分权

巴西在联邦制国家的央地财权、事权匹配的规定上是较为典型的，在"国家组织"编中，第二章规定了联邦的事权与财权问题，第 20 条先是规定了 11 类联邦财产，第 21 条规定了 25 类联邦事权，第 22 条又规定了联邦的 29 类专属立法权，第 23 条则是关于联邦与州乃至联邦特区及市共同拥有的事权，第 24 条规定了联邦和州的竞合立法权。可以说，在该章中，五条的规定囊括了抽象事权、具体事权以及财权的规定，而交叉事权（含抽象与具体）的问题也得到了确认。对于州的权力，采取了保留原则，即只要宪法未禁止州拥有的权力，都保留给各州。州财产则包括四项比较典型的财产，一般都是不属于联邦或者新形成的自然资源财产。除此之外，第六编"税收和预算"也像其他联邦制国家一样，确定了国民税收体系，内含划分原则、对征税权的限制、税种划分等具体规定，详细至尽。

2. 通过联邦制的剩余权力归属机理来确定事权的分配

阿根廷的宪法明确规定，凡宪法未明文规定委托于联邦政府而由各省各自保留的权力，连同各省加入联邦时以特别协议明确保留的权力，均属省政府，而省对辖区内的自然资源享有原始所有权。美国也属于此类。但加拿大的剩余权力通常不像美国那样属于联邦成员单位，而是属于联邦所有。

3. 从侧面确定中央事权或地方事权的维系

墨西哥宪法"墨西哥州和联邦特区"编对州的禁止行为做了规定，州在任何情况下不得征收国内外产品的流通和消费税，根据当地习俗征收税或费，也不得制定或维持与现行财政法规中对于国内外产品的税收种类标准不一样的规定，无论该不同存在于相似的当地产品或不同来源的相似产品之中。这实际上是对中央事权的维护，也是在统一市场的关怀下对联邦

成员单位财权的限制。虽然美国宪法并没有十分明确的中央与地方政府之间的分权规定，但就国会的立法权限而言，有相应事权分权的意味，这一点与前述"法国式"的宪法规定有异曲同工之处。美国本不是一个中央集权的国家，所谓主权（最高权力）在联邦层次和地方层面都被分为几个方面。[①]

（二）单一制国家

1. 通过宪法规定仿行英国式的统一基金制度

安提瓜和巴布达宪法规定建立相应的公共债务利息基金，除了一些法定情形之外，不能从税收拨付的公共债务利息基金或其他公共基金中提取钱款，债务支出包括债务的利息、偿债基金的费用、债务的偿还或清偿和因为确保税收拨付的公共债务利息基金的安全筹集借款产生的款项支出以及因借款产生的债务清偿和赎回。巴巴多斯和巴哈马都建有统一基金制度，[②] 在遵守该国生效的法律之规定的前提下，所有的财政收入应归入该基金中，而公共债务则也与安提瓜和巴布达一样，包括该债务产生的利息、该债务的偿债基金和赎回金、因该债务的管理而附带发生的费用和支出，从统一基金中支付。伯利兹和多米尼克、圣卢西亚、圣基茨和尼维斯、圣文森特和格林纳丁斯、特立尼达和多巴哥、牙买加等也都是英联邦成员国，也建有相应的统一基金制度或综合基金制度以及相应的应急基金制度，甚至为此还制定了相应的拨款法。有些国家虽不是完全仿行英国式的统一基金制度，但也万变不离其宗。比如，萨尔瓦多宪法中建构有相应的"国库"制度，国库的资产包括国家储备和流动资产、国家的债权、国家所有的不动产与动产、实施有关税捐、关税和收费法律的收入以及根据法律以任何名目获得的收入。而得到承认的债务和正式授权的公开开支，均为国库应负担的债务。危地马拉宪法中拥有相应的"预算组织法"部

---

① 唐昊：《美国怎么对付"外国势力"》，《南风窗》2015 年第 10 期，第 102 页。

② 由于两者制度表述非常接近，又都是英联邦成员国，故放在一起表述。

分，国家收支总预算的制定、执行和结算以及根据宪法制定的预算讨论和审批标准应经由预算组织法确定。

2. 通过宪法强调省级政府的财政权限

南美洲国家巴拉圭在央地关系的宪法规定上较为典型，宪法第 164 条规定了省政府的职权范围，在事权方面诸如协调整合下级政府的资源以组织公共服务、拟定于国家发展相符的省级发展规划以及配合中央政府协调省内机关是其典型职能，而在第 165 条明确规定了其财政资源，包括：依宪法及法律所享有的各种捐税、中央政府的拨款与补贴、本省内的公共所得与捐赠及财产和法律规定的其他财政资源。这种明确的单一制国家地方单位的财政立宪可谓实至名归，且财权紧邻事权规定，都规定在"关于省政府"的内容之中。多米尼加的次一级国家政府是大区，法律确定其权力、组成、组织和运作，以不损害团结为原则，国家寻求不同地域的公共投资的合理平衡，这种平衡会考虑到其对国民经济的贡献。

3. 通过宪法确立相应的事权种类名称

单一制国家玻利维亚在"国家领土结构和组织"中确认了央地的职权分配，重要的是其首先确认了宪法规定的特定职权的含义，比如特有职权、专属职权、同时职权和共享职权，并对这几类权力分别作了列举，任何宪法中没有包含的职权都归属于中央政府，可以根据法律规定转让和委托授权。这是该国在事权划分方面对世界单一制体制国家分权的一种贡献。

四　大洋洲区

大洋洲国家以岛国居多，其代表性不足，但为了抽取其中相应的规律，仍将其作为单独一组进行总结。

（一）联邦制国家

1. 通过宪法确立统一基金和国家财产经营制度

这主要以澳大利亚为代表。澳大利亚也是英联邦成员国，也如前文其他国家类似，建有相应的统一收入基金。对于州的财产，如果要移交至联邦名下或辖下，需要经过具体的机制，以必要为原则，联邦应对此给予州以补偿，财产的价值应尽可能按照州为公共目的之用确定土地价值或土地收益价值的方式确定，无法就补偿达成协议则以议会立法确定。除此之外，在联邦建立后的 10 年内，以及此后直到议会另有规定，在来自关税和消费税的联邦纯收入中，每年用于联邦开支的部分不应超过 25%，剩余部分根据宪法支付给一些州，或用于支付联邦代州所偿还债务的利息，同时在上述相应的时间段内给予州以财政援助。在征收统一关税起 5 年后，议会可以在其认为的公平之基础上，将联邦所有的盈余收入按月支付给州。密克罗尼西亚宪法在财政条款上，也建有相应的总基金与特殊基金制度，在外国财政援助基金的使用上面，除非对援助的期限或特殊属性需要特殊分配，每一州获得的援助都应与联邦政府和其他州所获得的份额相等，凸显均衡原则。

2. 通过宪法确立州公债等财权制度

这也是以澳大利亚为典型。澳大利亚联邦议会可以接管州的公债，或根据联邦最近统计所显示的州人口数接管相应的比例，并可以转换、展期或合并这些债务或其任何部分。州应偿付联邦对债务的接管。就上述问题，联邦与州可以达成相应的协议，联邦议会则可以制定法律，促进协议的履行。①

（二）单一制国家

1. 通过与特殊单位的宪法分权来树立财权、事权匹配样板

巴布亚新几内亚宪法明确规定了国家政府与国内的一特殊区域政府布干维尔岛政府之间的职能和权力分工，以及向布干维尔岛进行权力转移的机制。在必要的情况下，国家政府可以决定该岛内宪法规定的职位或承担国家机构的职能和权力的实施。而作为地方政府，布干维尔岛也不得阻碍国家政府行使相应的职能和权力。这其中最有特色的在于该国宪法对相应

---

① 参见谭波《破解地方债务问题的法治思考》，《中州学刊》2015 年第 8 期。

的事权做了统括性划分，包括立法事权、行政事权甚至司法事权，比如两级政府在刑事法律方面的权力，宪法还明确了国家政府与该岛政府之间职能和权力转移的具体方式，比如它要求组织法规定克服组织职能或权力有效实施的能力或经济环境困难的方式、分享地区或国家基础上机构用途和成本分摊的安排，等等。

2. 宪法层面的统一基金制度的构建

基里巴斯、图瓦卢和斐济也是英联邦成员国，前者的财政开支程序需要有相应的拨款法案（appropriation bill）或拨款法（appropriation act），否则不足时就需要有追加拨款方案（supplementary appropriation bill），超支款项应该同政府账目委员会（public accounts committee）的报告一并提交议会；图瓦卢规定议会法令可以就不构成统一基金之组成部分的公共资金作出规定，此类公共资金应当根据议会法令加以管理和处置；后者也建有相应的统一基金制度，关于分配财政收入、增加税收或减持国债，都要经过相应的议会程序及总统签署。马绍尔群岛虽不是英联邦成员，但其总基金、公共基金制度很明显是跟前述英联邦成员的类似制度保持一致的，在该国，地方政府还可以指定法令，在与上位法不抵触的情况下，可以为地方需要而征税和进行基金拨付。所罗门群岛和萨摩亚也有统一基金和类似于统一基金的公共基金或国库制度，且授权支出有着相应的数额限制。

比较特殊的是瑙鲁，作为英联邦特别成员国的瑙鲁，确实与其他一般英联邦成员国有着不一样的制度构建，不仅有一般意义上的国库资金制度，还有相应的长期投资基金（瑙鲁全民长期投资基金）和意外开支基金，还有因该国特殊国情而形成的磷酸盐矿区使用费，而且后者与长期投资基金还有相应的先后使用次序，即除非因矿藏消耗，在瑙鲁的磷酸盐矿采收不能满足瑙鲁公民充足的经济需求时，不得从长期投资基金中提取任何资金。

3. 通过宪法财政条款来确立州政府的财政收入获取权

帕劳在财政条款方面较有特色，州政府有较大的财政自主权，可以根据法律如联邦一样投资，所有分类的财政补贴和外国援助应由国家政府和所有州政府根据需要和人口，以公平和平等的方式分配。每州有权从勘探和开发的所有生物与非生物资源中获得收入，并拥有12海里以内海域的罚金收取权，而授权罚款外国船舶捕捞所得的收入，应在国家政府和所有由国会决定的州政府之间平等分配。这与前文的瑙鲁的资源区使用费有着近似之处，只不过这里是通过财政条款来确认该种制度。

4. 通过宪法机构的设立来进行联邦成员单位事权的具体运作

瓦努阿图宪法规定，意识到分权能使人民在地方政府所在的区域充分参政，遂应制定必要的法律以实现这一意图，而法律也应将该国划分为若干个地方政府区域，并规定每一区域由酋长组成的地方政府理事会管理。

五 非洲区

非洲地区整体发展水平较为落后，但正如前述提及的原因，为了保持整项研究的全面性，这里也选取了一些联邦制和单一制国家的代表进行归类总结。有些国家在前文进行样板分析时曾提及，在这里做了进一步分析和内容梳理。

（一）联邦制国家

1. 通过设定财政条款来确定央地各自的财权设置

埃塞俄比亚对财政条款规定的方式比较特殊，规定了联邦政府和州政府应该各自承担为履行法律赋予的责任和职能所必要的所有财政开支，除非另有协定，为履行任何受托于州政府的职能所要求的支出由委托方承担。联邦政府可以就突发事件、重建及发展向各州提供援助和贷款；援助和贷款的提供应被合理关注，以不致影响各州的均衡发展，联邦政府则可对各州的均衡发展状况进行审计和检查。[①] 在宪法中，联邦和各州对收入进行分配时首先考虑联邦的安排，联邦征税权力涉及九个方面，包括关税

---

① 参见《世界各国宪法》编辑委员会《世界各国宪法·非洲卷》，中国检察出版社，2012，第27页。

及进出口税费、联邦雇员收入所得税、联邦企业相关税收、国家彩票及类似奖金收入、航空等运输收税、联邦房产税收、联邦提供服务的税收、专营服务征税以及联邦印花税，除此之外，联邦与州政府对其联合设立的企业的利润、销售、货物和个人所得共同征税，共同就公司的利润和股东的红利征税，共同就经营大规模地采矿、石油、天然气以及特许权征税。而关于未指定的征税权，则由联邦议会和任免代表议会在联席会议上，经由2/3 以上多数议员决定就本宪法未尽事项征税。在这之外，则是州的征税权问题，也在宪法中做了明确规定，比如第 97 条第 5 款规定的是州对州所有企业的相应环节进行征税，宪法第 98 条第 3 款还专门规定，州政府与联邦政府均不得就对方的财产征税，除非其为营利企业。南苏丹宪法规定，对于联邦政府和州政府而言，各自都有相对固定的宪法税收来源，并且在国家石油或天然气等重要资源的收入上，也是实行了相对固定的分成制度，并且建有相应的石油收入稳定账户和未来基金。

2. 通过宪法确认各级政府的事权及相互关系

南非宪法规定了南非共和国政府由国家、省和地方层级的政府组成，三者相互依赖关联，所有层级的政府与每一层级的国家机构都应当尊重其他层级政府的宪法地位、制度、权力与职能。各层级政府应当相互信任、真诚合作以加强友善的关系、互相帮助与支持、互相通知与咨商有共同利益的事务、互相协调行动与立法、遵守达成一致的程序以避免互相控告。在省级政府之间的关系上，南非还建有宪法规定的全国省级事务委员会。在财权方面，宪法要求议会通过的法律必须规定在各层级的政府之间公平分配全国税收。在事权的分割上，南苏丹宪法的附件详细规定了联邦权力和州权力以及共同权力的配置，并且是立法权和行政权相统一的配置。除此之外，其是按照事务本来性质来区分剩余权力以及解决权力冲突的法律机制。

3. 通过宪法确定国家各地平衡发展的宪法原则

南苏丹宪法规定，对于事权，联邦政府应当促进、支持和鼓励地区均衡和广泛参与经济发展，遵循的原则是把政府职能和权力下放到适当的级别。而对于财权，资源和国家财富的分享和分配应当基于这样一个前提，即所有州、地方政府有权平等发展，不受法律规定的任何形式的歧视。国家财富和其他资源的分配遵循的方式是使各级政府都能履行它们的宪法和法律规定的责任和义务，以及保证所有人的生活质量和尊严都获得提高。联邦政府应当履行向各级政府财政转移的义务，并且应当在州和地方政府之间依法公平分配税收比例，除非法律另有规定；税收分配则应当反映的目标是在关于发展、提供服务和良政治理上，实行权力下放和分散决策。任何级别的政府不得非法持有依法分配给另一级政府的财政。如果在任何基本政府之间产生财政分配的纠纷，在尝试协商解决之后，可以提请最高法院审理。

（二）单一制国家

1. 通过宪法确定分权原则

有些国家规定了宪法分权的原则，比如几内亚宪法规定，法律通过向地方团体转让权限、资源和措施调整地方分权。肯尼亚宪法允许不对称的权力下放，以确保职权被迅速下放到有能力履行的地方。乍得宪法规定国家致力于所有地方分权单位在国家稳定、地区潜力和区际平衡的基础上协调发展。地方分权单位在国家帮助下致力于保障公共安全、行政机构事务和领土治理以及经济、社会、文化、卫生和科学的发展与环保，宪法为此还规定了地方分权单位财政收入的构成。乌干达宪法明确规定了地方政府应获得法律规定比例的税收以保留用于其职责的履行和服务的提供，中央政府还有面向地方的有条件补助金、无条件补助金以及均衡补助金，这种类似于财政转移支付制度的设置实际上也是为了保证地方的财力。刚果（金）宪法规定，在不损害宪法其他规定的前提下，该国法律可以确定有关事项的规则或其他原则，[①] 其中各省和地方分权领土单位的自治、权限

---

① 与之相类似的还有加蓬、科摩罗、科特迪瓦、马达加斯加、毛里求斯、尼日尔、塞内加尔、乍得、中非等国，在此不赘述。参见《世界各国宪法·非洲卷》，中国检察出版社，2012，第315～316、388、393～394、523、600～601、753～754、858～859、1105、1116～1117页。

和财源属于法律可以确定基本原则的事项，而公共财政、国家公债和金融担保则属于法律可以确定相关规则的事项。在刚果（金）的宪法中，还明确了事权的划分，即中央政府和各省之间的职权配置，主要分为三类，分别是中央政府的排他性职能、中央和各省的共享职能以及各省的排他性职能。

2. 通过宪法确定财政平衡的原则

佛得角宪法规定，地方行政单位应具有自己的资产和财政，法律应规定地方行政单位的资产制度，并考虑国家和地方行政之间公共资源的公平分配以及其他相关原则，且法律可以规定某些地方从事金融收入。中非宪法规定，财政法按照经济与财政平衡的原则规定某一特定财政年度内国家收入与开支的性质、数额与分配。莫桑比克宪法规定了法律应当确定地方当局的财产，建立地方财政收入体系，以保证公共资源的公平分配，确保为减少不平衡所做的必要调整，这实际上也造就了一种新的原则，即更好地实现和服从于国家更高利益的原则。安哥拉的央地财权、事权匹配主要体现在财政系统和国家预算制度及地方政府相应部分之中，很好地体现了财政平衡原则。其财政系统应制定目标满足国家和其他公共团体的金融需求，确保国家经济与社会政策的实施，并承担国家财富和收入的公平分配；国家财政预算预估国家税收水平，并制定每个财政年度中央政府与地方政府在公共服务、公共机构、办公经费和社会保障方面的支出，以保障所有预估的财政收支平衡。地方政府的财政来源比例必须是由宪法和法律加以规定并符合已获批准的地方发展规划。部分地方政府财力应当来自当地税收和其他收益。

3. 通过宪法确定央地合作机制及地方政府的目标

冈比亚宪法规定，议会法律应当规定地方政府的功能、权力、责任等，必须规定中央政府分配到地方的财政资源或对其他资源的管控。地方政府制度的目标是，只要有可能，地方政策和地方管理事务应当在地方层面由地方自行决定，地方政府应当与中央政府密切合作，共同致力于地方分权政策的执行。肯尼亚确定了各级政府之间的宪法关系尤其是中央与地方政府的合作，在附录中规定了中央政府和县级政府分权的内容。斯威士兰宪法规定，地方政府为执行其计划和政策，有权征收税款、房产税、关税和各种费用，同时有权为本区域人民的总体利益与福祉制订并执行各项有效利用资源的计划、规划与战略。

4. 通过宪法进一步强化地方自治的相应机制

刚果（布）共和国的地方团体是省和市镇，地方团体由其民选议会按照法律规定的条件实行自治，尤其是涉及它们的权限和财源的方面，禁止将国家的主权性开支列入各分权团体的预算中。在刚果（布）的宪法中，属于法律领域的事项也被明确规定，其中比较典型的如"地方团体的自治，其权限和财源"和"公务法人的设立"。法律领域之外的事项属于条例领域。摩洛哥的地方公共团体制度较有特色，实际上大区长和州与省之总督在地方公共团体中代表中央权力。马达加斯加宪法赋予了省负责本省利益发展所需行动的配合和协调工作以及本省范围内地方分权团体的平衡和协调发展工作之原则。

5. 在宪法层面建立统一的基金制度

加纳、肯尼亚、莱索托、马拉维、塞拉利昂、塞舌尔、斯威士兰、坦桑尼亚、乌干达和津巴布韦等受殖民地宗主国的影响，建有相应的统一基金和应急基金制度。肯尼亚还另建有平衡基金制度，马拉维建立了发展基金和特殊基金制度。纳米比亚和南非称之为国家税收基金。尼日利亚称之为公共基金制度。博茨瓦纳属于英联邦国家，在财政制度上与其他成员国相若，也建立了相应的"统一国库"制度与"储备金"制度，后者相当于其他英联邦成员国的应急基金制度。

6. 通过宪法进行了具体的量化指标设置

加纳宪法规定，国会应当制定法律并采取措施深化中央政府行政职能和规划的下放，但不得对不符合其权力下放地位或者以其他方式违反法律的行政区议会进行控制，此前国会每年筹措不少于总岁入的5%的资金分配给行政区议会以支持其发展，分季度分拨。刚果（金）宪法规定，国家收入中的40%拨付于各省，实行代扣所得税制，法律规定地方其他的明细表及其分配方式。

7. 根据宪法建立相应的机构保障财权、事权匹配

马拉维宪法关于地方政府的规定比较细致，其中有特色的制度当属地方政府财政经济委员会，这种机构的设置有助于听取地方政府的相应请求以及经费估算，依据和考虑经济、地理和人口的差异，在不同时期和不同地区支付不同的数额。除此之外，中央政府应为地方政府职能的正当行使而确保有必要的足够的资源供应，为达到此效果，应允许地方政府机关保留按照国家地方政府财政经济委员会规定的由其接受的此类财政收入的一部分。尼日利亚宪法规定任何分配给联邦政府、各州政府和各州地方政府理事会的联邦账户的信用金额和使用方式都由国民议会决定。联邦甚至可授权州增加收入，但具体数额、款项及条件也由国民议会决定。

第二节　央地财权、事权匹配宪法保障机制的意义分析

一　对单一制国家央地权力配置关系法治化的整体促进

在世界范围内，尤其是前文提到的很多联邦制国家，都已经实现其央地之间的财权、事权匹配机制的宪法化。从当前我国宪法条文的表述来看，只有第 3 条第 4 款的原则性表述，所设置的权力"边界并不稳定"。[1]联邦制国家的分权清单制度自不待言，而单一制国家也确定了分权原则，这在亚非拉等发展中国家也表现明显。有些国家如刚果（金）和玻利维亚等国家的宪法还对不同的事权进行了界定和分类，如玻利维亚宪法中提到的特有职权、专属职权、同时职权和共享职权分类，其实恰恰是我国中央事权、地方事权和央地共同事权可以进一步效仿和学习的对象。而刚果（金）更强调中央政府和省级政府事权的排他性，这实际上也是值得我们

---

① 林来梵：《宪法学讲义》，法律出版社，2015，第 236 页。

学习之处，即为了改变当前的"职责同构"而采取的条分缕析的宪法分权体制实为必要。

事权的清晰划分有助于财权的明晰，这就是"干多少事，给多少钱"的财政配置思路，如前文提及的冈比亚宪法中的地方政府的财政资源的配置思路，而不是"拿多少钱，干多少事"的陈旧思路。事务的性质应该按其本身特点各有归属，而不是胡乱一堆、上下一般粗，如若不然，只会导致随意的推诿，钱多者不办事、少办事，无钱者且无法生财者也只能不办事，甚至为了生钱而采取违背现行法律框架的"后门"做法，大搞"土地财政"，这些原本不该出现的乱象都是应该由法律特别是宪法出面杜绝的。

只有宪法明确了事权的划分或相应的权力归属机制，才会给政府尤其是地方政府吃下定心丸。在这种宪法框架下，再通过具体的法律等方案来实现进一步的治理。比如，2015 年，为应对西方的制裁危机，俄罗斯准备通过法律议案来实现对远东地区的开发与治理，[①] 当然在俄罗斯联邦宪法之中，第三章"联邦体制"已经明确告诉我们，"自然资源的利用"可以由联邦和联邦成员单位共同管辖。这种共治实际上是对其事权的一种配给，类似的表述如"土地、矿藏、水资源以及其他自然资源的占有、使用和分配问题"等都属于共治范围，这实际上为这样一个大的联邦制国家的经济发展建立了一种宪法保障。

在这种宪法国家最高法律文件的调控下，中央和地方都恪守一方，站在不违宪的边缘去妥善处理与对方的关系，增加了较大的行为可预期性，减少了国家治理中的争议发生，利于促进双方致力于经济社会的发展。如有争议，宪法也已事先确认了相应的争议解决机制。这一点诸多发展中国家（如墨西哥、南苏丹的争议司法解决机制）的相应做法值得

---

① 俄联邦这项"融资计划"是在制裁背景下策划的，土地拥有者即个体经营户将交不动产税，开始的时候，这些土地将无偿承租给私营户，5 年后，如果土地没有荒置，那么可以无偿变成私有。如果这项法律被通过和颁布，俄远东将成为向中国出口绿色食品的主要地区。

我国效仿。我国不是联邦制国家，没有所谓的剩余权力机制原理（这在前文所提到的拉美国家阿根廷的宪法中表现明显），因此，需要有相应的机制来解决事权的落座与归属问题，否则，随着社会不断发展，必然会出现新的权力。对于中央某些职能部门来说，如果这种权力有利，则可能将其收入囊中，如果无利可图，则有可能就通过行政的压制来推给地方，这对已经有诸多下放后的事权压在身上的地方政府而言，完全是超出其承载范围了，这种可能不包含财权的事权一旦长期被下放，导致的结果可能就是地方政府实际上的破产。特别是在现有的预算法已经被通过，而地方有举债权的前提下，这种危机实际上会更加明显。宪法如果在此方面不出现澄清相应事权归属的争议解决机制，或者明确全国人大及其常委会在"依法定权"方面的作用，权力下放的结果和命运其实在一开始便是注定了的。

在单一制国家的中央与地方之间，地方有时很难处理好中央行政隶属威压下的央地关系，行政化的一边倒之力往往导致地方很难在与中央的博弈中获得实质性好处，叫板或是以下犯上更非明智之举，但所有这些都是建立于法治不完善的行政化体制之中。如果有了完备的宪法规制及其实施，央地之间的财权、事权状况可以达到另一种状态，即有据可查，有规可循。这种益处不仅仅是对于地方而言的，同时对中央来说，也不必劳神地每次想招来压制地方的不满，毕竟地方已经实际上在中央面前身为长大的孩子，而不再是不可理会的"未成年人"或"无行为能力人"，在这样一个大集团（公司）的背景下，内部成员（公司）之间的关系也应该如母子般，而非总分之距。所以，宪法或法治机制在此的作用就应该是支持作为"弱者"的地方政府，通过法律规范来拉平这种原本不平衡的事实关系。在非洲国家冈比亚、肯尼亚和斯威士兰等国的宪法中，地方政府和中央政府的合作机制都被反复提及，这正说明两者之间的平等关系，地方政府正是借助与中央政府的合作才实现了宪法为其设定的相应目标，宪法鼓励地方在更多方面与中央合作，这与单一制或联邦制的国家结构形式无涉。

这种平衡实际上也表现在前述诸多国家在宪法中所提倡的财政平衡原则中，宪法不仅支持地方政府与中央政府之间的平衡，也支持地方政府之间实现相互平衡，如佛得角、莫桑比克、中非、安哥拉等国，都是在宪法层面更积极地推动财政的平衡，保证整个国家的均衡发展，也是为了国家利益能够更大化地被实现，从某种层面也体现了宪法所追求的公平价值，这一点又在伊朗宪法中有所体现。对于一个国家来说，其中央财产、地方财产都属于国家的财产，从本质上来说是平等的，因此，都应该获得相应的平等维护和效益实现。这一点在前文的亚洲单一制国家阿塞拜疆、阿曼、马尔代夫和澳洲联邦制近邻国家澳大利亚的宪法中都有所体现。我国的宪法对国家所有权制度有规定，也通过建立国有资产监督管理制度来逐渐区分所有者和行使者的不同权能，但是从央地之间、地方与地方之间的公平度来看，宪法并没有起到更为重要的引领作用。这样一来，地方对于宪法中所确认的国家财产的权利分配就显得不足，尤其是资源类财产更是如此，这也是我国多年来出现相应争议的主要原因所在。但是反观前述很多国家（如俄罗斯、比利时、巴基斯坦、伊拉克等国的宪法）对资源所在地的地方权益的维护，[①] 这种宪法的规定是有其影响力的，必然会形成很直接的导向，其实也是为了这些地方能够更好地实现其事权，畅行公平机制，实现宪法所追求的价值，否则必然是现在我们所面临的"矿竭城衰"，随后再进行大规模的产业转型，而这时的财政转移支付已经全然看不到当时国家财产收益公平分配机制的影子，实际上对央地关系产生了更加消极的影响。

二　对我国民主集中制框架下积极性理论的推进

现行宪法关于民主集中制框架下的央地关系界定告诉我们地方的主动性和积极性要被充分调动。2013 年召开的党的十八届三中全会告诉我们，深化

---

① 具体可参见谭波《论联邦制国家地方物权制度构建及其启示》，《理论月刊》2014 年第 3 期。

财税体制改革，要通过"建立现代财政制度，发挥中央和地方两个积极性"来完成，这实际上是对当下财权、事权匹配的宪法保障机制的一种深化，当然"两个积极性"在之前也多有述及。地方在发展中所亟须拥有的"两个积极性"主要是通过权力给予来完成的，如果没有足够的财权与事权，地方很可能面临巧妇为无米之炊的难题。以本次立法法的修改为例，"较大的市"扩张至"设区的市"，实际上是对立法事权的一次重新洗牌。① 多年来无法获得立法资源的地方城市对城市治理和经济发展苦无好牌，只能将就，以文件来为地方发展保驾护航，但这种缺少硬兵器的时代终究不是长久之计。因此中央决定不再将立法权垄断设计于原本规定的一定级别以上的地方主体，做无意义之限制，但这次放权也不是无限度的，只是"对城市建设、城市管理、环境保护等方面的事项"制定地方性法规和地方政府规章，同时，立法权下放时间要考虑具体要素。这样做的目的，实际上很容易看出，一方面是落实党的全会文件与宪法前述关于地方积极性的规定，另一方面则是"本着积极稳妥的精神予以推进"，② 显示了国家在央地权力配置方面中把握的度。立法事权不属于传统意义上的行政事权，但其与行政事权的合理配置是一脉相承的，从广义上来讲也是统一于"事权"的大范畴。这一点，从目前中央和地方之间就司法事权配置来看也是如此，在立法事权不断下放的情况下，司法事权也在不断调配。原本被地方化了的司法权也在重新审视下改革上路，中央在十八届三中全会和四中全会后相继推行了省以下法院和检察院的人财物统一管理，设立跨行政区划的法院以及最高人民法院法院的巡回法庭，这些都被视作中央强化司法事权中央事权属性的做法，实际上也是对事权配置的一种重新洗牌。③

---

① 相关的论述参见郑毅《中央与地方事权划分基础三题——内涵、理论与原则》，《云南大学学报》（法学版）2011 年第 4 期。

② 关于《中华人民共和国立法法修正案（草案）》的说明，参见中国人大网，http：//www. npc. gov. cn/npc/lfzt/2014/2014 – 08/31/content_ 1876779. htm，最后访问日期：2015 年 1 月 27 日。

③ 参见谭波《论司法权的事权属性及其启示》，《山东科技大学学报》（社会科学版）2015 年第 1 期。

目前来看，我们还需要通过强化地方自治等制度来充分调动地方的积极性，可以看出，前文提到的很多国家都在宪法层面确认了地方自治制度，不管是苏联的加盟共和国（如阿塞拜疆、吉尔吉斯斯坦、立陶宛等），还是东欧的一些前社会主义阵营的国家（如罗马尼亚、克罗地亚等），甚至如非洲相对后进的一些国家［如刚果（布）和马达加斯加等］，都有着相似的宪法制度设置，这足以说明单一制的国家结构形式并不排斥地方自治制度。而从我国目前的自治制度来看，只有立法法中肯认的基层群众性自治制度、特别行政区自治制度、民族区域自治制度，除去后两类特殊的地方自治制度之外，目前的基层群众性自治制度还不足以承担起调动地方尤其是高层级地方政府积极性的作用。前文所提到的大洋洲岛国巴布亚新几内亚的宪法对其特殊的地方单位布干维尔岛政府的规定，其实正相当于我国特别行政区基本法和民族区域自治法的相应规定，只不过巴布亚新几内亚是在宪法层面明确了上述制度，但是不论如何，这种制度中适用于一般地方单位的有益经验实际上应该在更广的范围内推广，从而进一步塑造一国的地方自治制度，让地方自治成为一种具有普遍适用性的宪法制度，为《地方自治法》的制定提供制度依托和经验积累。在此基础上，还需要辅之以宪法的引导，在宪法中设立一些促进和保障地方自治的机构（如瓦努阿图宪法中设立的地方政府理事会、马拉维宪法中设立的地方政府财政经济委员会、印尼的地方代表理事会等），这样地方自治才能够在宪法的引领下达到更好的状态。

以目前城市在我国的权限扩张历程来讲，恰如前述内容，在立法事权的视野内，我们已经将立法法中的"较大的市"的概念做了扩张，又增加了其他设区的市作为其外延的补充，这样，立法法中的此概念就与宪法典中的"较大的市"达成了统一。宪法关于行政区划的条文规定，隐藏着立宪当时只经国务院批准的较大的市的事实背景，而在 2000 年立法法出台之后，"较大的市"在该法中又有了新的解释，而如果按照宪法的规定，直辖市之外的较大的市分为区和县，那么设区的市以上级别的城市都符合这一标准，这样立法法的修改就完成了这样一个法律概念内涵与外延达致统一的任务，居功至伟。而在财权、事权匹配的问题上，如立法法修改的草案说明所说的那样，现在拥有地方立法权的城市不过 50 个，而广大的 282 个其他设区的市还不拥有立法权这样的重要事权，因此，在立法权授予的情况下，实际上在这方面也达到了财权与事权的统一。另外，这也为未来的行政区划格局上的"省直管县"改革进一步奠定了基础，在不能达到城市发展带动县的目的之时，城市的单独发展是一条路径。因为其可以达到财权与事权的统一，而县直接依托于省单独发展，这样，既可以与宪法上所讲的"三级地方行政区划"相契合，也与我国一直以来所追求的"省管县"改革相配合，可以说这是实现县级单位财权、事权匹配的第一步，因此，在全面推进依法治国尤其是全面推进央地关系法治化的过程中，系统的改革路径与步骤不可忽视，立法法修改的这种蝴蝶效应已见分晓。其实，回溯当时的历史会发现，在同名的城市与地区并存的状况下，城市的发展其实是一条类似日本等发达国家地方自治制度改革的一条路径，^① 只不过后来的撤地划市既增加了城市的负担，使其尾大不掉，同时又让其难掩刮县的诱惑。从自身发展考虑来运行上下级的行政管制权，而不再考虑如何促动整个地方的均衡发展，这与当时中央的改革初衷是径相违背的。因此，目前的这种改革实际上是我国在地方市县发展模式上重回正途的一种法治路径，值得肯定。

三　对全面推进依法治国目标实现的催化

在全面推进依法治国的过程中，包括财权、事权配置在内的央地关系的处理也不能例外，特别是在"依法治国首先是依宪治国，依法执政首先是依宪执政"的前提下，我们更无法忽视宪法对于各类事务调节的首动

---

① 仔细分析日本的城市制度，会发现其多元化的方向与范例，不管是所谓的"大城市"，还是核心市与特例市，都遵循了单独发展的方向，参见万鹏飞、白智立主编《日本地方政府法选编》，北京大学出版社，2009，第 137～140 页。

性。这种调控就如赋予我们的历史使命，同时恰恰也是一种机遇。当地方财权或是事权俨然如党的全会文件上升为宪法条文时，对其的贯彻落实绝不如今天的这样"莫须有"。因为我们首先肯认的是一种行政落实机制，当我们这种相应的规定已经列入总纲尤其是国家机构一章时，其实施力度可以如现在其他方面的国家机构条文一样得以想见。另外，在各项涉宪的考核均已经指标化或量化的未来，关注财权、事权匹配的考核也完全能够被有效监行。这对于我们全面建构中国特色社会主义法治体系而言无异于一针强心剂。财权、事权作为国家机构的最重要的"器"，实际上是我们在治国过程中必先面对的问题，即治国先治吏，而治吏先治权。宪法是更重要的治官制权法，但其治官制权功能在很多情况下不是直接实现，而往往是通过其他法律实现。[①]

从财权相关条款来看，很多曾经的英系国家，都在宪法中明确了财政统一基金制度，其中又包含了应急基金、平衡基金、发展基金等制度。这种制度设置实际上也是在支撑整个国家财税立宪的根本，保证整个国家由"财税国家"向"预算国家"的过渡。当整个国家的各项收入都能够纳入基金和预算管理的范围之中时，也正是我们规范国家权力的根本机制建构之时，也正应和了西方宪法史的那句"整个国家立宪的历史其实正是一部财税入宪的历史"。[②] 在财政宪法制度方面，多设定一些具体的指标、多量化，通过具体的指标来调控经济的发展、实现议会的控制，尤其是地方举债权的运作这种事关重大的财权的行使，这些都是非常必要的措施。如前述澳大利亚宪法、刚果（金）和加纳宪法中都进行了相应的制度设置，议会在其中的控权方面起到了很重要的作用。

不仅如此，除了上述受英国影响的国家之外，财政专章在亚洲和欧洲的多数联邦制国家（如巴基斯坦、马来西亚、德国等）都有出现。亚洲近

---

① 姜明安主编《行政法与行政诉讼法》，北京大学出版社，2015，第44页。
② 谭波：《论我国财政立宪与社会保障之联动》，《学习论坛》2013年第1期，第74页。

邻的单一制国家中日本也有相应的制度设置，即使不设置相应的财政专章来规制和引导财政入宪及发展，财政条款也是可采取的一种替代方案。前文提到的大洋洲国家帕劳和瑙鲁作为单一制国家都有相应的制度设置，这样也在客观上确立了一定级别的地方政府的财政地位。巴拉圭和多米尼加等南美单一制国家还在宪法中重点确认了省级政府的财政权限，为其获取相应的财政收入奠定权力基础。对于财政立宪的问题，正是基于现有阶段的状况来进行逐步和分段解决，才是推进我国财政和预算民主化的可行途径。

除了财政条款的宪法化定位之外，分税制、财权、财政程序等代表的财政制度的宪法化趋势也同样值得关注。分税制已经在我国推行二十年有余，2015 年以立法法中"税收法定"为代表的条款修改使得这一问题再度被推向前台，税收事项的法律保留是我们一直以来追求的一项目标，而税收宪定实际上是这一目标又一种高级表达。在这里无论是同为金砖国家的巴西，还是亚洲近邻巴基斯坦，抑或同为单一制国家的安哥拉、斯威士兰等非洲发展中国家，都已经在宪法中明确了税收分种、分权的重要性，通过宪法进行的分税制必然要更彻底地优于目前行政主导的分税制，也会更优越于法律层面的分税制，对央地关系的影响更见深远。不仅税收的入宪如此，其他问题的宪法保留或宪法授权的法律保留同样如此，前述白俄罗斯和荷兰等国对地方行政单位法律保留的规定正是很好的体现。

从事权角度来看，应该关注几项要素：一方面是地方政府的法律地位问题，在有些国家的宪法中有单独的地方政府条款，这一点在不丹、菲律宾和泰国等南亚与东南亚国家的宪法中多有体现；另一方面是通过宪法或相应的宪法相关法确认的事权，这一点在联邦制国家的宪法中颇为多见，发达国家中如欧洲的德国与奥地利、发展中国家中如美洲的巴西和墨西哥、非洲的南非等。其实，在前述的总结中我们也可以看出广大的非洲发展中单一制国家也都通过宪法确认了相应的事权分属原则，只不过各自的表述方式不同而已。法国式的通过规定"议会和政府的关系"来进行法律保留的方式也值得我们反思，这种制度模式影响了其很多的非洲原殖民地，成为宪法分权的一种重要方式。当然，这种宏观思路与机制的采行也才是我们全面推进依法治国的重点所在，也就是我们现今最难处理或处理不好的问题。这些问题如果都能通过这种财税入宪、权力划分入宪的方式得以解决，那权力必然已经被全然地装进了制度的笼子里，这也正是我们全面推进依法治国的难点所在。

第三章 我国央地财权、事权匹配宪法保障的现状分析

前文第一章曾简单提及我国封建社会央地关系与权力配置缺乏宪法保障的状况，以及旧中国央地财权、事权匹配宪法保障未及正式实施的缺憾，这里需要对新中国成立以来我国央地财权、事权关系的状况再做梳理，以求在此基础上进行相应的趋势分析和规律总结。

第一节 新中国成立以来我国央地财权与事权关系演变的趋势分析

在建立中华人民共和国之后的 60 多年里，我国经济社会的发展大体经历了两个阶段：前三十年的发展属于在摸索之中的尝试，其中吃堑长智的情况不少；而在后三十多年的发展中，经济社会的发展才逐步步入正轨甚至达到超速发展的境况，央地关系尤其是财权、事权的配置也经历了不一样的大发展，可以说是螺旋上升，已经经历不一样的几道轮回。有学者做了如下的总结，颇为精湛。

也有学者将其简单地类型化为三个阶段，1950～1979 年的"统一领导，分级管理"阶段、1980～1993 年的"财政包干"阶段以及 1994 年至今的"分税财政"阶段。相应地，央地在税权配置上也被分为三个时期，即强中央财政时期、弱中央财政时期和中央财政相对增强时期。[①] 这也是我国新中国财政史的基本发展走向（参见表 3 - 1）。

---

① 吕冰洋：《税收分权研究》，中国人民大学出版社，2011，第 1 页。

表 3 - 1 新中国成立以来我国央地财权、事权关系的演变史略览①

财政阶段	具体内容	年 份
统收统支	收支两条线，政府财政收入与支出不直接挂钩	
统一领导，分级管理	以支定收，一年一变	1953～1957 年
	以收定支，三年一变	1958 年
	总额分成，一年一变	1959 年起至 1970 年
	定收定支、收支包干，保证上缴、结余留用，一年一定	1971～1973 年
	收入按固定比例留成，超收另定分成比例，支出按指标包干	1974～1975，延及 1976 年之后
	增收分成，收支挂钩	1978 年之后
分级包干	全方位财政承包	1988 年起
分税改革	以事权定支出，明确央地财政收入，税收返还	1994 年起
	过渡期财政转移支付	1995 年起
	财政管理体制调整	1998 年起
	所得税收分享	2002 年起

一 新中国成立初期至改革开放之前的央地财权、事权关系

新中国成立初期，当时已经制定出台的《共同纲领》实际注意到央地权限划分的问题，在政权机关方面，规定"中央人民政府与地方人民政府间职权的划分，应按照各项事务的性质，由中央人民政府委员会以法令加以规定，使之既利于国家统一，又利于因地制宜"，在经济政策方面，规定"中央人民政府应争取早日制定恢复和发展全国公私经济各主要部门的总计划，规定中央和地方在经济建设上分工合作的范围，统一调剂中央各经济部门和地方各经济部门的相互联系。中央各经济部门和地方各经济部

---

① 参见朱红琼《中央与财政关系及其变迁史》，经济科学出版社，2008，第 186～198 页。鉴于原书的成书时间，后续的改革没有纳入，此表格尊重了作者的原意，未再续编。上表实际上也是作者对财政关系的梳理，实际上在分税制改革之前，并没有过多涉及事权的内容与改革精神，是作者"以政控财、以财行政"的一种论述理路，因此，还需要结合本课题的研究思路斟酌取见。

门在中央人民政府统一领导之下各自发挥其创造性和积极性"。这可以看作是当时央地财权、事权匹配体制的初始探索。在当时的立法心态之下，"对地方财政有明确限定，地方不能拥有太高的独立财政权，因为地方一旦拥有相对独立财权的时候，可能会出问题"。① 从宪法的角度来看，1954年出台的五四宪法对央地财政关系还是做了一些规定，比如关于国营经济的规定，"国营经济是全民所有制的社会主义经济，是国民经济中的领导力量和国家实现社会主义改造的物质基础。国家保证优先发展国营经济"。同时，同级人大产生"一府两院"的机制已经得到建构，地方人大作为地方国家权力机关、地方人民政府作为地方国家行政机关的地位也已经得到宪法确认。但是，从央地关系的角度，宪法并没有给出相应的指针，也没有标志性提法，搜索"中央"一词，只能在国务院的"中央人民政府"的宪法地位中得到一例。对于央地关系这样的重要宪法问题，没有在宪法中提及的做法是不合适的。这实际上对《共同纲领》来说是一种退步，而且央地之间的职权划分也没有像后来的八二宪法那样被划入国务院的职权之下，民主集中制没有具体的表述，也更不可能产生八二宪法中对央地关系的总体指导性方针。

到1956年完成对各项产业的社会主义改造之后，整个国家的经济发展才逐步迈上正轨。毛泽东在中共八大上谈到"十大关系"时重点谈到了央地关系，提出要"扩大一点地方的权力，给地方更多的独立性，发挥地方的积极性"。这实际上是此时中央对央地关系的一种策略性看法，"两个积极性"其实就是一种政治策略。② 地方政府借此获得对本地区工农业指标进行调整的权力以及对一些原属中央管辖的企业"以收定支、分级管理、分类分成、五年不变"的中央地方财政收支划分，加上允许地方对中央企

---

① 李北方：《超级地租：税权旁落地产商——对话资深财经人士卢麒元》，《南风窗》2015年第10期，第83页。
② 苏力：《当代中国的中央与地方分权——重读毛泽东〈论十大关系〉第五节》，《中国社会科学》2004年第2期，第42～55页。

业的利润分成使得地方政府的财权大大加强。① 可见，财权不仅包括财产上的权力，也包括财政上的权力，而后者恰恰是地方发展所急需的动态财权。20 世纪 60 年代中期起，中央再次向地方进行财政上的放权，扩大地方的物资管理权限，这期间保持了央地在财政上的平衡。但是，由于当时的革命运动对央地关系的不良定位，这种整体上的调控所显现出来的功绩微乎其微。这种情况一致持续到 "文化大革命" 的风潮结束。同时，更为遗憾的是，五四宪法作为我国第一部社会主义类型的宪法和民主的宪法，并没有得到真正的实施，所以相应的央地关系的宪法调控也就无从谈起，倒是事实上的经济调控对央地关系的调适起到了足够的作用。但是，这种调控也因为缺乏一贯的宪法精神指引和持续的保障，也就造成了央地财政经济关系改革上的随意性。比如，从中央下放某些国有企业，再到回收，到再下放，完全是随着形势的需要不断变化，并无固定的改革方向。前文表格中在 20 世纪 50 年代的方针表述就可以看出这一点，从 1953~1957 年 "以支定收，一年一变" 到 1958 年的 "以收定支，三年一变" 再到 1959 年至 1970 年的 "总额分成，一年一变"。这就在某种程度上造成了央地关系调控的反复性，而不是在螺旋过程中上升。

二　改革开放以来的央地财权、事权关系

（一）事权调控：从政策到法律

改革开放为中国带来了经济发展的形势与活力，加上法制的促动，央地关系中间也渐渐出现经济社会发展需要的空间。但从实际的状况来看，搞活仍存在难度，特别是面临资本主义边缘或改革开放前沿的沿海省份更是如此。经济特区作为改革开放的产物和代表，也成为央地财权、事权关系调控的一个重点。在经济特区出现之前，广东向香港的非法外逃现象严

---

① 赵晓：《从宏观调控看中央地方关系变革》，《中国发展观察》2007 年 4 月 27 日。

重，深港之间收入差距悬殊。在习仲勋同志主政广东期间，他及时在中南组向中央提出放权的思路，"广东作为一个省，等于人家一个或几个国家，得多给点自主权。否则，广东就很难搞好"。他还专门向邓小平同志汇报在深圳、珠海和汕头准备建设"贸易合作区"的设想，邓回答："还是叫特区好，陕甘宁开始就叫特区嘛……中央没有钱，可以给些政策，你们自己去搞，杀出一条血路来。"这一对话成为后来经济特区成立的初始构想。1980 年以后又涉及给广东福建两省更大的自主权，"授权广东省对中央各部门的指令和要求采取灵活办法，适合的就执行，不适合的可以不执行或变通办理"。① 可以看出，在央地关系财权处理的初期，政策在其中起到了很关键的调控作用，而特殊地方向中央要政策也成为央地财权、事权匹配领域的一道景色。而伴随着经济特区范围的扩大和形势的变化，原有的一些事权如立法权也面临着深刻调整的需求，这就不单单是原本政策能够解决的问题，而已经出现了宪法甚至国际私法需要面对的紧迫问题。② 在 20 世纪 90 年代，全国人大及其常委会通过授权解决了授予经济特区以立法权的问题，2000 年立法法的规定又将这一权力扩及经济特区所在地的市。随着 21 世纪初经济特区的范围在其所在的市不断扩张，经济特区所在地的市终于成为一种拥有完整事权的地方单位，并且获得了宪法相关法所授予的法律地位。这种情况其实发生在国务院批准的较大的市身上，这一过程是通过地方组织法和立法法的不断完善而实现的，③ 并且"较大的市"后来还一度成为统合三类城市的大概念，直至最后随着形势的发展而被"设区的

---

① 资料来源：《习仲勋传》（中央文献出版社，2013）、《习仲勋主政广东》（中共党史出版社，2007）、《大逃港》（陈秉安著，广东人民出版社，2010）。

② 著名学者黄进依此提出了三重问题，如经济特区立法权与较大的市的立法权之间的关系、基于经济特区立法权建立的法律制度与国家法律制度、行政法规和其他地方性法规之间的关系以及深圳特区法律制度与港澳台法律制度之间的关系。这实际上也面临着深圳这种特殊地方财权、事权后续的深刻调整问题，从宪法上解决这一问题就成为关键。黄进：《让深圳经济特区立法权发挥更大的作用——纪念深圳特区获授立法权 20 周年》，《中国法律》2012 年第 4 期，第 7 页。

③ 李松刚、刘白瑞、谭波：《新法背景下市级立法主体的权力运行路向及其制度辅佑——以河南省为例》，《河南工业大学学报》2015 年第 2 期，第 67 页。

市"所取代。这些都是宪法问题，由宪法相关法进行相应的调整。

（二）央地财力事权匹配的一般趋势分析

央地财力匹配方面，伴随着改革搞活的深入，地方的积极性得到了充分调动，地方的财权在这一时期得到充分的膨胀，1985 年地方管理的工业企业达到 99% 的绝对高点。[①] 从历次党代会和中央全会公告、报告中不难看出央地关系从改革开放后到分税制改革之前经历了这样一个变化：从 20 世纪 80 年代中期以后财政分级管理，按税种划分中央税、地方税和中央地方共享税。这样一来造成的结果就是，不容忽视的过于分散的现象出现了，国家掌握的财力物力过少，财政调控能力减弱。中央与地方事权与财力倒挂现象突出，导致了中央决意改革的决心。1994 年税制改革时，央地财政收入比为 54∶46，2011 年缩小到 51∶49，而中央与地方实际事权划分却在 30∶70 左右。各级政府职责不清，除了国防、外交属于明确的中央事权外，五级政府职责形成"蜂窝煤效应"，地方政府以"小财力"承担"大事务"，出现所谓"十个茶壶五个盖，哪个急来哪个盖"的挪用公款现象。[②] 进行分税制改革后，中央财政窘境得到立竿见影的改善，1995 年财政预算收入占全国的比重迅速上升到 52%。[③]

中央在分税制改革之后有了自身的"钱"与"权"，告别了改革开放以来很长一段时间内对地方宏观调控无力的局面。自此之后，在税收方面，中央一直"大权独揽"，地方税种虽也不少，但其中能够"创收"的空间委实有限，再加上中央地方共享税中地方所分得的比例有限，[④]

[①] 参见刘瑞中、王诚德《当前地方政府经济作用膨胀的原因剖析》，《中国：发展与改革》1988 年第 1 期。

[②] 张季：《防止对地方政府债务误判》，《中国党政干部论坛》2014 年第 1 期，转引自《新华月报》2014 年第 4 期，第 70 页。

[③] 薛刚凌主编《中央与地方争议的法律解决机制研究》，中国法制出版社，2013，第76 页。

[④] 增值税便是其中典型一种，长期以来的 75% 对 25% 的分成导致地方不能在此分到足够的羹，而"营（业税）改增（值税）"的改革进行以后，使得原本属于地方的营业税收入又被共享，虽然在此期间也有提高地方分成比例的声音，但改革迟迟未动。

形成了地方听命于中央的财政转移支付体制。但是受客观条件限制，当时并未触动事权和支出责任划分，只承诺分税制改革后再处理。这就等于中央与地方只谈好了怎样分钱，却没有把如何花钱谈好，这样的后果就导致了后来"分事"的问题一拖再拖，进展缓慢。随着经济社会的发展和政府职能扩展，这种情形给国家治理带来了潜在风险，具体表现为"事权划分缺乏法律规范，诸多事权划分不清晰，部分事权划分不合理，一些事权执行不规范，中央事权明显不足"等。[1] 2016 年 8 月，国务院下发《关于推进中央与地方财政事权和支出责任划分改革的指导意见》（国发〔2016〕49 号），正式启动了相应的财权、事权改革。[2]

（三）地方举债权：央地财权博弈的重点

与中央和地方之间财权关系另一个重要的领域是预算所涉及的举债权领域。1995 年我国出台了首部《预算法》，这部法律自出台之后，围绕其进行的举债权争议就不绝于耳。该法第二十七条首先赋予了中央发债的权力，但在第二十八条却一味限制了地方的举债权，"除法律和国务院另有规定外，地方政府不得发行地方政府债券"。在随后的十多年里，围绕此一问题，地方反反复复地发起了"夺权"的攻势，明里暗中，变着法子发行一些名为企业债、市政债而实为地方债的金融产品，就这样，名不正言不顺的日子一直持续到了 2008 年的金融危机，此时，由于国际经济形势的萧条，地方发债成为箭在弦上的事情，财政部代理发行的模式随之产生，各地债券纷至沓来。在这样的形式下，预算法的规定成为一种事实的障碍。于是，围绕预算法该条的修改动作就开始此起彼伏，先前的代理发行也逐渐为自发自还所取代。2014 年 5 月，财政部宣布经国务院批准，上海、浙江、广东、深圳、江苏、山东、北京、江西、宁夏、青岛试点地方政府债券自发自还。能不能让讲信用的地方政府获得溢价，成为地方债发

---

[1]　楼继伟：《推进各级政府事权规范化、法律化》，摘自《〈中共中央关于全面推进依法治国若干重大问题的决定〉辅导读本》，人民出版社，2014，第 142～143 页。

[2]　张墨宁：《央地财权、事权改革正式启动》，《南风窗》2016 年第 19 期，

行能否成功的关键。而对于有抽逃资金等信用不良记录的地方政府，暂停发债 5 年。① 至 2014 年 9 月，随着北京市完成 105 亿元地方政府债券发行，全国 10 个试点省（市）已有 8 个完成发行，试点省（市）普遍采取高评级、低利率的方式，"市场化发行方式"并未获得"市场化价格"。② "从融资平台、财政部代发代还、地方政府自行发债到目前关注度很高的自发自还试点"，"地方政府对外融资正由信用背书逐渐走向前台"。③ 而预算法的修改在此时也终于可以尘埃落定，2014 年修订通过的预算法第三十五条明确规定，"经国务院批准的省、自治区、直辖市的预算中必需的建设投资的部分资金，可以在国务院确定的限额内，通过发行地方政府债券举借债务的方式筹措。举借债务的规模，由国务院报全国人民代表大会或者全国人民代表大会常务委员会批准。省、自治区、直辖市依照国务院下达的限额举借的债务，列入本级预算调整方案，报本级人民代表大会常务委员会批准"。同时，国务院还要"建立地方政府债务风险评估和预警机制、应急处置机制以及责任追究制度。国务院财政部门对地方政府债务实施监督"。这里，可以明显地看出中央政府在控制地方举债过程中的权力，也就是央地财权、事权匹配还带着很明显的行政审批标准。同时，除上述限制外，地方政府"举借的债务应当有偿还计划和稳定的偿还资金来源，只能用于公益性资本支出，不得用于经常性支出"。除上述诸项规定外，地方政府及其所属部门不得以任何方式举借债务，地方政府及其所属部门也不得在法律规定的情况以外为任何单位和个人的债务以任何方式提供担保。

（四）财政转移支付：国家财力转移法治化的短板

财政转移制度是这次预算法修改中所提及的另一个点，其实往前追溯，这项制度也是和预算法并行的一项重要制度。这次对财政转移支付的规定在预算法中的体现，更进一步地说明了这两项制度应该是种属关系或

① 叶檀：《逼地方政府守信》，《南方人物周刊》2014 年第 21 期，第 24 页。
② 财经网：《首批地方自发债试点接近尾声》，《财经》2014 年第 25 期，第 16 页。
③ 李燕、王立：《从信用评级看地方融资》，《财经》2014 年第 25 期，第 54 页。

者不可分割的两项制度。按照预算法第 16 条,"财政转移支付包括中央对地方的转移支付和地方上级政府对下级政府的转移支付,以为均衡地区间基本财力、由下级政府统筹安排使用的一般性转移支付为主体"。同时,"按照法律、行政法规和国务院的规定可以设立专项转移支付,用于办理特定事项","上级政府在安排专项转移支付时,不得要求下级政府承担配套资金",但"按照国务院的规定应当由上下级政府共同承担的事项除外"。在此的另一方面,也要"建立健全专项转移支付定期评估和退出机制。市场竞争机制能够有效调节的事项不得设立专项转移支付"。总体来说,"财政转移支付应当规范、公平、公开,以推进地区间基本公共服务均等化为主要目标"。但在这项制度产生的初期,即 20 世纪 90 年代分税制初行之时,其规范化程度并不是这样,财政部下发给各省及计划单列市财政厅(局)的《过渡期财政转移支付办法(1999)》只不过是其自行拟定的规章,这种不能称之为严格意义上的"法"的文件,却在很长一段时间内调控着我国这一央地关系中最"来钱"的领域。与之相呼应的还有其下设部门制定的更低一些的规范性文件,如由财政部预算司牵头制定的《革命老区专项转移支付资金管理办法》(财预〔2009〕345 号)、《中央对地方民族地区转移支付办法》(财预〔2010〕448 号)和《边境地区转移支付资金管理办法》(财预〔2013〕267 号)等。虽然这次预算法中的财政转移支付已经入"法",即上升至法律层面的依据,但一方面专门的立法尚未起行,另一方面财政转移支付的入宪问题及其宪法原则的规定问题仍然有待强化。2015 年 12 月,财政部预算司出台了《中央对地方专项转移支付管理办法》,同时废止了《中央对地方专项拨款管理办法》(财预〔2000〕128 号),其中规定了专项转移支付的种类,对事权和支出责任划分进行了具体规定,但仍然属于以部门红头文件的形式出台相应规定,连规章这种准法律规范的级别都无法达到。

(五)小结

从上述几个领域的历史回顾中不难看出,我国央地之间在财权、事权的匹配上已经逐渐从开始的不明晰、铁板一块到后来的有心明确、有必要明晰。随着国家经济社会发展的需要,财权掌握主体与业务经手主体实质上出现了脱钩,地方也已经从原来单一体制下中央的附庸到后来市场经济条件下相对独立的利益主体。这种身份地位上的变化导致其不得不开展地方经济社会的独立发展活动,而这种发展都是事权形式的表现,从根本上说也是需要一定的财力甚或财权作为支撑,否则地方将成为难以长大的"阿斗"。而从实际的过程来看,国家也确实在造就法治发展的环境,这里的表现便是开始用法治尤其是与宪法相关度较高的一些法律作为调控的指挥棒,不断调控地方财权上的一些不合规现象,[①] 从法律上确认地方财权确立所需要的大环境及合法依据。

从狭义的宪法即宪法典来看,有了宪法第三条关于民主集中制的方针指引以及国务院关于央地行政机关职权划分的规定,央地之间的事权关系逐渐明晰,宪法相关法中的一些法律如立法法、港澳基本法和民族区域自治法、地方组织法也在事权的确认中起到了相应的作用。但是,在财权领域,宪法典中也有关于国家财产的规定,经济制度的规定实际上成为具体部门法进行宏观调控和规定的依据。目前的调控主要集中在经济法领域,如预算法、各类税法、企业国有资产法等,物权法中的相关规定也可以看作是宪法关于经济制度和国家财产规定的延伸。[②] 也就是说,如果我们将这些领域的部门法看作是宪法典在央地关系方面的实施法,[③] 这种所谓的

---

① 以银广夏案为例,宁夏政府经历 4 年,终于将地方最优质的国有企业作为银广夏的拟定重组方,由银川中院裁定其重整计划执行完毕。这其实是地方以其财权面对中央监控时救难于地方经济的做法。作为省级政府控制的资产规模雄厚、盈利能力较好的上市公司,该企业经历了曾经的不良状态,经过中央的监控与政策扶持,后期通过法律的途径重组。从地方的政策、税收优惠到荒漠化治理财政补贴、生态补贴,从土地支持到协调债权人进行债务重组,这里都有宁夏省级政府的大力支持,而这种支持如果没有充足的法定财政权力作为后盾,实际上是不完整的,也是不利于地方企业重生的。高广:《历经 4 年,银广夏再获新生》,《看天下》2015 年第 5 期,第 67 页。

② 关于此一问题,还在物权法制定之初产生了不小的争议,其间也一度产生了民法优位说、宪法优位说以及宪法、民法同位说,参见韩大元主编《共和国六十年法学论争实录·宪法卷》,厦门大学出版社,2009,第 200~209 页。

③ 翟国强:《中国宪法实施的双轨制》,《法学研究》2014 年第 3 期,第 90~91 页。

间接保障也可以成为我们分析央地财权、事权匹配的重要对象。

第二节　现行央地财权、事权匹配宪法保障的形式和作用分析

广义上说，央地财权、事权匹配的宪法保障中之"宪法"应该从我国当下的宪法表现形式开始梳理，从不同学说对我国宪法表现形式的梳理来看，我国相对统一的宪法表现形式体系应该含有以下几种类型：宪法典、宪法相关法、宪法惯例、宪法解释。从实际的作用力来看，应该还从宪法渊源的角度来观瞻央地财权、事权的匹配问题，比如说，国家政策尤其是党的全会文件在中国当下所发挥的作用是不可忽视的。下面，我们就从这几个方面来试着加以分析：

一　从宪法表现形式的角度

（一）宪法典

目前，我国宪法典对央地财权、事权匹配方面的规定可以说有不小的缺失，这一点从前文的论证中我们已经可以看出。宪法典应该是宪法精神、宪法原则和宪法规则的统一。在宪法精神或宪法指导思想层面，目前的内容包括马克思主义、毛泽东思想、邓小平理论、"三个代表"重要思想等重大思想理论体系。前文提到的毛泽东关于在《论十大关系》中对地方积极性的论断实际上在新时期依然成为党中央所提的"两个积极性"论断的重要理论前提。而如何深化邓小平理论中关于改革开放的论断也将成为我们定位经济特区等制度未来发展的重要指针，经济特区也在这种宪法指导思想的引导下继续成为行政体制改革的前沿窗口。2009 年全国人大常委会通过了《关于授权澳门特别行政区对设在横琴岛的澳门大学新校区实施管辖的决定》，开辟了先例，也创新了地方之间事权调控的范式。2010 年 5 月以来，国务院先后批准深圳、厦门、珠海、汕头等经济特区范围扩

大到全市，也是秉承了邓小平理论关于这方面的指导思想的表述，同时也对终结"一市两法"和规范立法事权行使有着积极的意义。① 也就是说，这些内容虽然没有为宪法典的条文所明示，但却实际影响着我国未来央地关系的调控，对央地财权、事权匹配的引导作用不容小视。

从宪法原则来看，就我国现阶段而言，它不像民法、刑法等部门法中的原则表现得那么明显，诸如罪刑法定、罪刑相适应以及平等原则、诚信原则等诸多原则不仅在法条中有体现，更是可以在具体的办案实践中发挥作用。这样，原则就成为弥补规则缺失的一条重要渠道。而宪法领域由于其司法性的缺失，很多原则更多时候仅具有宣示意义而不具有很明显的适用性。在央地关系领域，比较典型的就是民主集中制原则那条规定，"中央和地方的国家机构职权的划分，遵循在中央的统一领导下，充分发挥地方的主动性、积极性的原则"，但这也是仅局限于事权领域，与财权或财权、事权匹配无涉。

在宪法规则层面，如前文所述，在宪法零散的条文规定中，我们可以找到一些央地分权的痕迹。如在关于国务院职权的宪法规定第89条第4项中，可以发现国务院拥有"规定中央和省、自治区、直辖市的国家行政机关的职权的具体划分"的职权，这可以看作是"统一领导全国地方各级国家行政机关的工作"的表现。但完成了事权分权的过程之后，财权分权就

---

① 这里需要注意的问题是，经济特区所在地方获得经济特区法规的制定权是通过全国人大或其常委会的授权，而后来通过立法法的规定再次获得地方性法规和地方政府规章的制定权。但将经济特区的范围扩大却是通过国务院批准的程序，并没有经由全国人大或常委会的授权程序或者立法规定，由此产生的疑问是，是否一项权限在创制时需要由最高国家权力机关或其常设机构来完成，而调整时只需要由最高国家权力机关的执行机关来完成即可？宪法规定全国人大常委会有权在全国人大闭会期间对其制定的法律进行部分的补充和修改，但并没有规定国务院有类似权限，这种行为从本质上来说是否具有足够的合法性？类比美国最近正在反复讨论的禁枪事件，就可以发现其中的区别，美国宪法修正案第二条规定了公民的持枪自由，2016年1月4日奥巴马绕过国会，颁布行政命令控枪，首先规定所有枪支零售商均须获得许可，其次通过信息资源共享、零售商配合、增加检查人员等举措严防精神病人拥有枪支。但奥巴马们根本不敢提宪法第二修正案，他知道那是撼不动的巨峰，它的背后又是美国赖以立国的"自由""民主""人权"等理念的支撑。参见温宪《奥巴马哭着禁枪》，《环球人物》2016年第2期，第13页。

显得捉襟见肘了，也就是说，国务院有权力将其与省级政府之间的权限划分清楚。但是，这种权力的行使究竟如何保障，抑或权力划分是否具有合理性和可操作性，宪法并没有规定，地方政府的财权或完成事权的资源也就无从谈起，这样财权、事权在央地之间的匹配就显得断层了。联系到目前我国行政审批权下放的过程，其实正是反映出存在一系列突出问题，即中央下放的权力是否"明放暗收"、放权"躲猫猫"、地方是否能接得住。① 究其主要的原因，还是在于权力的利益化趋势过于严重，利益部门化、地方化的趋势导致一些国家部委和省级政府在接放之间存在明显的博弈。

　　一些不能"获利"的权力如环境保护可能被不断下放，并且速度很快，也并不过多考虑地方的承受力。党的十八届三中全会通过的《中共中央关于全面深化改革若干重大问题的决定》专门提到"加强地方政府公共服务、市场监管、社会管理、环境保护等职责"，且跨区域重大项目建设维护也被作为央地共同事权，这使得环境保护作为一种被逐渐下放的事权，其下放进度也被不断加快。但是，这种不能带来盈利的权力下放同样面临上述的困难，② 而这正是宪法需要平衡和引导解决的问题。我国宪法典的第 26 条规定，"国家保护和改善生活环境和生态环境，防治污染和其他公害"，但是这种规定模式的原则性导致它无法与公民权益保护联系起来，同时，也与第三章中的国家机构的职责形成了相对脱节。而很多国家的宪法对这一问题的规范采取的是同条规定的做法，并且采取"权利＋义务＋权力"、"权利＋权力"或"义务＋权力"的规定模式，在环境权已经成为一种公认的权利并且环境保护成为国家一种迫在眉睫的职责时，这种模式的心理暗示效果和对环保机关的宪法意识影响要明显强于我国目前

---

① 杨玉华、王晖余、岳德亮等：《权力下放后，如何接得住？——地方政府简政放权巡礼之二》，http://www.gov.cn/xinwen/2015－08/13/content_2912429.htm，最后访问日期：2016 年 1 月 24 日。

② 中国环境报：《审批权限下放，地方能否接得住?》，http://www.ezaisheng.com/news/show－22836.html，最后访问日期：2016 年 1 月 24 日。

的宪法规定（参见表 3 - 2）。

表 3 - 2　欧洲国家关于环境保护的宪法条文中涉及的公民环境
权利义务及国家权力一览

国　家	权　利	义　务	权　力
阿尔巴尼亚	——	——	√
爱沙尼亚	——	√	√
安道尔公国	√	——	√
奥地利	——	——	√
白俄罗斯	√	√	√
保加利亚	√	√	——
俄罗斯	——	√	√
法国	√	√	√
德国	——	——	√
黑山共和国	——	√	√
克罗地亚	√	√	√
拉脱维亚	√	——	√
立陶宛	——	——	√
卢森堡	——	——	√
罗马尼亚	√	√	√
马耳他	——	——	√
马其顿	√	√	√
摩尔多瓦	√	√	√
挪威	√	√	√
葡萄牙	√	√	√
瑞士	——	√	√
塞尔维亚	√	√	√
圣马力诺	——	——	√
斯洛伐克	√	√	√
斯洛文尼亚	√	√	√
乌克兰	——	——	√
西班牙	√	√	√

续表

国　家	权　利	义　务	权　力
希腊	√	——	√
匈牙利	√	√	√

注："√"表示涉及，"——"表示不涉及。

这其实正是立法方法的问题，但是它对宪法实施效果的影响却是直接的，也同时为我国宪法对行政机关的事权规定提供了一种更新的立宪技术。这种规定其实也可以为具体法律中明确相应的财权支持提供更直接的宪法依据。

（二）宪法相关法

宪法相关法这个概念也出自官方提法，是全国人大常委会在界定社会主义法律体系形成时所用的术语。这个概念与狭义宪法即宪法典归为一类，构成宪法法律部门。港澳基本法和民族区域自治法应该是较为典型的解决央地财权、事权匹配的法律，其中特别行政区和民族自治地方的财政都获得了相对独立的财权与财力配置，能够实现其财权与事权的匹配。2015 年立法法赋予了设区的市以上的地方政府以立法权，这种事权的配给实际上也需要相应的财权支持，否则也可能如前文的具体事权下放一样，面临相应的"接不住"状况。地方组织法是除了宪法典之外地方政府事权的最重要法律依据，但是从地方组织法的内容来看，其对宪法典的创新性不足，对具体事权的种类性质分析和种类划分考虑不够，特别是随着经济社会的快速发展，很多新型的事权行使无法得到该法的规制与引导。

（三）宪法惯例

目前，我国能称得上宪法惯例的做法其实不多，这也决定了宪法惯例在我国发挥的作用仍然相对有限。宪法惯例在财权、事权匹配方面所能具有的作用力更是微乎其微，更多的是在财政转移支付过程中形成的一种潜规则在起作用，这种做法影响到了国家的预算权行使，从某种意义上来说是法治缺位所造成的一种乱象。比如说地方对中央的"跑部钱进"以及地方在中央面前"装穷"或者"会哭的孩子有奶吃",这种见怪不怪的现象挤占了原本应该是属于法律规则或者正常宪法惯例所应发挥作用的空间。

(四) 宪法解释

全国人大常委会有宪法解释权,但就实际的状况来看,尤其是在我们所针对的财权、事权匹配领域,这种作为实际上是很有限的。从现行的法律法规大全里我们无法找到这种相当于宪法本身效力的解释的声音,也就是说,这种机制发挥作用的空间也是亟待拓宽。1983 年全国人大常委会通过了《关于国家安全机关行使公安机关的侦查、拘留、预审和执行逮捕的职权的决定》,决定设立国家安全机关,承担原由公安机关主管的间谍、特务案件的侦查工作,具有国家公安机关的性质,因而其可以行使宪法和法律规定的公安机关的侦查、拘留、预审和执行逮捕的职权。2015 年 7 月新的《国家安全法》被全国人大常委会通过,这其中重新界定了国家安全的内涵和外延,但是对国家安全机关而言,其通过前述宪法解释而获得的权力也并未受到影响。这种涉及事权的宪法解释其实在我国的宪法实施过程中是很少见的,但是它确实起到了事权调整的作用,尽管没有涉及财权的匹配问题。

二 从实际作用力的角度

(一) 党和国家的政策

从前文可以看出,党和国家的政策尤其是历届全会的文件会成为央地财权、事权调控的重要指针,这种最新的表述每年都会发生细微的变化,从而成为引导我国经济体制改革尤其是财税体制改革的重要方针。2014 年 10 月通过的《中共中央关于全面推进依法治国若干重大问题的决定》指出,"我国宪法确立了中国共产党的领导地位",要"把党领导人民制定和实施宪法法律同党坚持在宪法法律范围内活动统一起来，善于使党的主张通过法定程序成为国家意志"，"善于通过国家政权机关实施党对国家和社会的领导，善于运用民主集中制原则维护中央权威、维护全党全国团结统一"。① 我国宪法序言从历史和现实的角度肯认了中国共产党的领导，而宪法本身的制定也是党领导人民完成，从而将自身的代表人民群众利益的意志上升为国家意志，而各族人民的利益有时就体现为地方发展所需要的财权和事权。党先通过制定政策，可以影响到宪法的修改和宪法相关法的制定，影响到宪法的实施，影响到包括央地关系在内的多重领域。在政策实施方面，党又通过国家政权机关（如人大、人民政府等）实现对国家和社会事务的管理，运用民主集中制来维护中央权威，而前文提到的民主集中制的一点重要表现就是在"中央的集中统一领导之下的地方主动性和积极性的发挥"，所以，作为宪法渊源，党和国家政策对央地财权、事权匹配的作用力非常之大。而党在推动宪法典的修改之后，本身也以宪法典作为根本活动准则，不去随意破坏以宪法为核心的社会主义法律体系，进而通过宪法实施和宪法监督等方面的工作来维系社会主义法治体系。

（二）国家领导人的重要论述

在西方，自古罗马时代起法学家的学说曾经被作为重要的法律渊源来对待，在我国，随着几代领导人的重要论断先后成为宪法和党章的指导思想，其重要性也不言而喻。作为集体智慧的结晶，这种重要论述实际上也是在某种程度上代表党和国家在重要问题上的表态，具有引导性。2007年，科学发展观被写入党章，2012年党的十八大将科学发展观作为同马列主义、毛泽东思想、邓小平理论和"三个代表"重要思想同样重要的行动指南。实际上，科学发展观作为一套系统论述已经发挥了其在包括央地关系在内的各类宪法问题的解决过程中的重要指导作用。2012年习近平同志

---

① 《〈中共中央关于全面推进依法治国若干重大问题的决定〉辅导读本》，人民出版社，2014。

在首都各界纪念现行宪法公布施行 30 周年的大会上指出，要落实依法治国的基本方略，加快建设社会主义法治国家。其中在谈到有立法权的地方人大及其常委会时重点提到了要抓紧制定和修改与法律相配套的地方性法规，保证宪法和法律的有效实施，地方各级人民政府作为国家行政机关要规范政府行为，严格贯彻实施宪法和法律规定的重要职责。[①]

（三）其他相关部门法

如前文所提到的原因，宪法相关法在目前的财权、事权匹配领域所起到的作用有限。相比之下，在具体的事权领域，行政法和社会法成为宪法的实施法，[②] 传统的行政管理和新型的社会管理领域产生了更多的行政需求，更多的法律应运而生，成为划定央地事权界限的重要法律依据。从这个层面来看，其实我国通过立法实施宪法的方式多种多样，可以认为宪法通过国家权力的组织规范和程序规范与设定保障权利和限制权力的规范来实现对事权的配置与规范，[③] 如行政许可法、行政处罚法、行政强制法都是其典型。

虽然说按照官方的分类方法，能够划入宪法相关法的法律比较有限，截至 2013 年 5 月，共计 37 件。但是正如前文所述，有些法律从其对宏观经济的调控度而言，具有很强的国家权力属性，比如预算法、企业国有资产法等，这些法律虽然被归入经济法范畴，但从其对国家经济制度的调控度来看，应该是和前文的立法法与地方组织法一样，都是对国家权力的划定，也是对宪法经济制度的落实，这一点与前述其他国家的宪法中对国家财产的划分和认定是一样的原理。如果说立法法和地方组织法更多的是侧重于事权划定的话，那么预算法就是更多侧重于财权的划定。这些法律实际上也是对宪法的实施，尤其是对国家经济制度相关条文和精神的贯彻落

---

① 习近平：《习近平谈治国理政》，外文出版社，2014，第 140 页。
② 如果我们将"宪法相关法"的概念做更广义的理解，其实这一问题也并不难理解，起码在某些与宪法相关的问题上行政法和经济法具有宪法相关法的性质。
③ 翟国强：《中国宪法实施的双轨制》，《法学研究》2014 年第 3 期，第 90～91 页。

实，是对央地财权之间的平衡起到具体作用的法律，也是保障事权能够与
财权平衡的另一方面的因素。

（四）法律解释

如果说法律是宪法全面实施的重要机制，那么法律解释也与之相似，
是宪法全面实施的延伸机制（参见表3－3）。

表3－3　十届以来每年每次常委会会议通过的法律、法律解释及
有关法律问题的决定数量①

单位：件

届次	年份	法律	法律解释	有关法律问题的决定	每年通过数量	平均每次常委会会议通过数量
十届	2003	9		1	10	1.7
	2004	17	2	3	22	3.1
	2005	12	3	3	18	3
	2006	13		2	15	2.5
	2007	18		4	22	3.7
十一届	2008	6			6	1
	2009	14		1	15	2.5
	2010	13	2	2	15	2.5
	2011	11		2	15	2.5
	2012	19		8	27	4.5
十二届	2013	7		1	8	1.3
	2014	8	8	8	24	4
	2015	9		4	13	4.3

注：2004年十届全国人大常委会召开了7次会议。

这些关于不同部门法的法律解释也对央地财权、事权的匹配产生了不
同程度的影响。

---

① 中国人大网：《十届全国人大以来每年每次常委会会议审议和通过的法律、法律解释以及
有关法律问题的决定有关情况》，http://www.npc.gov.cn/npc/lfzt/rlyw/2015－09/28/
content_1947308.htm，最后访问日期：2016年1月24日。

（五）全国人大常委会有关法律问题的决议、决定

这些决议实际上相当于法律，具有从法律效力等级上具有保障央地财权、事权匹配的作用。比如，2015 年 8 月，全国人民代表大会常务委员会通过决议，批准了《国务院关于提请审议批准 2015 年地方政府债务限额的议案》，这实际上正是贯彻落实《预算法》关于地方举债权规定的具体做法。2015 年 12 月，全国人民代表大会常务委员会又通过了《关于授权国务院在广东省暂时调整部分法律规定的行政审批试行期届满后有关问题的决定》，这实际上也是通过这种决定来调控事权调控期限，以使法律的实施更符合地方的实际。

第三节　央地财权、事权匹配宪法保障的具体领域分析

前文已经提到的对宪法诸多方面的分析其实已经反复印证了一个问题：即央地财权、事权匹配的保障问题不仅仅是一个法律问题，更是一个根本的宪法问题。如果我们从具体的领域来分析当下财权、事权匹配保障过程中所出现的法律难题和困惑，就更加能印证其完全是一个宪法问题的结论。从目前财权、事权匹配的实际情况来看，主要还是财权的问题，因为事权的下放相对容易解决，特别是在我国长期以来的行政主导传统的影响上，只要中央锐意改革，这种事权的重心下移、科学配置，还是相对容易实现。从立法法等法律的修改来看，下放给设区的市的立法事权也相对明晰，从城市管理、环境保护、历史文化保护等适于地方行使的权力入手，但是要使财权与这些下放后或重分后的事权相匹配并形成科学的权力运作体系，便远不是如此简单的问题。基于前述党的十八届三中、四中全会的精神，事权划分已经相对明晰，所缺的只不过是通过宪法典或宪法相关法甚至作为宪法实施法的行政法来具体将其肯认，那么，对于事权的划分来说，思路已经明晰，实际上主要是法治化甚至宪法化的过程。而对于财权的匹配而言，思路尚不明晰，具体的匹配机制也还需要探索，难度相

对更大，需要做细致的探索。总结目前的财权领域，如前文提到的那样，财政收入在我国当下主要来自于税收、发债、收费和财政转移支付。[①] 收费问题实际上应是行政法的问题，代表的是行政机关或事业单位为了行政管理或事业管理的需要而采取的费用收取行为。随着我国"费改税"大势的推行，行政和事业性收费项目也在被逐渐取消，[②] 势必逐渐进入到税收的行列，在此暂不予在宪法层面谈论。[③] 因此，对税收、发债和财政转移支付三项权力进行宪法层面的讨论，是这里要解决的重点问题。

一　税权与事权匹配的宪法保障问题

（一）税收问题入宪可否进一步被强化？

在我国宪法层面，对税收的宪法规定出现在公民的基本义务这一章之中，宪法第56条规定，"中华人民共和国公民有依照法律纳税的义务"。其实，"税收首先体现的就是纳税人和国家的宪法关系"，税收法定则是这种关系的制度结晶，而税定于宪则是税收法治的内在要求。[④] 在中央与地方关系方面，中国传统的集权传统与分权现实之间存在的紧张关系，也影响着对税收"法定"层次的理解和把握。尤其是在涉及宏观调控的领域，直接涉及政策性与法律性之间的平衡，影响着税收立法的内容。[⑤] 从宪法的条文表述来看，这里首先强调一个"法"字，即依照法律纳税，当然收

---

① 财权是指在法律允许下，各级政府负责的筹集和支配收入的权力，主要包括税权、收费权及举债权。参见 http://www.baike.com/wiki/财权，最后访问日期：2016年1月25日。

② 近两年来，中华人民共和国财政部在这方面的步伐明显加快，一批收费项目先后随着行政审批权限的调整而被取消、停征和免征，如《关于取消、停征和免征一批行政事业性收费的通知》（财税〔2014〕101号）、《关于取消和暂停征收一批行政事业性收费有关问题的通知》（财税〔2015〕102号）。

③ 当然，从世界宪法的层面来看，也有国家对收费入宪做出了规定，如《阿尔及利亚民主人民共和国宪法》第二章"权力机构"第二节"立法权"第122条明确规定，"国会在本宪法所划定的下列领域内制定法律……13.规定税、捐、赋、费以及其他一切义务的种类、创设、基数和比率"，这是收费宪定的一例，当然这其中谈到的也是依法收费的问题，即收费法律保留的问题。

④ 苗连营：《纳税人和国家关系的宪法建构》，《法学》2015年第10期，第86~92页。

⑤ 张守文：《税收法治当以"法定"为先》，《环球法律评论》2014年第1期，第56页。

税也是依照法律进行，于是在 2000 年的立法法中，就有了税收制度需要由法律来规定的要求。2014 年立法法的修订草案中，对有关税收立法的问题做了重新规定，即虽然税收立法本身的法律保留性质没变，但其表述发生了重大变化，从原来笼统的"税收"到现在的"税种、纳税人、征税对象、计税依据、税率和税收征收管理等税收基本制度"，单列一项。可以说，明确突出了税收作为一种重要法律事项需要细化的立法必要，最后定格为"税种的设立、税率的确定和税收征收管理等税收基本制度"，① 其间还经历了 96 小时的争论。也是我国民主立法史上一次历史性的进步。其实，税收入宪本身就是一种历史立法传统。

（二）地方可否依宪参与税收立法的过程？

虽然税收本身带来的是一种收入，但不可否认的是税收本身代表和带来的是一种财权，向谁收税、收什么税、怎么收等都是事关纳税主体税收义务的头等大事。有学者认为，在税收分权的中国实践中，可以有税收立法权、税收征管权和税收收益权的划分。② 关于税收立法权，还有学者认为其由议会取得是代议制度建立的重要标志，并且税收立法权可以从纵向上进行配置，应与国家结构形式、经济体制、经济发展水平以及国家的民主、法治水平相适应，应根据税种的特征和功能来合理划分各级财政之间的税种。③

因此，可以理解，立法法将从税种到纳税人和征税对象再到计税依据和税率等要素全都系统地列举于法条之中是出于一种什么考虑。中央已经给出时间表，"税收法定"原则要在 2020 年之前得以全面落实，也就是说

---

① 其实税率的问题不是一个需要讨论的问题，很多非洲国家在其宪法中都明确规定，确定税基、税率和征收方式以及设立捐税本身，都是法律应该规定的领域。参见《喀麦隆共和国宪法》，《世界各国宪法：非洲卷》，中国检察出版社，2012，第 379 页。

② 参见吕冰洋《税收分权研究》，中国人民大学出版社，2011，第二章"税收分权的中国实践"。

③ 参见胡小红《税收立法权研究》，安徽大学出版社，2009，第四章"税收立法权纵向配置的国际考察"。

1985 年全国人大给国务院的授权将被收回。这同时意味着我国地方不能获得独立的税收立法权。对于地方而言，虽然这些事项必须采用制定法律的方式，可是未必制定出来的法律就会体现央地之间财权、事权的匹配，如前文学者所言，税收收益权还应该在考虑之列。而要获得相应的税收收益权，就必须由地方本身"为权利而斗争"。

地方对立法的参与权和发言权实际上是决定央地财权、事权匹配的重要因素。法律的草案拟定如果不是由某中央行政业务部门完全垄断，那么完全应该允许地方在其中有充分的发言平台与机会，并且这种发言应该最终在立法成稿中有所体现，并且在不接受其意见时有充分的理由说明。但现实是，国务院的税收行政法规在我国税收体系的建构中占据了大半壁江山，除了《中华人民共和国个人所得税法》《中华人民共和国企业所得税法》《中华人民共和国车船税法》外，更多的税收条例成为实际征收税收的根本依据，而国家税务总局和财政部所主导的立法草案起草权从很大程度上杜绝了地方对税收立法权的染指，尤其是前者，其本身在国税与地税并行的中国税收体制中肯定更多地代表了中央的利益和声音。然而，诸多的分税职能（如研究拟订税制改革总体方案，参与各税种改革方案研究工作；开展宏观经济与税制改革专题性、前瞻性政策研究；研究中央与地方的税权划分及税收管理体制的有关事宜）等都交给了国税总局的"政策法规司"这样一个内设司级机构。这样，地方在中国的税收分权体制中基本上成了一个彻头彻尾的执行者，也就是税收征管权的重要行使主体，这与税权这一重要财权本身的重要程度不相符合，甚至更进一步地导致了我国分税制的实质实际上是造就了中央在税收大权上的"一言堂"，这与宪法本身的在中央集中统一领导下充分发挥地方的主动性和积极性的精神亦不相符。

2014 年 9 月，在预算法修订完结的次月，国务院就通过了《国务院关于深化预算管理制度改革的决定》（国发〔2014〕45 号）（本节以下简称《预算决定》），提到"各地区、各部门要对已经出台的税收优惠政策进行规范，违反法律法规和国务院规定的一律停止执行"，同时，对地方的制度创新权给予了一定程度的肯定，"没有法律法规障碍且具有推广价值的，尽快在全国范围内实施；有明确时限的到期停止执行，未明确时限的应设定优惠政策实施时限"，但是并没有提及地方本身对税收决策的参与权，即规定税收立法权、开停征权以及政策管理权都归属于中央，地方仍然只是在分税制的框架下获得了某些税种的税收权限以及共享税的部分收入，同时有的权限包括相应的收入安排以及使用权，仅此而已。①

在现有的税收法律之中，除了前文提到的几部具体的税种立法之外，还有《税收征收管理法》这部关于税务征管的一般立法，但很明显这一立法是关于税收征管权的行使，并没有涉及税收立法权的运作。而立法法只是解决了税收法定的范围问题，而关于地方对税收立法权行使的参与度，既没有得到特别强调，也没有在一般意义的法条上被明确表述。于是，税收立法这种重要的权限，往往成为全国人大常委会非基本法律的涉足范围，全国人大常委会170多人规模的会议可以决定这些法律的出台与修改，而其立法或修法草案的来源就如前所述，来自国税总局或财政部的直接参与和提议。如果从全国人大的角度来操作这一问题，这个问题的解决似乎更为合理。首先，全国人大的代表团涉及全国34个省级单位，代表性广，容易收到更为广泛的地方建议，最终文本可能兼顾各方，照顾各地实际情况的程度也会相对较高；其次，从党的十八届三中全会通过的《决定》来看，税收改革的各项问题都已经涉及，如"推进增值税改革，适当简化税率""调整消费税征收范围、环节、税率，把高耗能、高污染产品及部分高档消费品纳入征收范围""逐步建立综合与分类相结合的个人所得税制""加快房地产税立法并适时推进改革，加快资源税改革，推动环境保护费改税"，这些问题同样是由来自全国的中央委员来参与讨论，而且这些中央委员有时也是全国人大代表，② 那么为何不能将这种机制扩张一步，推

---

① 本书编写组：《党的十八届三中全会〈决定〉学习辅导百问》，学习出版社、党建读物出版社，2013，第70页。

② 我国目前的中央委员有205人，中央候补委员有171人，而从目前世界各国议会的规模和保证充分讨论的人数来看，这实际上是一个合适的人数规模，因此，可以率先尝试在此人数基础上进行相应机构或机制的构建（如税收方面的专门委员会或由财经委员会召集相应的预备会议）。

广到全体人大代表呢？再次，关于基本法律与非基本法律的分野，目前来看并无绝对统一的标准，我们只需要通过全国人大常委会的宪法解释来澄清，或者在下一步通过全国人大一项项决定、决议的方式来逐步引导，那么税收立法由全国人大定型的方式就可逐步形成；最后，在必要的时候，通过修宪的方式，借鉴国外宪法中关于议会讨论税收事项的规定，作出相应的宪法条文调整，虽不必一定要采取设立"财政税收"专章的方法，但于国家机构一章中可以学习法国式的"议会和政府的关系"的立宪技术，将相应的规定体现于宪法之中，体现"无代表不纳税"的基本原理。以此来看，地方依照宪法来参与到税收立法的过程，无论从可行性还是必要性来看，都是非常明显的，关键的就是如何尽快从这方面来完善我国的税权运行机制。通过这种讨论，可以决定哪些税能够成为地方的主体税种，这些税种会支撑哪些事权的行使，比如环境保护税与环境保护事权的关系，资源税改革能够有利于地方哪些方面的事权行使保障，房地产税是否能够成为支撑地方城市住房和城乡建设的主体税种？这些问题是需要经过充分的博弈和调研而辨明的，并不是"拍脑袋"决策能够单独解决的，更需要经由宪法的强调而成为一国财政法治的重要展示和抓手。

二　举债权与事权匹配的宪法保障领域

（一）地方人大可否依宪监督同级政府举债权？

举债权是央地财权、事权容易出现争议的另一个典型领域。如果说税收是向公民征收款项，那么发债就是向公民借款，前者是所有权的转移，而后者只是使用权的转移，伴随着发债方偿还不能的风险。如果说税收需要法定来进行限制，那么发债也有必要通过法律来加以限制，甚至通过宪法来进行限制都不为过。比如前文提到的阿联酋宪法规定，"除法律规定外，不得征收、修改或取消联邦税收，不得举借公债，不得签订有关在未来一年或多年由国库负担费用的合同"。国家在作为借贷方时并没有特殊的权力，也非处于管制者的地位，需要遵循债权法和证券法的一般原理，只不过这里要通过发债来筹集相应的资金，用于事权的行使。

2014 年 8 月修改的《中华人民共和国预算法》第 35 条第 2 款规定，"经国务院批准的省、自治区、直辖市的预算中必需的建设投资的部分资金，可以在国务院确定的限额内，通过发行地方政府债券举借债务的方式筹措。举借债务的规模，由国务院报全国人民代表大会或者全国人民代表大会常务委员会批准。省、自治区、直辖市依照国务院下达的限额举借的债务，列入本级预算调整方案，报本级人民代表大会常务委员会批准。举借的债务应当有偿还计划和稳定的偿还资金来源，只能用于公益性资本支出，不得用于经常性支出。除前款规定外，地方政府及其所属部门、单位不得以任何方式举借债务。除法律另有规定外，地方政府及其所属部门、单位不得为任何单位和个人的债务提供担保。"在学者看来，"给地方政府限定他们可持有债务的总额正是一项恰当之举，此举可以在一定程度上控制地方政府债务的螺旋式增长。重新制定财政预算（它决定了如何在地方债务和中央债务之间分配收入和税收）可能可以带来一些益处，前提是地方政府遵守财政纪律"①。

这种立法态势，实际上向我们暗示了这样一个事实，未来地方的财权是逐渐被认可的，而这种认可实际上就是地方独立承担责任的开始。但是国家在此次修改预算法的过程中也做到了有限的放权放责，通过中央政府事先的限制和把关来实现对地方财权的监控，保证不至于在放开后产生诸多不良后果。这种假设实际上还是基于行政级别的高低，而不是采取一种真正意义上的法律监控，其实按照我们目前民主集中制的宪法要求，应该采取地方国家权力机关来监控的方式，这种监控实际上体现了地方人大与一府两院之间关系的一个重要侧面，同时也符合预算法

---

① 迈克·杰拉奇：《中国潜在的债务危机》，牛亚茹译，http://opinion.caixin.com/2015 - 04 - 07/100797999.html，最后访问日期：2015 年 4 月 8 日。

本来的原理，以及各级人大常委会监督法之精神。地方人大或其常委会监督的主要内容，应该考量地方政府是否具备"有效偿债来源的规划、偿债基金的建立、专项偿债账户的设立以及财政杠杆的控制"。[①] 虽然中央现在也已经发现这一问题的重要性，在一些场合提出"加强省级人大和市县级人大对同级政府举债的审批监督"，"省级人民政府依照下达的限额编制预算调整方案，报同级人大常委会批准"，"市县级政府确需举借债务的"，"报同级人大常委会批准"，"地方政府要在每年预算调整方案中如实反映债务余额变化情况，向同级人大常委会报告"，"中央和省级财政部门每半年向同级人大有关专门委员会书面报告地方政府债券发行和兑付等情况"。[②] 但是，目前这一机制还尚未被上升到宪法相关法的层面，未得到应有的重视，其运作也不是一种人大及其常委会工作的常态。

（二）能否强化政府举债权的宪法责任？

单一制国家的地方政府没有单独承担风险的能力，扮演着"准公司"的角色，但产权关系的模糊性决定了任何一级政府的风险都可能是上级政府和中央政府的风险。[③] 在原来的预算法的格局下，财政部采取代理地方发行债券的方式，这足以说明原来的地方人格性不足，央地之间的一体性较强而法律关系不明，实际上最终承担责任的可能都成了国家。但在法治逐渐深入的现今，特别是由谁来代表国家存在不同的法律后果和责任承担时，这种区分就显得有意义了。地方有财权，实际从宪法角度来说等于有了宪法责任承担的因由，不允许其再像以前那样"肆意"而"妄为"，导致最后由中央站在其身后代表国家为其承担了责任，许久以来其实我们的银行呆账、坏账都也是这样形成的，但这不是一种正常的状态，甚至为相

---

① 李燕、王立：《从信用评级看地方融资》，《财经》2014 年第 25 期，第 54 页。

② 楼继伟：《关于提请审议批准 2015 年地方政府债务限额的议案的说明——2015 年 8 月 24 日在第十二届全国人民代表大会常务委员会第十六次会议上》，http://www.npc.gov.cn/npc/xinwen/2015-09/07/content_1945886.htm，最后访问日期：2016 年 1 月 26 日。

③ 李静：《地方债风险"总体可控"——对话中国社会科学院副院长李扬》，《瞭望东方周刊》2014 年第 6 期，第 40~41 页。

应主体树立法律意识设置了障碍。英国学者迈克·杰拉奇曾经指出我国潜在的债务危机实际并不逊于希腊财政危机的严重程度（参见图 3–1，图中前两个柱状显示了中国与希腊的对比度，每个柱状由下至上分别是政府、非金融机构、家庭和财政机构各自所占比例）。

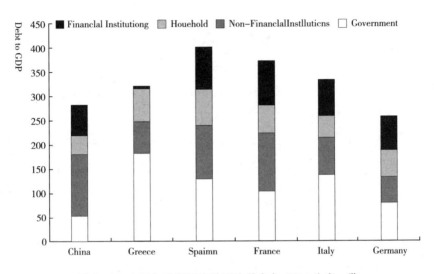

图 3–1　中国与欧洲国家的国家债务与 GDP 比率一览

资料来源：McKinsey Globd Instltrte, Dara as of June, 2014。

且总债务与 GDP 的比率自 2005 年以来呈现节节攀升的态势，虽然 GDP 的攀升表现明显，但是该比率已经接近峰值，这一点在我国审计署几次三番的审计中也是十分明显的（参见图 3–2）。

而这其中暂不谈数值本身所致的风险和对国家经济的影响，如果谈到法律责任，国债问题就是宪法问题，在宪法并没有提及的前提下交由部门法来规定，虽然也能勉强说过去，但从法律责任来看，只有预算法轻描淡写的"责令改正"和相关人员的行政责任，并没有从宪法的角度来宏观考虑此问题。2014 年 9 月 26 日，《预算决定》也提到了政府债务和举债权的问题。这实际上是对 2014 年 8 月修订通过的《预算法》之具体内容的政策落实，明确了一些法条中不便说明的原则，如"地方政府对其举借的债务负有偿还责任，中央政府实行不救助原则"。但是在某些方面，它又在

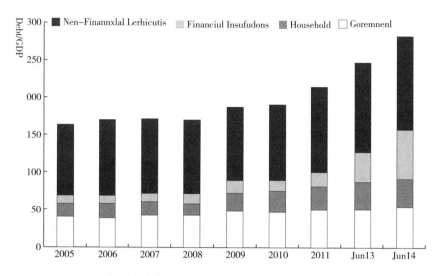

图 3 - 2　中国总债务与 GDP 比率的演变趋势一览（2005～2014.6）

资料来源：NBS, McKingy Globol hssrcec. Dare for Junr 2013 are favterpolaefed。

《预算法》之外创设了一些法条以外的"规则"，"市县级政府确需举借债
务的由省、自治区、直辖市政府代为举借"，"对甄别后纳入预算管理的地
方政府存量债务，各地区可申请发行地方政府债券置换"。当然，在政策
落实的层面，行政化色彩明显，通常是采取把具体事务"作为一个硬指标
纳入政绩考核""政府主要负责人要作为第一责任人"来对待，实际上已
经通过行政的力量而不是法本身的力量。宪法责任是一种独立的法律责
任，有着相应的责任形式和追究机制，① 如果不能从宪法层面找到相应的
依据来对违宪或违法发行债券的行为进行限制，那么就等于放纵了政府的
违法行为，同时影响了宪法本身的实施和权威。

三　财政转移支付权与事权匹配的宪法保障问题

（一）人大可否监督财政转移支付的细项？

根据宪法第 62 条的规定，全国人大在"审查和批准国家的预算和预

---

① 参见刘广登《宪法责任论》，山东人民出版社，2007，第五章"宪法责任的形式"和第六
章"宪法责任的追究机制"。

算执行情况的报告"方面的权力实际上就体现为对税收收入等财政收入的分配和开销方案,财政转移支付虽然身在其中,但从支付的控制方式来看,并不规范。我国目前对财政转移支付也没有专门的法律层面的规定。关于财政转移支付,新预算法也做了相应的规定,"财政转移支付包括中央对地方的转移支付和地方上级政府对下级政府的转移支付,以为均衡地区间基本财力、由下级政府统筹安排使用的一般性转移支付为主体。按照法律、行政法规和国务院的规定可以设立专项转移支付,用于办理特定事项。建立健全专项转移支付定期评估和退出机制。市场竞争机制能够有效调节的事项不得设立专项转移支付。上级政府在安排专项转移支付时,不得要求下级政府承担配套资金。但是,按照国务院的规定应当由上下级政府共同承担的事项除外"。上述法条规定还是有较多的可圈可点之处,特别是在目前我国经济发展不均衡、区域发展差距拉大的情况下更应如此,因为财政转移支付本来就是"以推进地区间基本公共服务均等化为主要目标"。从财政转移支付目前的向度来看,纯粹是地方向中央求雨式的"求钱"这种单向度的方式,并没有采取地方在财政转移支付这种财权中起到重要作用的协商方式,而且财政转移支付并没有采取比较科学的计算或停发机制。这样的后果是中央机构和某些地方的平素"关系"很可能决定了最终的财力获取程度,这是目前最需要避免的情形,因为如果国家的财政转移支付总是这种输血式的补给,而且又不能保证给对地方的话,很容易导致这成为一种利益输送甚至腐败的渠道。财政转移支付应如税收一样,成为我国地方成功参与中央财力输送的一条重要渠道。那么,能够保障这种目标实现的渠道应该是强化人大在其中的监督作用,预算方案的精细化应该成为我们在人大强化监督过程中必须首先实现的前提条件,否则,预算方案特别是其中的财政转移支付方案的不通过就成为一种典型的宪法责任。这一点在省以下财政转移支付的场合同样适用,不仅应该适用,还应该在这一方面采取足够的经验采撷,采取"地方包围中央"的宪法实施路径。

（二）财政转移支付法的尽快出台？

如果说央地关系法主要可以关涉央地权力配置的全局，那么财政转移支付法就主要是针对央地财政转移支付法律关系甚至宪法关系的一种调控。财政转移支付对地方来说是一种收益，对中央来说实际上是一种权力。正如前文所言，这种权力只是经由财政部的规章来调控不论如何都是不合适的，等于以政府自身的抽象行为来调控自己的具体行为，以前者来证明后者的合法性，而这两种行为都是同一系统的机关做出的，这违反了"任何人不得为自己案件法官"的基本法律原理。

前文提到的《预算决定》中对于财政转移支付也有明确的主旨规定。2014 年 12 月 27 日，国务院又进一步通过了《国务院关于改革和完善中央对地方转移支付制度的意见》，从两者的比较可以看出其内容的差别。可以看出，在经历了上述两个文件的酝酿之后，关于财政转移支付的立法形势基本成熟，这其中包括财政转移支付总体的格局构建，相应的原则设置，[1] 具体的规则组成，以及一些需要在制度设置中考量的因素。在《支付意见》中，除了与《预算规定》相重复的内容外，其他的分支架构都已经很明显地体现出立法的篇章结构（参见表 3 - 4）。

表 3 - 4　《国务院关于改革和完善中央对地方转移支付制度的意见》部分内容

所在部分	具体内容
五、严控专项的财政转移支付	逐步改变以收定支专项管理办法
	严格控制新设专项
	规范专项资金管理办法
六、规范专项转移支付分配和使用	规范资金分配
	取消地方资金配套要求
	严格资金使用
七、逐步取消竞争性领域专项转移支付	探索实行基金管理等市场化运作模式

---

[1]　原则包括五项，"加强顶层设计，做好分步实施；合理划分事权，明确支出责任；整合规范，增强统筹能力；市场调节为主，促进公平竞争；范资金管理，提高资金效率"。

所在部分	具体内容
八、强化转移支付预算管理	及时下达预算
	推进信息公开
	做好绩效评价
九、调整优化中央基建投资专项	
十、完善省以下转移支付制度	

但不管怎么说，前述两项红头文件都不是行政法规，没有上升到法律的层面是一大缺憾，但同时，上述文件可以说为目前财政转移支付的立法积累了足够的经验和模式，立法条件已经具备。但是从这样一种立法径路来看，我国当下的财权方面的立法还是受到行政机关的主导和驱使，在很大程度上是以国务院政府文件为蓝本来积累立法经验。这种模式虽有其合理性，但也存在忽视地方声音与利益，使人大等立法机构本身成为单纯通过法案的机构的问题。从宪法的角度来讲，这是一种行政主导的模式，而不是立法本身所应有的品性与路线。必要时，可以采取制定试行法律的方式，先实现财政转移支付法定的目标。同时，通过试行继续积累经验，以使法律关于财权、事权的匹配能够更符合实际情况。而在宪法层面可以进行原则性规定，提出我国进行财政转移支付所应遵循的一般原则，当然，这种原则应该是在长期的法律实施过程中积累得来。

第四章　我国央地财权、事权匹配宪法保障机制的价值设定与原则构建

在分析了我国央地财权、事权匹配的宪法保障机制的现状与原因之后，我们也会感到问题的多元性、复杂性。所有问题的解决并不是单打独斗就能够完成的，这里需要的是全盘考量，在现有的宪法指导思想架构之下确定具体领域的宪法价值，这正是为了能进一步指导宪法原则和宪法规则的构建。

第一节　我国央地财权、事权匹配宪法保障机制的价值设定

在进行价值设定之前，我们先要对央地财权、事权匹配的宪法保障机制进行相应的理想型（ideal type）处理。理想型分析方法是马克斯·韦伯的一种创造，是将研究对象假设为理想式的研究对象的一种做法，而这里的价值理想型实际上也是在此基础上的一种升华。假设央地财权、事权匹配在不同的领域内需要接受不同的价值调控，从而表现出不同的价值倾向。如果我们将财权分为税（收）权和财政权两块，就可以更方便地在各自领域做出相应的价值设定。

一　税收权领域

（一）税（收）权公平［或税（收）收权均衡］

1. 内涵

公平与正义在法学的范畴中有时往往被混用甚至等同，但在税收领

域，公平与正义所言及的并非同类问题。税收正义（德语：steuergerechti-gkeit）被视为宪法的一个基本原则，也是税法的核心价值，① 是税该不该收的问题，也就是税种是否入宪、税目和税率如何设定的问题，② 而这里的税收正义所针对的对象也就是纳税人，其所反映的法律关系是国家和纳税人之间发生的关系。

而这里所说的"公平"更多是指税权公平，即中央与地方在税权把控上的竞相匹配与各取所需。从实际的税收能力来看，地方相对于中央应为弱势，要想实现两者的均衡，光要平等还不能解决问题。况且随着我国事权下放的趋势不断被强化，地方本身承担的实际事权范围更广，因此，应该更加补强才能提高其与中央均势的可能。这种均势并不是在各个方面的"势均力敌"，甚至可能"叫板"，而是从实际的操作能力来看，能够实现地方在事权完成时的税权行使之自足性。正如联邦制国家甚至一些单一制国家所谓的财政联邦主义（fiscal federalism）一样，只有税权上保持了足够的均势，事权的落定才能找到上依靠与基础。

2. 外延

在前文提及"税权"的概念时，我们已经将税权分为税收立法权、税收征管权和税收收益权。这里的税权公平，也相应地分为税收立法权公平、税收征管权公平和税收收益权公平。

（1）税收立法权公平

前文提到通过地方参与税收立法的过程来实现税收立法权公平，这只是税收立法权公平的一个侧面。从实际的税收立法权的构成来看，它包括：①税法本身的立改废权；②税种的开停征权；③税法细则制定权；④税法规则解释权；⑤税目增减与税种调整权；⑥税收加减权力等。其中前两种属于第一层次，中间两种属于第二层次，后两种属于第三层次，按有的学者之总结，大体结构如下（见表4-1）：

---

① 陈丹：《论税收正义——基于宪法学角度的省察》，法律出版社，2010，内容摘要第1页。
② 南美国家危地马拉宪法明确规定，税收体系必须公平、公正，为此各类税法在制定时必须遵守偿付能力原则。

表 4 - 1　我国税收立法权简况①

	第一层次税收立法权	第二层次税收立法权	第三层次税收立法权
中央税、共享税	全国人大及其常委会	国务院	国务院税收主管部门（主要是财政部和国家税务总局）
全国统一实行的地方主体税种	全国人大及其常委会	国务院	省级人民政府
零星地方税种	省级人大及其常委会	省级人民政府	省级人民政府主管的具体税务部门

　　目前，省级政府能够拥有的权力主要集中于一些零星的地方税种，而对于全国统一实行的地方主体税种，省级政府只能进行税目增减和税种调整以及行使加减税收的权力，其他权力则都为中央所垄断。可见，从税收立法权的层面，调整的空间极大。有学者就提出在税收立法权上进行突破常规的变动。在我国，"中央机关与地方机关在税收立法权划分上的博弈应归属为非合作博弈中的完全信息动态博弈"②，而与之相对应的博弈论均衡概念是子博弈精炼纳什均衡。③ 为了保障达致这种均衡，就应该赋予地方相应的权限，特别是有必要在有必要在宪法或法律层面界定地方税税权，促进税收立法权的真实分配，调整税收征管权的划分规则，保障税收收益权的均衡实现。④ 在历史上，很多封建国家的公民与君主都在不断的争斗中制约着税权的设定，一些来自地方的资源和收入尤其是税收甚至可以被视为地方的独有财产，并享有与私人收入和财产同等的保障。从理论上来说，地方税权及税收理应享有相应的宪法保护权，

① 参见胡学勤《论税收立法权的划分及立法体制的改革》，《涉外税务》2003 年第 10 期。

② 参见祝杰《我国税收立法权划分均衡问题研究》，硕士学位论文，天津财经大学，2008。

③ 这是 1994 年诺贝尔经济学奖获奖者、莱茵哈德·泽尔腾（Reinhard Selten）提出的概念，它要求参与者的决策在任何时点上都是最优的，决策者要"随机应变"，"向前看"，而不是固守旧略。参见百度百科，http：//baike. baidu. com/link？url = lzip8 - Llk7buuaPlwS - H3NVDd0JvtTjDgZWHSxYvJUAp_ UJK4QPJWhFXmBUI63pwgtTnLfNNoHjOtcgr40GV0q，最后访问日期：2015 年 3 月 3 日。

④ 姜孟亚：《地方税税权的基本构成及其运行机制研究》，《南京社会科学》2009 年第 3 期，第 125 页。

法律不得将其转移给国家，除非为了抵御对外战争而实际需要暂时使用。[①]

（2）税收收益权公平

除了税收立法权的公平之外，税权公平在这里主要应体现为税收收益权的公平，而税收征管权（具体的征收、检查、处罚、减免等项权力）则可以视为实现税收收益权公平的阶段和途径。税收收益权代表最终的财力问题，这也是政府间税权划分的核心问题，直接关系到各级政府的财政收入规模及一系列政府行为能否得到财力保障。[②] 从税收收益权的划分来讲，纵向上的划分大体可以分为集权模式和分权模式，具体来说，又可以分为税权分散型（如美国），税权集中型（如法国、韩国和英国）以及适度分权型（如德国和日本）。[③] 而从我国当下的情况来看，应该属于税收收益权集中型中的极端，即超集中型的表现。分税制没有形成地方财力与事权匹配的机制，地方政府的收入本应以不动产税、消费税和资源税为主体。[④] 目前来说，有实务界学者提出可以考虑进行如下设置：

表 4 - 2　我国央地税种设置或处理方案

税种设置或处理	对应特点
中央税或中央分成比例多一些	收入波动较大、具有较强再分配作用、税基分布不均衡、税基流动性较大的税种
地方税或地方分成比例多一些	地方掌握信息比较充分、对本地资源配置影响较大、税基相对稳定的税种

这样划分之后，地方形成的财力缺口由中央财政通过税收返还的方式

---

① 在联邦制国家，这种由州议会或省议会来按宪法规定进行直接税的设定的规定更是司空见惯，如加拿大 1867 年宪法第 92 条规定，为省财政目的而手机的省内直接的税收专属于省立法机构的制定法律的项目。

② 吕冰洋：《税收分权研究》，中国人民大学出版社，2011，第 6 页。

③ 吕冰洋：《税收分权研究》，中国人民大学出版社，2011，第 41～54 页。

④ 李静：《地方债风险"总体可控"——对话中国社会科学院副院长李扬》，《瞭望东方周刊》2014 年第 6 期，第 41 页。

解决。[①] 2016 年，国务院总理李克强在提到"营改增"之后的增值税分享比例问题时，专门提到要在改革后合理适度调整，形成整体利益和局部利益在发展中相互融合、相互促进的良好格局。[②]

（二）税（收）权秩序

税权秩序主要表现为税收立法权秩序，对于税收征管权而言，其秩序价值更多需要通过行政法与经济法来维系，而税收收益权的主要价值表现则已如前所述，是收益权的公平问题。

1. 税收立法秩序化

税收立法权秩序首先意在强调税收立法合乎法治秩序，不是随意而立，特别是应符合一国的宪法秩序。国家的立宪史在某种程度上就是财税入宪史，而当这种权力应为宪法指定的代议机关所行使，而如果通过所谓的授权立法让政府既成为税收的执行员，又扮演税收立法者的角色，这与财政立宪的基本原理与原意并不相通。在修改前的立法法中，税收就属于法律保留的事项，2014 年底的立法法修改草案也只不过将其单列一项，将各类税收问题更加细化。2015 年的"两会"期间，立法法三审稿中又将原二审稿中"纳税人、征税对象、计税依据、税率"等内容从法律保留条项中删除，这意味着税收法定原则方面仅涵盖了"税种的开征与停征和税收管理"，但政府仍然可以任性地调整税率，税收法定的权威性大大降低，遭到了多数与会人大代表的反对。[③] 最后，在表决稿中，税率的确定又再次回到法条的正式表述之中。"税种的设立、税率的确定和税收征收管理等税收基本制度"被明确为只能制定法律的事项。这样做的目的，其实正

---

① 韩洁、高立、何雨欣：《一场关系国家治理现代化的深刻变革——财政部部长楼继伟详解深化财税体制改革总体方案》，参见新华网，转引自 http://www.zjdpc.gov.cn/art/2014/7/12/art_ 791_ 661680. html，最后访问日期：2014 年 7 月 27 日。

② 李克强：《顶住经济下行压力　用好财税改革这一利器》，http://stock.jrj.com.cn/2016/01/25201520479713. shtml，最后访问日期：2016 年 1 月 26 日。

③ 赵强、郑筱倩、宗雷：《删除"税率"有关规定　相比之前是退步》，《河南商报》2015 年 3 月 11 日。

是在强调一国税收立法统一的必要性，也是税收秩序维护的最好注脚。目前，我国的税收法律格局中，大体有以下的结构（参见表4-3）：

表4-3　目前我国现行的税收立法格局

税收领域	具体法律规则名称
征管	中华人民共和国税收征收管理法（2013 修正） 中华人民共和国税收征收管理法实施细则（2013 修订） 最高人民法院关于审理偷税抗税刑事案件具体应用法律若干问题的解释（2002 制定） 中华人民共和国发票管理办法（2010 修订）
流转税	中华人民共和国增值税暂行条例（2008 修订） 中华人民共和国增值税暂行条例实施细则（2011 修订） 中华人民共和国消费税暂行条例（2008 修订） 中华人民共和国消费税暂行条例实施细则（2008 修订） 中华人民共和国营业税暂行条例（2008 修订） 中华人民共和国营业税暂行条例实施细则（2011 修订） 对储蓄存款利息所得征收个人所得税的实施办法（2007 修订）
所得税	中华人民共和国企业所得税法（2007 制定） 中华人民共和国企业所得税法实施条例（2007 制定） 中华人民共和国个人所得税法（2011 修正） 中华人民共和国个人所得税实施条例（2011 修正）
资源税	中华人民共和国城镇土地使用税暂行条例（2013 修订） 中华人民共和国资源税暂行条例（2011 修订） 中华人民共和国资源税暂行条例实施细则（2011 修订）
特定目的税	中华人民共和国城市维护建设税暂行条例（2011 修订） 中华人民共和国耕地占用税暂行条例（2007 制定） 中华人民共和国土地增值税暂行条例（2011 修订） 中华人民共和国土地增值税暂行条例实施细则（1995 制定）
财产、行为税	中华人民共和国车船税法（2011 制定） 中华人民共和国房产税暂行条例（2011 修订） 中华人民共和国印花税暂行条例（2011 修订） 中华人民共和国印花税暂行条例实施细则（1988 制定） 中华人民共和国契税暂行条例（1997 制定） 中华人民共和国契税暂行条例细则（1997 制定）
关税	中华人民共和国进出口关税条例（2013 修订）

在现有税收立法格局中，从名称上看都是"中华人民共和国"层面的统一立法，这与一直以来的税收统一理念是相称的，其中甚至包括了税收司法规则的创制。① 很多立法是以"暂行条例"形式出现，究其原因，就是前文提到的，20 世纪 80 年代全国人大授权国务院进行税收立法的先例，从实际情况来看，国务院作为业务主管部门确实有其优势，但随着税收立法重要性的凸显以及社会对税收正义及前文所提税权秩序的需求，现实中出现了全国人大适时收回的可能。同时，全国人大及其常委会作为目前的宪法实施的监督机构，在授权立法期间也没有对国务院的相应立法进行相应的审查，这样，国务院及其职能部门在进行相应的规则制定时就有了相对随意的行为模式，这一点从相应的时间节点上可以看出。因此，有学者甚至建议，"在 2020 年以前，将多数国务院税收条例上升为法律；规定新设立的税种，直接由人大立法，税法实施细则可以授权国务院制定；规定税收政策和税制的重大调整，应向全国人大报告"。② 这里，立法机关与行政机关在税收立法权划分上的博弈应归属为非合作博弈中的不完全信息动态博弈，与其相对应的博弈论均衡概念是精炼贝叶斯纳什均衡。③ 从一国税收法制的实际构成状况来看，如果已经实现了税收立法权入宪，其实最稳妥的方式不外乎是在宪法中将原则性的框架建构清晰，而下面的税收法律则紧紧围绕其制定。

以国家税务总局颁布的《关于全面推进依法治税的指导意见》为例，这实际上是一部行政文件，但这一文件影响面极大，极有可能影响到未来我国部门税种的改革大势。比如，其中提及将推动 2015 年实行房地产税的

① 关于税收司法权是否属于税权也存在争议，虽然其不是政府税权，但毫无疑问属于国家税权的表现之一。
② 邢东伟、仇飞：《通过部分授权实现税收法定》，《法制日报》2014 年 3 月 6 日。
③ 精炼贝叶斯均衡是所有参与人战略和信念的一种结合。它满足如下条件：第一，在给定每个参与人有关其他参与人类型的信念的条件下，该参与人的战略选择是最优的。第二，每个参与人关于其他参与人所属类型的信念，都是使用贝叶斯法则从所观察到的行为中获得的。参见百度百科词条，http：//baike. baidu. com/link? url = stdziiHpcQb4l－A73L1lYimDOkrYp0jBKkhW－wqK3sIvx9hbnlITsHXJtz4EyW0GrLOqbZY2sNnP_bYN6vrxy_，最后访问日期：2015 年 3 月 3 日。

税收立法，特别是目前已经实行了不动产登记的前提下。房地产税是一个大概念，大体涉及房地产的开发、流通、保有、转让等多个环节。房产税是其中的一部分，是否征收争议颇大。根据 2011 年修订的《房产税暂行条例》，我国对大部分非营业房产都免收房产税，只是在重庆和上海两地进行试征，前者是针对增量房，后者则针对存量独栋别墅、新购高档住宅以及外地人新购第二套以上的普通住房，从这种征税方式来看，是典型的"富人税"，也就是也达到税收这种"劫富济贫"的调控目的。而如果要普遍征收，则又被学者认为是对当下"已经负担了高昂用地成本的国民进行的二次掠夺"，因为中国住房资产占家庭总资产的比例是相当高的，没有从事工商业经营的城市家庭房产 - 资产比例甚至高达 81%。① 但是这种争议及其背后的定调一直以来都是由包括国家税务总局在内的政府机关在推动，并不能截然代表人大的意图，因此，对于这种税收改革，能否对未来的税收秩序形成起到良性的导引作用，还很难说。②

再如，在 2014 年末到 2015 年初的油价下降出现之后，财政部就相应上调了燃油税，这也不是经过人大立法性程序完成的决策改动。好在全国人大已然发现了上述问题并表达了税权改革的决心，党的十八届三中全会和十八届四中全会都声明了税权法定的决心，新近准备修订通过的立法法也对税收专属立法权做出了更加明确的规定，总的目标就是如前所述的，在 2020 年之前，全面落实税收法定的原则。2015 年 3 月 26 日，全国人大常委会法工委牵头起草的《贯彻落实税收法定原则的实施意见》中，就明确指出，除在 2020 年完成相关税收立法升级任务外，不再出台新的税收条例，拟开征的新税种也将根据工作开展情况，同步起草法律草案并提请全国人大常委会审议。

---

① 此处其实可以类比"恩格尔系数"，即食物支出在整个家庭支出中所占的比例高低决定了其生活质量，而房产资产在家庭总资产的比例也决定了普遍征收房产税到底是一种"掠夺"还是其他。

② 著名民法学者孙宪忠指出，"我们为什么要收房产税？征税通常作为经济杠杆，有稳定财政的职能，但如果把它作为一个财富来源的话，就涉及到与民争利的问题"。卢楚涵：《孙宪忠：不动产登记是摸清家底》，《环球人物》2015 年第 6 期，第 80 页。

但是，仅仅在 2015 年 3 月 30 日，财政部、国税总局再次发布了《关于调整个人住房转让营业税政策的通知》，将二手房营业税免征期限直接由五年改成两年。可谓是，"政策一出，整个房地产圈沸腾"。[①] 2015 年 5 月的消息称，财政部再次准备直接提高烟草消费税税率。这种一边在设定税收法定的秩序目标，一边又在广义的税收立法权行使上做出"小动作"的行为，只能说明我们在目前的税权秩序维护的工作上，仍然任重而道远。

2. 税收优惠秩序化

税收优惠政策属于课税要素体系中税收特别措施的范畴，是将依据基准税制取得的税收利益部分让与纳税人的课税要素。2013 年党的十八届三中全会通过的《中共中央关于全面深化改革若干重大问题的决定》中在"深化财税体制改革"部分中专门提到要"按照统一税制、公平税负、促进公平竞争的原则，加强对税收优惠特别是区域税收优惠政策的规范管理。税收优惠政策统一由专门税收法律法规规定，清理规范税收优惠政策"。2014 年的《预算决定》也提出要"全面规范税收优惠政策。除专门的税收法律、法规和国务院规定外，各部门起草其他法律、法规、发展规划和区域政策都不得突破国家统一财税制度、规定税收优惠政策。未经国务院批准，各地区、各部门不能对企业规定财政优惠政策"。2015 年 2 月 25 日的国务院常务会议就直接决定，"将享受减半征收企业所得税优惠政策的小微企业范围，由年应纳税所得额 10 万元以内扩大到 20 万元以内，并按 20% 的税率缴纳企业所得税；将已经试点的个人以股权、不动产、技术发明成果等非货币性资产进行投资的实际收益，由一次性纳税改为分期纳税的优惠政策推广到全国"。[②] 国家税务总

[①] 赵红燕：《二套房首付 4 成满 2 年免征营业税，楼市新政接连落地》，参见中国日报网，转引自浙江在线，http://www.chinadaily.com.cn/hqcj/xfly/2015 - 03 - 31/content_13468500.html，最后访问日期：2015 年 3 月 31 日。

[②] 《小微企业所得税减半征收覆盖面扩大》，http://www.gov.cn/xinwen/2015 - 03/24/content_2837721.htm，最后访问日期：2016 年 1 月 25 日。

局也在 2015 年 3 月印发了《关于贯彻落实扩大小型微利企业减半征收企业所得税范围有关问题的公告》（国家税务总局公告 2015 年第 17 号）。[①]

正如《国务院关于清理规范税收等优惠政策的通知》（国发〔2014〕62 号）中指出的那样，要"全面清理规范税收等优惠政策是进一步完善市场经济秩序的必要举措"，"清理规范税收等优惠政策，有利于维护公平的市场竞争环境，促进形成统一的市场体系"，有些省政府也出台了《省政府关于清理规范税收等优惠政策的通知》（如江苏省的苏政发〔2015〕13 号文件》。但是，从根本上来说，税收优惠政策本身应该属于税收立法权的范畴，包括有关税基、税率或税额的优惠，应该实现法律保留。[②] 特别是 2015 年立法法修订之后，税率的确定和税收征收管理的制度都应该法定。另外，前文的《预算决定》与党的十八届三中全会《决定》的表述亦不相符，又多出了"依据国务院规定的税收优惠政策"。如果再按照这种不一致的文件依次下达执行，[③] 那么这种清理任务只会越来越重，无法及时完成，对秩序的实现也是遥遥无期。[④] 因此，这里不管是与国家财税法律相矛盾的地方政府立法，还是地方给予企业的优惠政策抑或是超出税收优惠政策实施时限的财政政策都应该成为清理的重点。[⑤] 从形式上来说，规范性文件被改变、被撤销或被拒绝适用，应该是一种宪法责任的承担形式。[⑥]

---

① 国家税务总局办公厅：《关于贯彻落实扩大小型微利企业减半征收企业所得税范围有关问题公告的解读》，http：//www. chinatax. gov. cn/n810341/n810760/c1519209/content. html，最后访问日期：2016 年 1 月 25 日。
② 叶姗：《税收优惠政策制定权的法律保留》，《税务研究》2014 年第 3 期，第 58 页。
③ 好在前文提到 2015 年 1 月 23 日江苏省下发的文件在规定"统一税收政策制定权限"时，提到了"坚持税收法定原则，除依据专门税收法律法规和《中华人民共和国民族区域自治法》规定的税政管理权限外，各地一律不得自行制定税收优惠政策"，不过这里的税收法定不是完全的由税收法律来定，还是包括了法规。
④ 2016 年 1 月 25 日，江西省省长表示，对首次购买城镇住房的符合条件的农民给予财政补贴，并按规定享受税收优惠政策。
⑤ 华税律师事务所：《地方税收优惠政策该如何清理》，http：//www. chinaacc. com/shuishou/bjst/zh20141119090337362375 14. shtml，最后访问日期：2016 年 1 月 25 日。
⑥ 刘广登：《宪法责任论》，山东人民出版社，2007，第五章"宪法责任的形式"。

二 财政权领域

如前所述，我们将财权分为税（收）权和财政权，在财政权之下我们还可以分出举债权和财政转移支付权，两者具有财政的相应特点，在价值理念的确立上两者存在一定的共性，我们可以总结如下：

（一）财政权公平（或财政权均衡）

我国预算法规定了"量入为出、收支平衡的原则"，但这里的平衡主要从收支的角度来理解。财政权均衡本身体现一种公平或平权理念，同样作为一国的地方或组成单位，有权利获得相同速度或水准的发展，获得与之发展状况相匹配的资源、扶持。

1. 举债权公平

举债权不可肆意而为，这一点从各国对举债权所设定的宪法程序限制就可看出，为了更好地让"好钢用在刀刃上"，必须从全国一盘棋的角度来考虑地方举债权的行使。因此，这种地方财权的行使需要中央控制。

以地方的举债权为例，在 20 世纪 20 年代之前，美国国会就通过《第二次自由债券法案》，设立联邦政府债务上限，这一制度在 1939 年又被《公共债务法案》所改动，演变为当今美国的债务上限制度，也成为国会是否行使干预权的界限。这种制度设置也影响了美国地方债务制度的运作。在澳大利亚宪法中，有关于联邦议会对州公债制度的接管以及根据州人口数进行的接管后的转换、展期、合并等制度，州则对此进行相应偿付。代偿利息从联邦支付给州的收入盈余中扣除和留存，不足的话则由州进行相应支付。联邦可以与州签订有关债务的协议，其内容可以包括联邦对债务的接管、债务的管理、债务利息的支付和偿债基金的提供与管理以及债务的转换、偿付、展期与合并。另外，州对联邦接管的债务的补偿以及州或联邦举债以及联邦为州而举债等问题也可以一并规定。联邦议会则为此可以专门制定法律，使协议当事人履行协议。同时，尽管州的宪法、联邦议会或州议会制定的法律有所规定，但每项协议及其变动都应对联邦和州当事人有约束力。可以看出,这种制度设定主要着眼于联邦与州政府之间就地方债务问题所达成的行政协议制度及其相应的宪法保障,以及在州无法偿付时的宪法补救机制。[①] 德国联邦《基本法》规定,联邦一切收入与支出均须编入财政预算计划,可能引起未来财政年度支出的贷款等,需要联邦法律做出已确定额度或可确定额度的授权,收入与支出须在没有贷款情况下取得平衡。

2. 财政转移支付权行使公平

财政转移支付作为一种财力转移的制度,更需要维持平衡,保证必要性,在联邦制国家这种价值有深入体现。尤其是财政转移支付相对发达的法治国家,更是如此。德国和加拿大在这一制度与价值的建构上走在前列。德国的《基本法》规定"公民生存条件一致性",这成为政府间转移支付制度建立的法律前提。"转移支付的具体调整范畴和实施办法,则由《联邦财政平衡法》规定,同时也会根据联邦和各州的经济发展情况做局部的调整","转移支付的系数要由立法机构讨论确定,据以计算均等化拨款的财力指数和标准税收需求以及其他一些技术性比例也用法律的形式明确规定"。[②] 一旦某些州超出了财政转移支付所需达到的平均标准,便不再享有接受转移支付的权利,因此,可以理解为财政转移支付的权力必须依照《基本法》和《联邦财政平衡法》的精神来行使,为的是实现"公民生存条件一致性"的均衡价值目标。加拿大 1982 年宪法第三章"平均分担与地区差距"规定,议会和加拿大政府应遵守均衡支付原则,确保各省政府有足够的收入,在合理相当的税收水平下提供合理的相当水平的公共服务。加拿大也有相应的《财政平衡法》,全称是《1985 年的联邦与省之间的财政安排法案》(Federal - Provincial Fiscal Arrangements Act)。"联邦对各省无条件的支付(unconditional grants)是财政平衡制度的一个重要部分,为宪法所确

---

① 谭波:《破解地方债务问题的法治思考》,《中州学刊》2015 年第 8 期。
② 中华人民共和国财政部:《德国财政转移支付制度》,http://www.mof.gov.cn/preview/guojisi/pindaoliebiao/tashanzhishi/200806/t20080620_47696.html,最后访问日期:2016 年 1 月 26 日。

立"，而各省"享有相对较高的自己的固定税收和通过拒绝或接受联邦转移支付的出局权"（opting out）。① 如前文提到的"spending power"，实际上就是表明联邦通过财政转移支付而对州政策的影响，而州如果想实现财政自治，只要实现了联邦宪法中的机会均等和质量合理的公共服务，就可以拒接财政转移支付。因此，可以理解财政转移支付的附义务性实际上代表了这种机制中的权力义务的明确性。我国预算法第 16 条中对财政转移支付进行规定时也提到了"公平"的要求，以推进基本公共服务均等化，而一般性财政转移支付的目的本身正是均衡地区间基本财力。

3. 总结

不仅是上述联邦制国家，单一制国家也需如此。前文提到的亚洲单一制国家泰国和伊朗等国的宪法中，很明显地体现了这种价值依托，比如伊朗宪法提到的不歧视原则，以保障各地的发展需求与潜力，获取必要的发展资源。而泰国宪法更是典型，提出"应确定统一标准指导地方政府遵守，并考虑各类地方政府的行政效率与发展水平的差异性与适应性"，而这需要制定有关地方财政收入的法律，以规定地方政府征税和取得其他收入的权力和职责，亦应在考虑地方经济发展水平、地方政府财政状况和国家财政可持续性的前提下，为各类别税收、公共部门间资源的配置、地方政府在其权责内有充足的收入以供支出而制定适当的规则。对我国这样一个发展不均衡的发展中大国来说，财政权行使的均衡性其实意义更大，也就是说，我们的地方举债权是否在总量控制的基础上进行合理的"资源"配置，需要保持"不突破债务风险控制指标的前提"，从宪法程序上，"每年全国地方政府债务新增限额和总限额"，需要"由国务院报全国人民代表大会或全国人大常委会审批"。②

---

① 中华人民共和国财政部：《加拿大政府间财政关系》，http://www.mof.gov.cn/mofhome/guojisi/pindaoliebiao/cjgj/201406/t20140620_ 1102271.html，最后访问日期：2016 年 1 月 26 日。

② 楼继伟：《关于提请审议批准 2015 年地方政府债务限额的议案的说明——2015 年 8 月 24 日在第十二届全国人民代表大会常务委员会第十六次会议上》，http://www.npc.gov.cn/npc/xinwen/2015 -09/07/content_ 1945886.htm，最后访问日期：2016 年 1 月 26 日。

(二) 财政权秩序

财政权秩序表现在多个方面, 地方举债权作为一种典型的财政权, 关乎国家信用, 目前在行使过程中面临日益规范的需要, 理应形成一种秩序, 首要的要求是能够承受一定压力, 不至于在遇到突发财政问题时形成烂摊子甚至崩盘。在美利坚合众国正式建立之前, 美国邦联议会欠债已多达 2 亿美元, 而各殖民地的总欠债甚至超过了此数。[①] 这些不良状况强烈需要制度建构尤其是宪法文本的依据来加以规控, 因此《邦联条例》首先试水, "在合众国议会集会成立邦联之前, 所有已由议会或在议会之下所借款项及所负债务均视为合众国所应偿还者, 以联邦及全民之信用严肃担保偿付之"。而后《美利坚合众国宪法》第 6 条又规定, "本宪法生效前所负的一切债务和所签订的一切契约在本宪法生效后对合众国仍然有效"。这就出现了所谓的联邦政府对各州债务的承担 (Federal Assumption of State Debts), 这成为美国联邦政府强化自身财权的关键[②]。这种宪法确认债务责任的立法例成为后来影响该国债务责任体制构建及其推行的重要精神, 用以保证政府信用。在有些国家 (如德国、美国等), 有时要增加借贷必须要经过修宪才能完成, 于该权力而言, 首先应该保证正常的行使与运作, 保证政府信用。2015 年中国政府采取了置换债券的方式来促使地方政府债券的合理延期, 一方面是对地方政府的救助, 3 万亿的置换额度恰好能够覆盖地方政府负有 "偿还" "担保" 以及 "可能承担一定救助" 责任的债务; 另一方面也是要割裂中央信用和地方信用的混同, 让地方信用独立进入金融市场。[③] 同时, "对于一些债台高筑的地方政府, 如何应对其可能的违约, 在避免社会动荡的同时, 也要避免产生依赖中央政府救助的道德风险"[④]。2015 年博鳌亚洲论坛期间中国

---

① E. J. Ferguson, *The Power of the Purse: A History of American Public Finance*, Chapel Hill: University of North Carolina Press, 1961, 1776–1790.

② Max M. Edling, *A Revolution in Favor of Government: Origins of the U. S. Constitution and the Making of the American State*, Oxford University Press, 2003.

③ 谭保罗:《万亿债务置换 "拆弹" 中国经济》,《南风窗》2015 年第 8 期, 第 70～71 页。

④ 英国广播公司:《地方财政收入减少, 中国面临挑战》,《凤凰周刊》2015 年第 5 期, 第 12 页。

国家财政部部长楼继伟表示，中国政府其实有大量正资产，而地方可以处置这些资产，如果地方债无法还上，地方政府完全可以通过卖掉这些资产来还债。这也是 2014 年国务院发布的第 43 号文件《国务院关于加强地方政府性债务管理的意见》所肯认的内容，即谁借谁还，中央不兜底。① 为了确保地方财政权的秩序，中央也是对其倍加重视。2015 年 4 月，国务院常务会议决定，"盘活和统筹使用沉淀的存量财政资金"，比如为了稳定和提高全国社保基金的投资收益，实现保值增值，助力经济发展，将其投资范围扩展到地方政府债券，把地方政府债券和企业债的投资比例上调了 10个百分点，达到 20%，这实际上符合秩序的需要和人民的根本利益。②

　　但是，我国毕竟不是联邦制国家，国外如美国等国存在相应的政府破产制度，澳大利亚则有联邦对州公债的接管以及为此而形成的协议及相关制度，有时协议的意定效力甚至成为法律效力规定的例外，而我国没有。这样在真正需要维系最终的财政权秩序时，也要经由严格的审核程序来确定国家兜底责任的承担方式。③ 地方政府债务改革的目的是通过市场化实现地方政府融资规范化，这种规范化如果能约束债务增长，就具有化解债务风险的作用。④ 宪法理应明确，国家和地方实体的对内和对外负债都不能超出其偿付范围，而法律可以对此具体再加以落实，这在有些国家是固定的立法例。我们以非洲国家肯尼亚为例，肯尼亚建有相应的公共财政制度，与前文提到的英国式的财政制度相似，主要表现为统一基金和其他公共基金（如平衡基金或应急基金）制度，这种基金是偿付公共债务的基础。该国宪法对"国债"还进行了界定，即由中央政府筹借或担保的所有金融债务或由其法律或担保的证券。在该国宪法第第十二章"公共财政"中，第三节"征税权和公债"被作为重要问题单独规定，其中规定了中央

① 王媛：《国务院明确地方债管理：谁借谁还，中央不兜底》，《上海证券报》2014 年 10 月8 日。
② 新华社：《社保基金可投资地方政府债券》，《河南商报》2015 年 4 月 2 日，第 A02 版。
③ 吕红娟：《厉以宁：中央不能随便兜底"地方债"》，《学习时报》2015 年 3 月 23 日。
④ 欧阳觅剑：《在稳增长中防风险》，《南风窗》2015 年第 9 期，第 72 页。

政府借款和县政府借款（该国"次国家政府"级别为县），县政府只能在中央政府给予借款担保以及县议会批准的情况下才能借款。而国会法律应当规定中央政府担保借款的期限和条件，且每一财政年度结束后的两个月内，中央政府应当发布当年担保情况的报告。中央或地方公债原则上由统一基金负担，而国会法律可规定由其他公共基金负担全部或部分公债。这种统一基金制度实际上正是维系良好政府信用的宪法制度基础，而通过具体的公共债务法将其细化则是实现宪法精神的具体途径。我国台湾地区 2002 年就出台了专门的《公共债务法》，其中首先就列明了公债的种类，包括公债、国库券、国内外借款以及保证债务，同时对"借款"做了界定。

从国家预算法对财政转移支付的要求来看，其实"规范"的要求比"公平"的要求更靠前，也就是说对于财政转移支付来说，规范的财政转移支付制度比公平的财政转移支付对我国当下来说更有必要。而这种规范的要求首先就是如前文所说的财政转移支付法的尽快出台，仅仅通过预算法的第 16 条这一单个条文来规定财政转移支付制度肯定是不够的，这就如前文所说地方举债权仅仅通过预算法第 35 条来规定不够一样。诸如地方上级政府对下级政府的财政转移支付、专项转移支付、不得设立财政转移支付的事项，专项转移支付定期评估和退出机制以及下级政府承担财政转移支付配套资金的制度等都需要专门的立法来规定，这些问题就是该项权力秩序价值的最好体现。

第二节　央地财权、事权宪法保障的原则构建

在法学视野内，价值与原则本来就存在千丝万缕的有机联系，价值设定决定了原则的确定，有什么样的法律价值取向就会相应有何种原则与之相称，而原则反过来会在适用过程中影响到价值的实现。[①]

___

① 也有学者主张有"基本原则"和"原则"之分，基本原则通常首先以一种观念、一种法理思想存在于各国立法者和国民的法律意识中，然后由本国的学者、法官加（转下页注）

一　秩序价值下的法定原则

（一）从税权法定原则到税权宪定原则

税权法定不是税收法定，税收法定重在强调财力的法定化，根据前述税权秩序的原则，税权首先要通过法定实现其存在性。税权不仅要实现法定，更需要实现宪定。法定原则是一种前提，只有实现了法定原则，才能为下一步的税权公平原则提供前提和基础。

1. 规范授权立法

作为财权领域的一种关键权力，税权在很长时间内主导着我国央地财权、事权匹配的"大头"。税收具有很强的稳定性与合法性，能够成为中央或地方在各自领域事权行使的稳定支持。但是，在1984年，六届全国人大七次会议曾经根据国务院的建议，授权其在"实施国营企业利改税和改革工商税制的过程中，拟定有关税收条例"，当时的授权远远不会预期授权的时间，甚至对授权的范围都无所限制，只是要求以草案形式发布试行，并根据试行之经验再修订时应提请全国人大常委会审议。① 这种以国务院自身建议为起始的授权立法实际上等于让全国人大及其常设机构丢掉了本应属于自己的权限与职责。② 在漫长的实践过程中，国务院甚至主要是其财政部门践行着这一职责。"暂行条例"比比皆是，达15部之多，与

(接上页注①)以概括、归纳，在其学术著作或法律裁判文书中予以表述和阐释。行政法基本原则的精神浸透着相应的基本价值观念。从这个角度来看，基本原则与价值之间的相合度非常明显。参见姜明安主编《行政法与行政诉讼法》，北京大学出版社，2015，第64页。

① 好在2015年立法法修改之时，对于授权立法做出了明确限制。"授权决定应当明确授权的目的、事项、范围、期限以及被授权机关实施授权决定应当遵循的原则等。授权的期限不得超过五年，被授权机关应在授权期满前六个月，向授权机关报告授权实施情况。"新华网：《中国15年来首次修改立法法　六大亮点引关注》，http://news.xinhuanet.com/politics/2015 – 03/15/c_ 127582571. htm，最后访问日期：2015年3月15日。

② 搜狐网用"一个授权，任性收税30年的教训"为题评点了该项授权，亦不为过。参见搜狐财经媒体平台，http://mt.sohu.com/20150306/n409429496.shtml，最后访问日期：2015年3月7日。

冠之以"法"的 3 部税收法律形成鲜明对比。① 更不必说由国务院税务主管部门所指定的"实施细则"之类的规章级规范性文件,这一点不管是国税抑或地税,均已如此。人大或其常委会无暇过问,地方也无法染指,这就造就了多年来中央行政立法在此方面的任性。于是,在有些场合,当此类行政权力的行使被指"随意"之时,相关行政部门还有着自己的抗辩,但这种辩解其实也只是局限于行政系统内部的自说自话,② 与分权无关,与税收民主无关。

税权中蕴含着大量的价值元素,不管是关乎税收该不该收的税收正义问题,还是税收如何收的税收民主问题,抑或税权如何分的税权公平及均衡问题,都是我们这个发展中国家在经济发展过程中不得不重点考虑的问题。早在 2013 年 3 月的全国"两会"期间,有全国人大代表专门提出《关于终止授权国务院制定税收暂行规定或条例的议案》,这实际上就包含了对上述诸种价值的关注。③ 以房产税为例,全国人大作为享有国家立法权的机构以立法的方式确定该税种,体现了全局观。

2. 关注全面的税种法定

国务院本身有着多种身份:中央人民政府、最高国家权力机关的执行机关以及最高国家行政机关。但是,这其中蕴含的主要导向在央地关系处理时便发挥着重要的作用。在与地方政府相对而言时其中央人民政府的身份起着重要的作用,而且在行政系统内其本身也是最高的。这就导致了掌管着税收授权立法权的国务院及其职能部门共同体已经不再单单是最高国

---

① 袁静伟:《18 个税种仅 3 个经人大立法》,《新文化报》2015 年 3 月 5 日。

② 2015 年 3 月,十二届全国人大三次会议新闻中心在梅地亚中心多功能厅举行记者会。会上,财政部部长楼继伟答记者提问时表示,财政部在全面实行税收法定之前的征税行为并非"随意"行为。对有记者对于去年连续三次上涨燃油税现象的质疑,楼继伟表示,该政策并非财政部"随意",而是和税务总局共同研究并征求了各方意见,并且最后报批国务院同意之后才出台的结果。参见中国网,转引自 http://www.gtja.com/sdlyyml/news-Content.jsp? docId = 17252984&fMenu = fzjg_ sdlyyml_ sc&sMenu = fzjg_ sdlyyml_ hyxw,最后访问日期:2015 年 3 月 7 日。

③ 全杰、卢文洁、李栋、王广永:《全国人大何时收回税收授权? 将在适当时候考虑这个问题!》,《广州日报》2013 年 3 月 10 日。

家权力机关的执行机关，更是主导税权领域各项价值的主要载体。以环境税为例，作为多年前有着制定需求的这一税种，一直以来也都是地方的期盼，因为具体环境消耗与污染发生在地方。但是，中央立法部门就曾表态，地方不适宜于参加环境税的构思与制定，这种单纯排外的态度实际上是利益主导占据主流的表现。而中央主导的环境税立法过程却也迟迟未见动静。但以环境税和"税制绿化"为代表的绿色财税制度改革，毕竟是减少环境污染改善民生的直接要求。[1]

十八届三中全会的决议对之前的"经济调节"提法已经有所不同，后者被纳入中央的"宏观调控"之中，[2] 包括省级政府在内的地方政府虽然也进行经济调控，但主要是承接中央政府的任务，而不进行独立的宏观调控和经济调节，环境保护则被新纳入地方政府的主要职责之中。[3] 当"环境保护"已经成为地方政府主要职责或事权的同时，这种改革已然如箭在弦上，不得不发了。而考虑财权、事权匹配的要求，这种环境保护税收当然应该向地方政府倾斜，以配合其环境治理与污染监管事权的行使。

3. 继续推进非税收入的入税进程

广义的税权领域其实不仅包括已为税种和税收的领域，还包括即将为税的"费"领域。在这一领域中央与地方存在并举的权力，但是相比之下，中央的收费和各种基金收入都是"大头"，可以称得上是收入为巨，且常常关乎国计民生，不易为外界所质疑和挑战。长期以来存在的机场建设费、高速公路收费以及三峡建设基金、机场建设基金等都是这样的形态，而对地方而言，这种收费的设定就没有那么幸运了。一方面饱受诟

---

① 贾康：《结构性减税是开征环境税的前提》，《新京报》2015 年 3 月 7 日。

② 中央的宏观调控职责可以从政府工作报告的篇章名称中得到确认，如 2015 年政府工作报告的后四个部分名称分别为："把改革开放扎实推向纵深""协调推动经济稳定增长和结构优化""持续推进民生改善和社会建设""切实加强政府自身建设"，其中"协调推动经济稳定增长和结构优化"就是宏观调控的对应部分。

③ 王全宝：《中国行政管理学会执行副会长高小平："进一步实行大部门制改革"》，《中国新闻周刊》2014 年第 6 期，第 41 页。

病，另一方面在中央不断推行"费改税"的大趋势下，地方收费的空间也受到了限制，不再能够成为一种长期可持续的收入形态，其收费权也大受质疑。与税收法定一样，收费法定也成为民间一种强有力的呼声。① 在现阶段，"费改税"还没有大规模地推开，一旦推开，势必重提央地之间的财权分割的问题。不仅费是如此，其他非税收入的清理同样如此。

（二）推进政府发债机制运行的法定化

1. 淡化政府举债权的行政色彩

政府举债权实际上是政府信用度的宽限问题，但是必须也有法定上限。以前述提到的美国联邦政府的债务上限制度为例。在债务上限范围之内，联邦政府可以发行任何类别的债券，这其中也包括一些州债券和地方政府债券。② 前文提到的政府举债权也有相应的法定上限限制。2014 年我国台湾地区各级政府未偿债务达到 5 兆 9851 亿元，据悉已经达到了其"公共债务法"规定的举债上限。2014 年我国财政部曾要求地方政府当年底尚未清偿完毕的债务进行清理，并申报相关数据，以摸清地方债的"家底"，此后地方政府自行上报债务总额达到 16 万亿元。财政部、发改委、央行、银监会四部委联合发布《关于开展地方政府存量债务清理甄别初步结果核查工作的通知》，决定对地方上报的数据进行审核。③ 从形式上看，2015 年财政部又直接印发了《地方政府一般债券发行管理暂行办法》，规定了地方政府一般债券的各种制度要素，给"地方政府一般债券"上了套，即将其定义为"省、自治区、直辖市政府（含经省级政府批准自办债券发行的计划单列市政府）为没有收益的公益性项目发行的、约定一定期限内主要以一般公共预算收入还本付息的政府债券"。而其依据的 2014 年 10 月发布的《国务院关于加强地方政府性债务管理的意见》也是以红头文件的形

---

① 温江桦：《管住了税，还要管住费》，《河南商报》2015 年 3 月 12 日，第 A02 版。
② 吴迪：《美国债务消肿的难关与启示》，《南风窗》2015 年第 7 期，第 78 页。
③ 《地方政府自行上报债务总额 16 万亿元》，http：//news. cnstock. com/news/sns_ bwkx/ 201504/3411948. htm，最后访问日期：2015 年 4 月 26 日。

式出现，对于这种决策形式，地方不严格执行并不算得上"违法"。跟一般的红头文件类似，这一文件的结构大体包括"总体要求"等首部、中间的行政措施（如"加快建立规范的地方政府举债融资机制""对地方政府债务实行规模控制和预算管理""控制和化解地方政府性债务风险"）以及尾部（包括"完善配套制度"和"加强组织领导"）。

2. 形成政府债券运行的市场化

新预算法出台之后，规定省级政府和计划单列市政府自发自还，地方财政厅局按市场化原则来组织发行并开展信息披露和信用评级。但是地方政府的信用评级成为最大的短板，地方政府发债无法形成市场化定价，信用等级一概 AAA 级，本应低于国债的信用等级往往高于国债。这样导致的后果即是，地方以极低的成本发债，这种状况不仅不利于央地财权、事权的匹配，从长远看则形成了新的资金黑洞。2015 年 3 月 13 日，经国务院批准，财政部又向地方政府下达 1 万亿的置换债券额度，用于置换存量债务，置换 2013 年发行的而 2015 年需到期偿还的部分，而 2015 年到期需偿还的数额是 1.8578 亿元。这实际上是"借新还旧"。新债的还债期限更长，利息成本也更低，本应高于国债的发债利息却往往低于国债。虽然2015 年 3 月财政部出台了规范性文件《地方政府一般债券发行管理暂行办法》，其中第 16 条明确指出，"各地应积极扩大一般债券投资者范围，鼓励社会保险基金、住房公积金、企业年金、职业年金、保险公司等机构投资者和个人投资者在符合法律法规等相关规定的前提下投资一般债券"。但是，这种低利率和低流动性很难受投资者的青睐。2015 年 4 月，财政部又出台了《地方政府专项债券发行管理暂行办法》，可以说，通过红头文件为地方债券保驾护航的态势明显，但即便如此，地方债券的承销和置换也面临很大的困难。[①] 2015 年 5 月，由财政部、央行、银监会联合印发《关于 2015 年采用定向承销方式发行地方政府债券有关事宜的通知》，以

---

① 潘凌飞：《地方债置换开局不利 财政部与央行联手保驾》，《财经综合报道》2015 年 4 月 24 日。

《2015 年采用定向承销方式发行地方政府债券操作规程》的形式规定地方债发行利率下限为同期限国债收益率，上限为国债收益率上浮 30%，同时允许地方债纳入中央国库和地方国库现金管理抵押品范围。[①] 首发的江苏债几经延期，最终发行，发行利率低于市场预期。[②] 江苏债虽然勉强完成了地方债务的发行，但发行利率仅略高于中标区间下限，行政色彩较为浓厚。[③]

由于地方政府在地方的强势以及对本地资源的掌控分配能力较强，这实际上只是造成了非市场化的行政延后，地方债的风险并不会自动消失，只是赋予了地方一种垄断性的资金吸取权。非市场化的甚至是空白的信用评级和非透明的信息披露是其肇始，缺少对包括经济发展水平、财政收支状况、债务规模和偿债能力以及拥有国资的变现能力在内的制度考量。[④] 要将地方政府债务分门别类地纳入全口径预算，还需仰仗立法，通过债券的标准化和对地方层面的国家信用的重构，从长远强化国家的整体信用。[⑤] 这些目前的地方债不可探底的怪相也正是之前预算法对地方债没有完全放开所造成的恶果，同时，对省级人大预算进行立法也是必行的配套之策。[⑥]

二 秩序和公平价值下的公开原则

这里的公开原则主要适用于财政权公开。对于税权而言，其本身的设定就是需要向社会公开，否则，谁来纳税和向谁纳税的税收要素便不得而知，前文所讲的法定要求，其实也是公开的表现。而在秩序和公平

---

① 《外媒：中国多省密集发行地方债，政府可能在下一盘大棋》，摘自凤凰财经综合，http://finance.ifeng.com/a/20150522/13725882_0.shtml? t = 1432350408163，最后访问日期：2015 年 5 月 23 日。
② 王辉：《首单置换地方债发行利率低于市场预期》，《中国证券报》2015 年 5 月 19 日。
③ 王彩娜：《地方政府缘何热衷于地方置换》，《中国经济时报》2015 年 5 月 22 日。
④ 谢九：《重组地方债》，《三联生活周刊》2015 年第 12 期，第 62 ~ 63 页。
⑤ 谭保罗：《万元债务置换 "拆弹" 中国经济》，《南风窗》2015 年第 8 期，第 72 页。
⑥ 丛中笑：《我国省级人大预算立法体系研究（提纲）》，摘自李黎明、张振球主编《加强对政府全口径预算决算的审查和监督——地方预算审查监督工作研究》，黑龙江人民出版社，2013，第 176 ~ 177 页。

价值之下，公开则体现为实现上述两种价值而进行的一种监督，是防腐拒腐的一种制度设计。2014 年 8 月通过的《预算法》明确规定，建立健全全面规范、公开透明的预算制度，另外其中的财政转移支付政策及其执行情况也被要求公开。因此，这里所强调的"财政权公开"不仅仅要求的是财政权分配结果公开，更应是财政权决策过程的公开，是对权力运作过程的整体"示众"。这实际上是对央地财政格局的一次监管更新，关系着未来的地方财权是否真正被用在刀刃上，也关系着中央对地方财政的影响度是否合理。财政预算的合理度不只体现中央的理财能力与艺术，而且关系到地方能否杜绝"财政空转"或"突击花钱"。前文提到的有些国家在地方公债方面都有相应的指标要求，这种量化的宪法规定，不仅是对秩序的督促，也是实现公开的要求。从前文提到的我国台湾地区《公共债务法》的立法内容来看，很多内容相对具体，体现为数字化的指标与适用条件（参见表 4 - 4）。

表 4 - 4　我国台湾地区公债发行部分数字指标一览

各级政府所借 1 年以上的公债未偿还余额预算数，不得超过主计处预估前三年国民生产毛额平均数的 48%	
台湾地区总括	40%
直辖市	5.4%（台北为 3.6%，高雄为 1.8%）
县（市）	2%
乡（镇、市）	0.6%
县（市）及乡（镇、市）所借 1 年以上的公债未偿余额预算数，占各该级政府总预算及特别预算支出总额之比率，各不得超过 45% 及 25%。	

在财政部提请全国人大常委会审议批准的 2015 年地方政府债务限额的议案中，也明确指出"各地区要定期向社会公开债务情况，自觉接受社会监督"。[①] 随着各地对财政公开工作的推进与强化，变化的不仅是地方在公

[①]　楼继伟：《关于提请审议批准 2015 年地方政府债务限额的议案的说明——2015 年 8 月 24 日在第十二届全国人民代表大会常务委员会第十六次会议上》，http：//www.npc.gov.cn/npc/xinwen/2015 - 09/07/content_ 1945886.htm，最后访问日期：2016 年 1 月 26 日。

开上的态度，还有相应的地方法制建设及其结构。以广州市为例，其就在这方面步子迈得较大，大量的地方性法规获得通过。但是，从整体情况来看仍然不容乐观，比如在地方债的公布方面，全国仅有 14 城公开债务数据。[①]

2015 年初，曾有社会组织向全国各省、市和县区级财政单位申请财政预决算公开，申请公开 2013～2015 年的财政预算报告以及 2013～2014 年的财政决算报告。3352 份申请之中，回复的只有 35 份，一些地方政府为了争取本级政府的排名靠前，甚至前来"公关"。从回复的情况来看，大部分都只是粗略几项，包括收入多少、支出多少，支出只有科教文卫、基础设施建设等大类，没有细分。[②]

而早在 2008 年《政府信息公开条例》公布之后，曾有市民给不少中央部门申请公开相应信息尤其是预算信息，得到的依然是如此无奈的回复（参见表 4－5）。

表 4－5　2008 年部分国家部委对政府信息公开申请的回复一览

单 位	回复内容
农业部、中国人民银行、国税总局、科技部、水利部、国家统计局	部门预算属保密文件
国家发改委	预算不在公开范围
财政部	预算信息与申请本人的生活、生产和科研无关

从上面的表格内容可以看出，不管是中央的预算还是地方的预算，都是一种重要的财权表现，如果一味任由各主体以所谓机密或申请人无资格为借口，那么势必形成央地之间各自封闭、各自为战的局面。而其中相关的政府举债信息以及各级别政府的财政转移支付都不能被公之于众，国家

---

① 张璐晶：《全国仅 14 城公开债务数据：市政府的钱花哪儿了》，《中国经济周刊》2014 年 7 月 3 日。

② 杨宝璐：《民间智囊"小动作"，倒逼官家亮账本》，《看天下》2015 年第 7 期，第 59～60 页。

的财权资源不能得到统一调配，财权、事权匹配就成为一种隔靴搔痒的尴尬。特别值得一提的是，国家预算里可以看到的只是中央政府的债务，而地方债的实际情况不得而知，更不要说以企业债或市政债行使出现的政府债务，在我国平素的统计口径里，地方政府为企业和项目承担融资担保义务的信用债务也不被计入统计结果之中。[①] 所以，公开这种价值虽然总在"规范、公平、公开"的价值中排在最后，但它也是相对最难完成的，公众的感受度最深的。对于地方财权而言，我们需要的是一种经过下放和民主化而形成的可控的权力，而不是在一方从另一方得权之后又形成新的闭塞，否则，我们央地财权、事权匹配便失去了原有的宪法意义。2015 年 12 月 30 日财政部预算司出台了《中央对地方专项转移支付管理办法》，其中提到了七处公开，除了专项转移支付的公开原则要求之外，资金管理办法和申报指南等文件、专项转移支付分地区和分项目情况、项目申报环节、专项转移支付资金分配结果、绩效目标信息、绩效评价结果信息等都被要求实现或强化公开，可见这种原则要求已经深入制度的每个环节，通过立法来确认这一原则的环境也相应成熟。

---

① 李北方：《超级地租：税权旁落地产商——对话资深财经人士卢麒元》，《南风窗》2015 年第 10 期，第 83 页。

第五章　我国央地财权、事权匹配的宪法保障机制的补强与配套改革

如前文四章的论述，其实在我国当下央地财权、事权匹配的宪法保障机制是存在的，只不过这种机制在当下还远未达到完整的状态，也没有发挥出应有的引导作用。这就导致了我国现行的央地财权、事权匹配更多的是通过法律以下的规范性文件来完成，有时甚至规章都能在其中占据重要的一席之地。这种不规范的状态导致了目前"有利可图"的事权仍居原位而无关痛痒的事权被不断下放同时财权匹配时时不能到位的局面，行政主导的局面仍占据了"半边天"，基本公共服务均等化的目标仍然任重道远。因此，在这里需要做的是结合前文的现状与原因分析，紧扣央地财权、事权匹配的宪法价值设定和原则构建，从具体的制度设计入手，来补强央地财权、事权匹配的宪法保障机制问题，这便是本章要解决的重点问题。

第一节　从宪法表现形式和实际作用方面入手的补强举措

从前文所谈及的我国央地财权、事权匹配的宪法保障机制来看，主要是宪法典、宪法相关法、宪法惯例和宪法解释等方面的问题，那么这种补强也必须针对每一个方面。当然，在每一方面的补强又是各异的，这主要取决于其已经和将要在我国央地财权、事权保障机制中所起到的作用。而从实际的作用力来考虑，虽然有些能够对央地财权、事权起到实际保障作用的政策或机制不属于宪法表现形式的范畴，但我们应该客观面对其作用，将其纳入我国央地财权、事权匹配宪法保障机制的延伸

作用范畴之中。

一　从宪法典方面：财政立宪主义的落实

这实际上也是要确定"一切权利属于人民"的核心原则，将政府主导的财税立法权、执行权甚至司法权关进笼子，建立起国民主导的财税体制。[①]

（一）实现对财税部分的宪法统括式规定

"财政立宪即在一国之内，将财政的基本原则和规范纳入宪法之中，财政立宪主义的目的就是重拾对财政制度的合宪性的控制。"[②] 财政立宪主义作为世界宪法实施和"经济宪法"发展的一大趋势，各国宪法概不能外。前文讲到，"事权"究其核心无非是公共管理和社会服务，财政则体现了"取之于民用之于民"，两者的匹配作为"社会本位"和"人本主义"相结合的一大体现，又和财政立宪不可分离、分立，因为宪法本身便是为了人权利的实现而制定。正如前文其他学科领域的学者同样所提及的"逐步使中央政府与地方政府的经济、行政和立法方面的职责权限、财政支出责任及其财权由宪法明确规定"[③]。

其实，广义上的财政宪法实际上要处理三对关系：政府与市场的关系、政府和纳税人的关系、政府层级间的财政分工关系。其中，第一对和第三对关系的处理取决于第二对关系，政府和人民之间经济关系的物质基础是公法上的财产关系，构成了财政立宪主义的主题。[④] 由于议会的意志也多以法律的形式表现，所以财政立宪主义也延伸出财政法定主义或租税法律主义（"无代表权不纳税"）等思想和次级原则。有学者对

---

① 姚轩鸽：《请先把"财税权"关进笼子》，《法治陕西》2013 年第 1 期。
② 王世涛：《财政宪法学研究》，法律出版社，2012，第 4 页。
③ 周波：《政府间财力与事权匹配问题研究》，东北财经大学出版社，2009，第 296 页。
④ 朱孔武：《财政立宪主义：论题、命题与范式》，《江苏行政学院学报》2007 年第 3 期，第 102 页。

目前财政立宪的内容作了大致总结，包括"确立中央和地方的宪法主体地位，在宪法中合理划分央地之间的事权，增加央地财权划分的规定，税收入宪，确立财政转移支付在宪法中的法律地位，在宪法中增加国债的规定，并在宪法中进一步明确和强化人民代表大会的财政立法权与财政监督权"。[①]

在税权领域，首先要在宪法中明确相应的税权原则，比如，税收及其他关税的征收、税率的确定、允许税收减免的原则、免税的纳税人类型都应符合法律的规定。不随意将税收立法权授给中央行政机关并不等于不能将税收调整权限给予地方。而在政府的举债权领域，国家公债制度的建构确实需要控制，尤其需要来自立法甚至宪法的实体与程序控制，这里主要涉及央地公债的发行主体与总体管控原则等，这些都需要经过系统的立宪程序达致完善。从宪法层面来定调是确定地方公债制度与其他相应财政制度契合的前提。宪法的"顶层设计"实际上是在为系统的财政立宪和具体的财政立法打基础、留伏笔，有学者就认为公债发行种类、公债用途、公债发行总量以及公债期限等细节问题亦需要宪法规制。[②] 只有这样一块块都补齐了，我们的财政宪法才能从长远上稳定健康发展。

从法律层面看，要按照"一级政权、一级事权、一级财权、一级税基、一级预算、一级产权、一级举债权"的原则，建构相应的财政转移支付制度。中央政府与省政府、市政府、县政府之间的关系以及地方政府上下级之间的关系，都可以由法律在尊重地方特殊性和多样性的基础上规定。中央政府与地方政府在财政、公共服务、自然资源和其他资源开发方面的关系由法律规定，并以公正、及时的方式实施。也就是说，从根本上需要"建立内恰于市场经济体制的事权与财权相顺应、财力与支出责任相匹配的财政体制"。而其中，"财权与合理化的事权相顺

---

① 王旭伟：《宪政视野下我国中央与地方财政关系研究》，中国社会科学出版社，2012，第157 ~ 163 页。

② 冉富强：《公债发行的宪法实体控制》，《河南社会科学》2011 年第 2 期。

应是分税制的前置环节，财力与支出责任相匹配是分税制体制逻辑链条的归宿"。[①]

前文曾提到，在财税部分的宪定方面，以法国为代表的"财税宪定"与我国相对较为接近。法国的"财税宪定"属于法律保留中的"规则法定"，而且种类法定更加细致化，[②] 对财税及其相关领域进行系统的调控。相比较来看，我国2015年立法法修改增置的"税种的设立、税率的确定和税收征收管理等税收基本制度"法律保留事项，实际上是这种"法国式"税收法定模式的翻版。只不过这种表述并不是产生于宪法典，而是在立法法这一宪法相关法之中。而且并没有从立法权与行政权的关系角度对此予以规定，在宪法中的表述则表示为公民依法纳税的义务，可见，我国宪法典在完成税收宪定的基本工作上还有进步空间，虽然我们已经向"税收规则法定"的方向在发展，立法法在一定程度上承担了宪法典的确认作用。

（二）财政收入的统一化

在建构具体制度时，宪法规定应当适当具体化。在国外的立法例上，统一基金是不少国家（如第二章提到的印系国家甚至是英联邦成员国）都有的一种制度，这种制度的好处在于在宪法中明确国家（包括中央和地方）的财政收入来源的各项渠道，通过集中于宪法的明示而对其"源"与"流"做到明明白白。由统一基金拨付的支出的批准程序以及拨款前开支的批准权都与统一基金有联系，除此之外，专项保障基金、公共债务与应急基金或具有垫付款性质的非常基金也是与统一基金联系在一起的，以应付无法预见的支出，并且随时将依照法律确立的金额注入该基金。这都增加了统一基金这种财源的法定性与包容性，甚至还有相应的专门拨款法。这种财力或财权的宪法化格局使得中央和地方在需

---

① 贾康、梁季：《审视分税制》，《财经》2014年第22期，第90~91页。

② 在阿尔及利亚宪法中，不仅有税的法定乃至宪定问题，还有其他非税收入尤其是"费"的法定问题。

要支出其中的收入时就可以做到公之于众、合法合理，由此可见宪法在统括的财权法定化中的作用。统一基金不仅可以约束收入和开支的随意性，做到理性地开源节流，同时还可以依此对统一基金的支出比例，特别是特殊支出的比例作出规定，这就更彰显了财政保障的刚性。相应地，可以在更大范围内建立地方的"净收益"制度。"净收益"在一些亚洲国家尤其是印系国家有相应建构，指的是税收和税收扣除其收缴成本后的收益，各地方或者划归各地方的税收或者部分税收的净收益可以由审计机构予以证明。亚洲近邻印度的宪法规定，在将某些税收的净收益全部或部分分配给各个地方的规定范围内，政府的一切税收收入以及通过发行国库券取得的一切款项、贷款、贷款与筹款预付、他人偿还政府贷款二交付的一切款项，均应纳入统一基金之中，地方的相应收入则按其联邦制性质纳入地方统一基金之中。这实际是我国在财政收入改革中应该重点考量和建构的制度。

（三）在宪法层面实现财政开支的量化

如果说法国式的"税收法定"是从入口把住了财政法治的关，那么英国式的"财政宪定"就是更注重从出口控制"财税宪定"。在统一基金制度的设计中，有总体的基金制度设置，中间还有平衡基金和特殊的应急基金的宪法设置，这些都出现在各国宪法的税收专章之中。"税收宪定"和"财政宪定"，虽各司其职，但并不是没有合于一国宪法典之中的可能。[①] 结合前文所述的统一基金制度，非依法律的规定和为本宪法规定的目的、按照其规定的方式，不得从国家统一基金或地方统一基金中拨付任何款项。

比如委内瑞拉、巴基斯坦、哥斯达黎加等发展中国家在确保司法权自治的财政保障方面较有创见，其宪法规定"司法系统的经费预算应至

---

① 谭波：《财税法定原则的宪法表达及其启示——以法国式与英国式的财税入宪模式为例》，《河南工业大学学报》（社会科学版）2016 年第 1 期。

少占国家总预算的 2%"，未经国民议会批准，不得减少或修改司法系统的预算。① 哥斯达黎加的司法机构分配到不低于该会计年度预估一般收入的 6%，大于其实际所需时则作为额外开支计划，在司法事权内部也采取均等分配原则，"在各地方所产生的司法事权的直接或间接费用，由专门机构进行计算，并根据相应的组织法规定，进行相对平等的划分"。司法权属于中央事权，这样的制度设置很明显有助于保障司法独立，这对于我国当下的司法改革有着直接的借鉴价值。围绕自然资源的财政收入更是成为国外宪法中经常关注的内容，虽然自然资源属于国有，但其地域性决定了必须通过后期的经济补偿机制来实现利益平衡。在哥伦比亚的自然资源特许权使用费总体系中，宪法规定了该制度创设的目标和目的，创立了科技和创新基金、地区发展基金、地区补偿基金和储蓄及稳定基金。在总体系中科技和创新基金占到 10%，养老金储蓄为10%，储蓄及稳定基金不少于 30%，剩余资金中 80% 划拨给地区补偿基金和地区发展基金，在这其中又规定了前者与后者形成 60% 与 40% 的分配比例，前述分配体系中还规定了 2% 用于资助开展对地下矿藏的勘探和开采。同样的南美国家乌拉圭宪法规定了国家预算案中的分配比例确定时相对固定的要求，税收以及预期的税收收入及其在省政府总财力中所占的比例也得到提前明确，可以说这种宪定比例不仅有助于执行，更利于获得央地事权落实的实际效果。

回到我国，在我国立宪史上，亦不乏这样的立法例。1946 年出台的旧中国宪法曾经规定，教育、科学、文化之经费，在中央不得少于其预算总额的 15%，在省不得少于预算总额的 25%，在市县不得少于其预算总额的35%。其依法设置之教育文化基金及产业，应予以保障。这与我们前些年在《政府工作报告》中提出的教育经费占到 4% 的目标是有着本质区别的，伴随着预算公开制度的推行，这种制度的监控强度与法治化程序明显需要

---

① 《世界各国宪法》编辑委员会编译：《世界各国宪法·美洲大洋洲卷》，中国检察出版社，2012，第 454、879 页。

为前者的宪法化设置所逐渐取代。① 在我国，教育体制改革作为一种一直都在进行改革的事权领域，其投入不足的问题屡遭诟病，但是从解决的渠道上，暂时以行政化的方式来强制或强调，有其意义，但从长远的角度看，这种事权的保障或财权匹配必须首先上升到宪法的预算层面，预算法也可以因之再具体落脚。我们未来的各种教育形式的预算细分也必须在宪法的大框架下得以细化，唯此，才能保障地方政府和中央政府在各自的教育事权行使上各司其职、能司其职，而不是只有教育部所管的 211、985 等高校的独大。在自然资源的使用上，也存在利益分配不均的制度弊病。比如河北省长期极度缺水，却长期供应着北京 81% 的水和天津 93% 的水，煤炭也日益枯竭，污染逐年上升，这种"贡献"换来的是被吸干的命运，离北京最近的地方竟然是河北最穷的地方。② 2006 年北京市与河北省政府曾签署《北京市人民政府河北省人民政府关于加强经济与社会发展合作备忘录》，确定补偿密云、官厅水库上游的承德、张家口地区的农民每亩"稻改旱"农田 450 元，双方联合向国家申请扩大河北省生态公益林补偿范围，除此之外，缺少实质性的补偿内容与机制。天津市人民政府也于 2009 年与河北省人民政府签订了同样的《经济与社会发展合作备忘录》，并且落实了具体的工作分工方案，③ 但这种做法的行政化而非法治化与固定化以及其内容的空洞化无法弥补利益受损地区的实际损失，与我们之前的《国家赔偿法》只赔偿直接损失的立法精神相若。在我国 1994 年公布 1997 年修改的矿产资源补偿费征收方面的行政法规曾规定，中央与省、直辖市补偿费分成比例为 5∶5，中央与自治区的补偿费的分成为 4∶6。但这只是面向采矿权人征收，并由央地政府之间进行利益划分，并不涉及地方政府

---

① 谭波：《论司法权的事权属性及其启示》，《山东科技大学学报》（社会科学版）2015 年第 1 期，第 52 页。

② 刘玉海：《离首都 100 多公里　贫困县竟然连成片》，《中国国家地理》2015 年第 1 期，第 47 页。

③ 参见《关于印发〈天津市人民政府河北省人民政府关于加强经济与社会发展合作备忘录〉工作分工方案的通知》（津政办发〔2009〕42 号），http://www.tj.gov.cn/zwgk/wjgz/szfbgtwj/200904/t20090423_93884.htm，最后访问日期：2015 年 5 月 19 日。

之间的利益平衡问题。因此，国家的《生态补偿条例》或生态补偿法的诞
生已经成为燃眉之急，有些具有立法权的地方如苏州等地已经先行尝试，
但国家层面的生态补偿因涉及省级单位之间的补偿，意义重大，在此之前
宪法应及时修改肯认，这其实也是对党的十八届四中全会《关于全面推进
依法治国若干重大问题的决定》这一宪法文件的及时落实。

（四）财政分权的原则与规则化

在很多联邦制国家，都确定了这样一种原则，即联邦政府和州政府之
间，如果发生了职能转移，则批准款项经费的职能也需要做相应的转移。
这实际上就是肯认财政分权的细化或机动化，及时对位，"亲兄弟明算
账"，毕竟"巧妇难为无米之炊"。地方政府应该获得自身的财政收入，并
按照辅助性、团结和公平等原则来接受部分国家财政收入，[①] 同时地方政
府应该获得有下限设定的永久性收入，并可以获得有固定下限的国家非永
久性收入，国债的收益可以除外。年度拨款或财政转移支付则可预见，并
直接、及时、自动下发，通过银行系统直接转账，只有在发生自然灾害的
情况下，才可以进行相对自由裁量的临时性或专项转移支付。地方政府之
间的资源分配应该建构法定的标准，如人口规模和密度、各地辖区内人口
的未满足及不均衡分配的需求，改善生活水平的成果、税收以及行政方面
的努力，还有就是国家发展规划以及各地方对地方政府发展计划的执行情
况等方面。而授予各地方的管辖权都应该有相应的资金予以支持，"无支
持则无授权"，除非被授权地方明确同意。地方政府在辖区内对不可再生
的自然资源进行开采或者工业化生产的，有权依法获得国家在此项收入的
一部分，这可以说是解决我国目前资源收入分配争议的重要原则，也是对
矿产资源和水流专属国家宪法制度的一种有效补充。

---

① 辅助性原则是行政法中的传统原则，即行政主体应以其自身为主，在自身不可完成之时
则经由外部的辅助力量加以完成。1953 年德国学者杜立希最早提出该原则，主张只有在
个人之力无法照顾自己时，才允许国家公权力的介入。Günter Dürig. Verfassung und Ver-
waltung im Wohlfahrtsstaat，JZ 1953，198.

财政立宪的内涵还可以进一步拓展，我们以与我们国家结构形式同一的泰国为例来说明这一问题。泰国宪法第十四章为"地方政府"，其间规定了央地财权、事权匹配的一般原则，具体规定了地方政府的总职权。为促进和支持地方政府增加的能力，要制定分权计划和程序的法律，厘清央地之间的职权范围以及财政收入分配；制定有关地方财政收入的法律，以确定地方政府征税和其他收入的权力和职责；考虑在地方经济发展水平、地方政府财政状况和国家财政可持续性的前提下，为各类别的税收、公共部门间资源的配置、地方政府在其权责内有充足的收入以供支出而制定适当的规则。可以看出，单一制国家的地方分权实际上是一项重大的宪法问题，宪法理应在其之中规定相应的分权精神，并且随着形势的发展和地方自治能力的加强，不断地"还权于地方"。作为单一制的典型国家，法国、日本无不均是如此。除此之外，泰国宪法还明确规定，地方政府有权力和义务保护艺术、习俗、地方知识和地方优秀文化，根据法律改善和维护环境质量。这等于说是将地方政府公共服务和环境保护的职能进行具体化，这一点尤其值得我国学习，因为我们目前地方政府的职能重点也在于这两项。比如，泰国宪法在地方政府的环保职责方面，专门规定了其"根据法律"所拥有职责内容的指向，包括"（1）地方区域内自然资源和环境的管理、保护和开发……（3）在本区域范围之外的任何项目或活动可能影响本区域的环境质量、健康或卫生状况时参与审查该项目或活动……"可以说，已经做到了地方事权的宪定化，财政立宪的深度可见一斑。

联邦制国家的立宪模式对我国下一步的财政立宪也有借鉴价值，尤其是在央地财权、事权匹配的问题上。非洲联邦制国家埃塞俄比亚宪法就征税的指导原则作了明确规定，指出"在行使征税权力之时，州政府与联邦政府应保证所征收的任何税均与收入有关，且经正确考虑之后才决定，各州及联邦政府应确保相互关系不因征税而受影响，税率及税收总额与税款支持的服务相称"。这其中其实隐含了三项原则：一是征税的相关性原则；二是征收的社会效益原则，底线是央地关系不受影响；三是真实的相称或匹配原则。联系到我国当下对电商是否征税的问题，中央和地方在此问题上态度不一。① 虽然我们已经实行了多年的分税制，但国税与地税两套系统并没有因其分立而显得成熟，反而导致了很多"纠斗"，以致作为相对人的社会公众或企业都成为不知所措的观望者。"神仙打架，凡人遭殃"，而实际是否要征、是否相称则成为被忽略的重要因素。

（五）财政立宪机构的具体化

财政立宪的内容还可以表现在机构设置上，很多国家设置有相应的地方集体代表机构，这种机构的设置实际上是集中地方意志的一种有效渠道，将地方作为一个整体。比如我们的亚洲单一制近邻印度尼西亚，其制度设置中有从各省普选产生的议员所组成的地方代表理事会这一机构。地方代表理事会可向国会提交关于地方自治、中央和地方关系，地区建立、扩张、合并，自然资源和其他经济资源的管理及中央和地方财政平衡的法案并参与上述问题的讨论，对国家预算的执行和税收等方面提出建议，监督以上方面法律的实施并把监督结果提交国会作为参考。澳大利亚岛国巴布亚新几内亚设有保障财权行使的机构公共账户委员会。前文提到了泰国宪法中的财政分权的宪法原则与规则化，其同时确定了委员会审查和评估制度，如果地方政府的职权范围与收入分配已确定，委员会应至少每五年审查一次该事项，审查已确定的职权范围与收入分配的适宜性，主要考虑扩展地方分权范围。联邦制国家在这方面的做法更为典型，且并非不可借鉴。联邦政府委员会是通常的制度设置，它由中央和地方代表以及社会组织代表共同组成，负责采取行动将国家权力分散和转移给州与市，下设跨地区补偿基金会，为促进地区间的发展平衡筹措资金投资，支持各政治主体的发展政策和行动，特别支持在欠发达地区提供工程和服务。以上这种机构的建立基础就是地区发展的不平衡，联邦政府委员会讨论和批准跨地

---

① 韩玮、傅明：《国税总局与地方税务部门"打架"背后》，《时代周报》2015 年 5 月 12 日。

区补偿基金每年分配的资源，优先向使用这些资源的地方投资。某些单一制国家也建有类似的机构，如非洲国家乌干达建立的地方政府委员会和地方政府财政委员会等。

二 从宪法相关法和其他部门法的角度：强化通过法律实施宪法的机制

宪法保障只解决了制度层面的问题，但宪法的实施是更重要的问题，除了充实后的宪法自身的实施，法律对宪法实施的跟进特别关键。对于一国的法律体系而言，其实人为的划分更多的只是为了认识的需要，其界限并没有那么绝对。"宪法文本规定由具体法律落实和实施宪法；法律体系的位阶决定由具体法律实施宪法；宪法的精神与价值辐射着具体法律领域。"[①] 比如对宪法相关法和其他部门法尤其是预算法、企业国有资产法甚至物权法等经济法和民商法而言，[②] 在某些涉及国家财权问题上的联系要胜过部门法之间的差异。而在事权领域，行政法与宪法相关法之间的联系则要超出其区别。对人权的保障功能和相应价值的实现很大程度上都需要行政法来完成和落实。[③] 因此，在宪法实施的过程中，我们不必更多强调宪法相关法的作用，而忽视其他部门法的作用。相反，这些部门法其实都是以宪法典作为母法的子法，在被全国人大常委会以官方形式划分为若干部门法之前，其实并不存在本质的差异。[④] 可以肯定的是，目前这种官方的划分，在很大程度上有宣传和统计的需要，而从宪法实施的根本问题

[①] 仪喜峰：《论通过法律的宪法实施》，《江汉大学学报》（社会科学版）2012 年第 6 期，第 55 页。

[②] 关于宪法上的国家所有制问题，近年来探讨颇为频繁、多元，也进一步明确了宪法上的国家所有权的真实含义和运行机制，比如，针对宪法上规定的自然资源的所有制问题，有学者就认为，"具体的自然资源是否属于国家所有，依赖于法律对宪法上述条款的具体化和立法形成，在法律没有完成这项工作之前，特定自然资源属于没有进入物权法/财产法秩序的社会共有物，不属于国家所有的财产"。参见程雪阳《中国宪法上国家所有的规范含义》，《法学研究》2015 年第 4 期。

[③] 姜明安主编《行政法与行政诉讼法》，北京大学出版社，2015，第 43 页。

[④] 比如说在官方口径中从防沙治沙法被推入行政法而水土保持法被归为经济法这一现象就可以看出，这种差异更多具有人为性。

上，我们则需要强调不同部门法之间的协同作用本身就是客观存在的，并不因为我们将其归为不同法律部门而消灭。

以前文提到的"一级政府，一级财权，一级事权"的问题为例，除宪法另有规定外，可以应政府提议，通过国务院组织法、地方组织法等法律确定国家、省、市等各自应承担的服务职能，明确规定分散国家管理权力和向地方政府转移权力的方式，各级政府依法获得参与总体系的拨款。除根据预算法划拨给各区域政府为便于其履行职能的资源外，法律还应该确定开支总额在其规定的以地方发展基金为名的公共投资中的比例。《财政转移支付法》等法律应根据各级政府的职责，规范省及以下各级单位参与分配收入的标准，考虑一些必要的因素，比如在教育、医疗保健的提升方面的已覆盖人群和目标覆盖人群，在城市和农村人口之间的平衡分配、管理效率、财政效率，其中还应优先关注贫困人口的因素。对于不可再生资源中取得的收入，循环经济法、可再生能源法等法律应规范其分配、目的、目标、管理、执行、控制、有效利用和用途、明确受益各方的参与条件，而相应的分配机构、程序与规范构成了这种特许使用费财政制度的总体系。央地关系法等配套性法律还应解决中央与地方之间的权力冲突，这实际上就是在落实宪法规定的同时建构了一种纠纷解决机制，而这种机制建构的宪法依据使得其权威性大增。

从具体制度层面，也应严格遵从"从宪法到法律法规"的实施路径。以地方举债权为例，正如央行行长周小川所言，如果看到跳窗户、走后门已经很普遍了，那么最好还是开前门，让地方政府名正言顺地发债。[1] 新加坡宪法的"财政条款"对"发展基金"制度作了规定，并有相应的《发展基金法》作为依据，对"相关资产"作了明晰，其中还涉及了除去负债的问题，负债则依据《政府证券法》和《地方国库券法》作了规定。对于贷款和保证的限制则相应依据《对外贷款法》《财政程序法》《国际发展联盟法》《国际金融公司法》《国际银行贷款法》，除此之外，还有相

---

① 罗琼：《地方债：最大风险在于不透明》，《南方周末》2014 年 1 月 9 日。

应的国际立法在宪法之中得以体现（如《亚洲开发银行法》以及《布雷顿森林体系法》），相应的国家特色立法也存在并发挥作用（如《裕廊镇公司法》①）。

这种规制首先从宪法规定做起，然后扩及法律法规。中央政府通过法律法规对地方债务操作进行合理的规则管理，比如地方财政赤字上限、地方政府偿债能力指数、地方债务累积上限以及地方公共支出水平。但仅仅依靠中央政府的管制也不是万全之法。② 在修订预算法的同时，对财政基本法以及财政转移支付的立法也应该及时跟进。在税收法律修改方面，可以考虑根据税种本身的特征和性质来划分政府的税源，各级政府都能拥有自己的独立当家税种，同时根据财权、事权匹配的原则，确定税收收入分配的份额，以法律加以规范。③ 毕竟，此次立法法的修改过程关乎"税种的设立、税率的确定和税收征收管理等税收基本制度"已经成为我国税收法定的终极提法，因此，应该习惯这种通过法定方式来进行税收分权的立法模式。地方还需要配合行使相应的立法权，尤其是在 2015 年立法法修改将立法权逐渐放开于设区的市一级之后，这种方式就已经成为我国地方下位法实施宪法的一种很好的途径和渠道，这要求地方立法以自律。

以民国时期教育预算之宪法设置为例，当时之所以能维持这样一种财政宪法法条格局，与孙中山先生所一直倡导的"训政"乃至"宪政"的目标不无关系。在其看来，"民主之所以难以真正实现，是因为民众不具备行使政治权力的能力"，"教育的普及才是民主的真正起源"。④ 因此，立宪

---

① 裕廊镇为新加坡在 20 世纪 60 年代重点发展起来的世界级工业城镇。裕廊工业区的管理机构是 1968 年 6 月 1 日成立的裕廊管理局，该局成立后接管了新加坡所有工业地区的规划、建设、租赁和管理工作，也包括裕廊工业区在内。新加坡裕廊镇管理局有很高的自主权，只要符合新加坡政府的工业政策，就有权吸引各种类型的投资者。参见"百度百科"，http://baike.baidu.com/link? url = UU8iFWmjc0kFv5B3yITEXDTkGLN_ 6d0Hbkf0TPH5Qn-Ler-RPTbZWwk15wulMpwrg7y6QEuRCrSQNOChN30B1VN_，最后访问日期：2015 年 5 月 8 日。
② 董伟：《如何控制地方政府债风险》，《中国青年报》2013 年 12 月 23 日。
③ 河南省编办综合处：《国外行政区划模式比较研究及对我国行政区划改革的启示》，载《河南省编办 2014 年度改革管理创新研究奖论文集》2015，第 98 页。
④ 岩锋：《民国初立：1912～1916 年的民主、自由与宪政》，北方联合出版传媒（集团）股份有限公司、万卷出版公司，2013，第 195 页。

的主导或指导思想影响具体的宪法保障，这是必然的规律表现。在这之前，民国政府在教育部初建时就通过了《普通教育暂行办法》，颁布《专门学校令》《实业学校令》《实业学校规程》，某些地方也出台了相应的《教育计划进行案》《实施义务教育程序》等。这些措施的共举造就了民国时期教育制度的整体发达，也实现了该领域财权、事权的匹配以及树立了下位法落实该种财政宪法法条的典范。

　　具体的下位法实施宪法的更直接的好处在于，可以将宪法责任通过具体法律责任的方式加以落实。职权职责是统一的，事权本身对应了支出责任，当具体的下位法对事权进行规定时，与之相应的就是在其"法律责任"部分中必然有相应的责任规定，这一点在我国当下宪法责任机制不甚发达的现实社会中颇显重要。在有些单一制国家的宪法之中，地方政府有权申诉，以确保自由行使宪法和法律中的地方自治原则并受到尊重，这种做法实际上是赋予地方政府一种相应的救济权或监督启动权，以促使事权在地方自治的框架下得到法律化落实。

三　从宪法解释和法律解释层面：强化两者的联动机制，并行发展

　　宪法解释是目前能在避免修宪的情况下对我国央地财权、事权匹配进行保障的最直接的有效机制。同时，从学界来看，宪法解释学已经成为当下宪法学界比较接受的一种研究路径，很多学者就具体案件的分析以及对宪法解释方法的总结都已经非常到位，[1] 对于宪法解释的实践也极有可能成为我国宪法实践中的一种发展思路。[2] 且如前所述，它可以成为我国当

---

[1]　参见：张翔《宪法释义学》，法律出版社，2013；谢立斌《宪法解释》，中国政法大学出版社，2014。

[2]　有些学者甚至认为，如果有活化的宪法解释制度以及相应的违宪审查机制，那么立法法存在空间将颇为逼仄。秦前红：《立法法修改得失》，《财经》2015 年第 8 期，第 140 页。著名学者唐昊也同样认为，中国之所以有立法法，在很大程度上正是为了落实宪法的执行力，带有宪法解释的意味。参见唐昊《立法权与国家治理体系渐进改革》，《南风窗》2015 年第 8 期，第 24 页。

下对避免过于频繁修改宪法之局面的一种应对途径。对宪法解释程序的细化及关注实际也是宪法教义学的一种典型表征,[1] 可以想见未来之宪法解释实践的改革力度。一个现代国家如果没有宪法解释与实施,必然会陷入道德和价值认同的泥潭。[2] 因此,对于需要由宪法解释程序来完成的释宪问题进行统一梳理,以便于总结问题的不同性质、区别解决。我们其实可以通过宪法解释程序来解读、解决上述问题,将其中涉及的宪法权力进行合理分割,进行类型化解释,这样更利于对未来的相应改革措施进行程序保障,避免其形式上的"违宪性"。

目前,我国现行宪法已经颁布施行了30多年,在这30多年的时段里,我国经济社会发生了重大而深刻的变化。其间虽然我们已分别于1988年、1993年、1999年和2004年对现行宪法进行了四次修正,但是,仍无法完全应对我国当前经济社会发展对法制尤其是宪法的需求。党的十八届四中全会提出,要"健全宪法解释程序机制",这实际上是对我国当下宪法内容"做活"的一招举措,有学者直接将其称之为"合宪性解释",颂其为中国宪法释义学的"阿基米德点"。[3] 从刚才宪法相关法与其他部门法之间的关系来看,这里我们也可以将宪法解释与其他法律解释的联动进行通盘考虑。前文提到的宪法解释少而法律解释尚且发挥作用的状况,其实应该成为我们启动有效宪法解释机制的逻辑起点。宪法中的很多内容与部门法之间已经存在诸多这样那样的矛盾,无法"自圆其说",如果通过宪法解释这条渠道,不仅可以解决我国目前宪法修改不宜过于频繁的问题,还可以强化宪法实施,树立宪法权威,带动更多部门的法律解释。在我国央地关系的视阈,想要进一步完善财权、事权的匹配,有必要通过宪法解释辅助当下的宪法法律部门的"立"与"改",在宪法典中找到与获取相应的制度原义,从而为诸多宪法相关法的良性实施奠定好的基础。有学者提出,在法律、决议、决定和宪法解释文件中,后两者应该成为全国人大常

---

[1] 参见白斌《宪法教义学》,北京大学出版社,2014。
[2] 《依宪治国需要配套宪法解释》,《凤凰周刊》2015年第5期,第3页。
[3] 周刚志:《论合宪性解释》,《浙江社会科学》2010年第1期,第35页。

委会解释宪法的形式，并很好地阐释了其中的原因，① 值得肯定。

四　从宪法惯例层面：实现财权、事权领域的宪法惯例的创生

目前，在宪法惯例这种现存的宪法表现形式领域，央地财权、事权方面的宪法惯例并没有发挥其应有的作用。基于此，作为我国宪法政治化实施的重要载体和机制，党的全会文件、党中央和国家领导人的重要言行，都应该成为央地财权、事权匹配机制形成的重要引导力量，在促成相关宪法惯例的生成方面也应起到重要的助推作用。作为有着深厚行政主导传统的国家，中国共产党作为执政党在国家的执政地位体现在各个方面。在修宪方面已经相对成形的宪法惯例，其实就是对党的领导力的一种体现。而在目前反腐形势高涨的情况下，央地财权、事权方面的宪法惯例更具有明确的现实意义。而党的全会文件与重要领导人的论述可以成为这种宪法惯例构建的前提，而中央国家机构尤其是全国人大常委会、党中央及其领导人的行动则能为这种宪法惯例的形成提供实际的支持，这需要从全面的顶层宪法文化和领导人宪法意识的角度来考虑和修构。尤其是注重通过宪法惯例来构建央地之间的合作机制以及地方的目标机制。这也是进一步保持并扩大党的全会文件这种重要的指导纲领在国家经济社会发展中的作用的途径，这种通过宪法惯例的引导比相应的条文有时能起到更直接的引导作用，同时使党的意志变为一种特殊的国家宪法形式，这也是实现"依宪执政"的重要渠道。

第二节　我国央地财权、事权匹配宪法保障在 具体领域的制度补强

前文相继提到了我国央地财权、事权匹配机制在价值设定和原则构建

---

① 朱福惠、赖荣发：《全国人大常委会宪法解释形式探讨——以宪法第 67 条为视角》，《江苏行政学院学报》2015 年第 2 期，第 129～130 页。

方面的要点，而价值和原则之下，更重要的在于具体领域中宪法规则和具体制度的构建，这对于我国央地财权、事权的匹配更具有现实意义。从实际的情况来看，正是这种具体领域的财权、事权匹配才对整体的央地关系起到更直接的促成和带动作用。

一 财权领域宪法保障制度补强

（一）税权领域

税权是一国财权的起始，也决定着一国央地财权、事权匹配的未来走向。因此，在未来研究制定各种税收基本法确定其立法的基本价值取向时，要明确央地在其中的具体税收权限，而地方税权体系中则应存在相应的"主体税种"。[①] 在确定立法精神及其引导的同时，还要展开相应的特色配套制度创建。比如，在美国的财政体系中，享有征税权的基层单位为学区和提供特别公共服务项目的特区，绝大多数税收只转换为本区内的公共服务，从而产生了财产税和公共支出的转换系数的指标，那么多缴纳财产税就必然伴随着更好的公共服务，这实际是地方财权的匹配以及事权的保障并行的问题。这就需要我们在一定程度上突破传统的财政支付的限囿，考虑小范围的财权、事权转化制度设计。要实现我们的基本公共服务均等化，税权用途定位的明确十分重要。美国的地方政府承担的事权包括从幼儿园到中学的基础教育、医疗卫生、治安、消防、垃圾处理、道路维护、城市管道、公园、图书馆等项目，而其财产税主要转化为维系基础教育的财权资本。[②] 每一笔税收都有其明确的制度去向，这样，实际上起到了一种明显的制度激励作用，不失公平而又践行灵活。究其实质就是考虑受益原则（benefit principle）和量能课征原则（ability to pay）等。

[①] 楼继伟：《推进各级政府事权规范化、法律化》，摘自《〈中共中央关于全面推进依法治国若干重大问题的决定〉辅导读本》，人民出版社，2014，第 147 页。
[②] 夏楠：《房地产税加征须慎行》，《财经》2015 年第 7 期，第 74～75 页。

（二）举债权领域

1. 确定地方公债法的立法思路

目前来看，在政府举债权领域，中央的举债权已是司空见惯，也不存在过度讨论的必要。而要使央地之间的财权、事权实现匹配，对地方举债权规则的探讨就显得异常必要。未来如果制定地方公债法或国家公债法，不能像预算法那样再简单地列入经济法范畴，必须考虑其在国家宪法运行机制中的特殊作用。而要制定这样的立法，就必须依据各地的实际情况，不断积累经验。我国地方债发行大户江苏省，在经历了实际的发行实践后，也在相应的数字指标上发掘了各种经验要素，"政府性基金结转两年以上及结转规模超过当年收入 30% 的，补充预算稳定调节基金"，"预算稳定调节基金编制年度预算调入后规模不超过当年本级一般公共预算支出的5%"。[①] 这些经验要素的共性说明了我国在地方公债发行的相关立法上完全可以采取"地方包围中央"的立法模式，[②] 成熟一部制定一部或修订一部。从"完善以宪法为核心的中国特色社会主义法律体系"来看，目前无论是采取某些行政性意见（如《关于加强地方政府性债务管理的意见》）单纯规定地方政府的某些"不得"为的行为而缺少相应的法律责任督促，还是纯粹走地方特色的不同省际的立法多样化模式，都是不适合我国单一制国家的财政体制的，于宪法而言也非常容易产生"违宪"风险。

在 2015 年的立法法修改过程中，税收方面的法律保留内容被进一步细化，无论是税种的设立还是税率的确定等都最终博得了社会的一致重视，赚足了眼球，也契合了其本身的重要程度，"税收法定"成为流行词汇。但有关财政其他领域的法律保留内容，还是集中于"基本经济制度以及财

[①] 杨静：《江苏今年发地方债超 1800 亿，设"一带一路"投资基金》，《南京晨报》2015 年6 月 22 日。

[②] 这种经验实际上已经被中央财政部门所采纳，2016 年财政部下发文件《关于做好 2016 年地方政府债券发行工作的通知》（财库〔2016〕22 号），其中规定"各地每季度置换债券发行量原则上控制在当年本地区置换债券发行规模上限的 30% 以内（累计计算）"，"单个承销团最高投标限额不得超过每期债券发行量的 30%"。

政、海关、金融和外贸的基本制度"这一综合性的表述之中,其重要性当然不及同款的税收法定条款之重。但制定专门的《地方公债法》,其重要性并不亚于税收法律的制定。

从世界范围来看,很多国家都制定有专门的公债法甚至地方公债法(如日本、韩国等),我国台湾地区 2002 年就出台了专门的《公共债务法》,其中首先就列明了公债的种类,包括公债、国库券、国内外借款以及保证债务,同时对"借款"做了界定。因此,制定专门法首先就利于解决规范对象的内涵与外延问题。如果《地方公债法》作为基本法律由全国人大制定,相关内容将与《预算法》构成特别法与一般法之关系,如果相关内容与预算法这一旧的一般法之内容产生冲突,则需要按照立法法之规定经由全国人大常委会裁决适用。如果由全国人大常委会通过则为非基本法律,需要在适用时考虑预算法的立法精神与相关规定优先。

2. 确定具体的立法内容

从地方公债的操作主体上,实际上我国预算法已经做了前期的控制,将公债发行的政府级别定位为省、自治区和直辖市政府,而没有包含先前的债券发行实践中通常含有的"计划单列市"政府,但前文提到的置换存量债务的地方政府债券仍包括"计划单列市"。"计划单列市"这一概念并非法律概念,在日后的债券发行法定主体中不应出现。不仅如此,随着我国财政法治的进一步深入,这种财政单列的城市制度应该从我国的财政立宪制度中被彻底摒弃。宪法还应借此进一步强化地方的独立人格性与宪法主体地位,将宪法财权、宪法事权的概念逐一强化。

从地方公债运行的原则设计上,地方公债的发行涉及代际公平,借债相当于把子孙后代的福祉做了抵押,让他们在没有代言人、更没机会亲自参与的情况下被征了税。[1] 因此,需要经由细化的代议制程序来进行合理

---

① 郑戈:《美国财政宪法的诞生》,《华东政法大学学报》2015 年第 3 期,第 30 页。

控制,① 有些国家甚至专门设有相应的代际公正委员会。虽然要尽量放松控制,但中央并不能在地方公债的发行中完全缺位,宪法应该明确中央控制与挽救应该遵循何种原则(如辅助性原则、比例原则、减轻区域公众负担的均衡原则等),进一步明确最高国家权力机关及其常设机构、中央人民政府以及地方国家权力机关及其常设机构在控制地方公债的方式和程度上的侧重与区别。

关于发行具体权限,这里存在着"以事权定发行权"的制度设计思路。比如按照中央近两届党的全会官方文件的定调,中央事权与地方事权分野的立法思路渐渐明晰,这也将成为下一步指导公债发行权分立的规律性原则。关于中央与地方共同事权,党的十八届三中全会提出"可通过安排转移支付将部分事权支出责任委托地方承担",② 而对于较为特殊的跨越省域的事权,则可以采取连带责任的方式,带有地方性的公共产品应按照下级政府优先的原则。③ 除此之外,中央事权和地方事权的分流应该成为下一步地方公债法中决定发行权归属的终极指针。在同样实行单一制的法国,在中央的法律监督之外允许地方议会自行审批预算,允许发行地方债券,设立地方分权总基金、装备总基金,对地方城市建设和援助农村计划给予特别补助。④ 在我国广阔的农村区域,目前正面临着城镇化的急切需求,就地达到城镇化,实际上是目前比较可行且有效的一种方式,实现"农业强"则"农民富"的直接结果。⑤ 而要实现这一目标,就有必要考虑下一步如何设计好涉农债券,激发社会资本的投资积极性,而地方债券从发行程序而言,凡是涉及地方公众的公共产品收费项目,也应经由地方人大或其常设机构的严格程序决定。这也是

---

① 冉富强:《宪法控制公债之必要性探析》,《河南社会科学》2010 年第 2 期,第 105 页。
② 参见党的十八届三中全会决定《中共中央关于全面深化改革若干重大问题的决定》"深化财税体制改革"部分。
③ 冉富强:《地方政府直接举债的宪政条件》,《学术界》2011 年第 2 期,第 128 页。
④ 河南省编办综合处:《国外行政区划模式比较研究及对我国行政区划改革的启示》,载《河南省编办 2014 年度改革管理创新研究奖论文集》,2015,第 98 页。
⑤ 苑广阔:《"就地城镇化"是一种有益探索》,《大河报》2015 年 3 月 27 日,第 A03 版。

强化地方国家权力机构作用而淡化中央控制强度的起始之策，比如建设收费公路的公债之类的项目，关乎地方及其区域公众的切身利益，尤其如此。2015 年 6 月，《收费公路管理条例》也正在修改，拟将现行收取通行费的"政府还贷公路"模式，转为政府发债修路的"政府债务性公路"模式，甚至不排除《收费公路管理条例》本身或其相关内容被纳入法律的可能。目前，我国"政府还贷公路"模式的收费期限与收费标准以及事务本身都是由政府及其职能部门进行批准，收费标准虽有相应的价格听证程序，但仍凸显决策行政化的浓重色彩。一旦改为"政府债务性公路"，目前的决策模式将逐渐纳入预算，经由地方人民代表大会或其常委会决定。

从发行的债券种类来看，目前还未有实质性的划分，诸如国外的一般责任公债、收入公债等，在我国除了一般债券和专项债券之外，还没有更严谨的分类，这也关乎下一步对其进行区分式控制的前提。[1] 可以考虑在建立第三方信用评级和信息公开制度基础上，对债券按照信用级别进行一定程度的细分。

从后续的责任承担来看，应以发债的地方承担主要的偿还责任，而中央需承担补充性连带责任。这也与目前《意见》中的中央"不救助"原则不完全契合，但这理应成为特殊情况下公债偿还责任之补充规定情形。同时，应把置换债券的制度进一步程序化，[2] 自发自还应成为明确的法定原则，确定置换的条件，采取真正的人大审议通过的做法，而不只是所谓的对全国人大相关机构进行沟通或报备，在此过程中信息对称和程序公开是首当其冲的合法要件。尽快推进地方政府破产制度的建构，目前中央也在着手制定《地方政府破产法》，需要弄清的是其与《破产法》之间的关系

---

[1] 冉富强：《美国州宪法公债公职的方式、实效及启示》，《政治与法律》2011 年第 9 期，第 39~40 页。

[2] 2016 年财政部国库司下发的《关于做好 2016 年地方政府债券发行工作的通知》（财库〔2016〕22 号）中，明确了要"积极采用定向承销的范式发行置换债券"，并对其中的具体问题做了四个方面的程序规定。

及各自的适用范围。2007 年之前《破产法》仅适用于全民所有制企业，2007 年修改后将民营企业也纳入破产的范围，并且意在"破产重整"，相关规定占了五分之一篇幅，[①] 这其实表明了我国破产制度的新陈代谢过程。而政府破产虽然不纳入商事破产之范围，但也是我国破产清算重整制度的重要组成。政府破产并非职能上的破产，只是财政上的。在很多西方国家，破产法本身也包含了地方政府破产的内容，在美国，《破产法》第九章就通过允许无力还债的地方政府申请重整，来保护其破产资产，制定调整计划，避免进一步陷入恶性循环。[②] 因此，考虑允许地方政府在债务偿还不济的情况下申请破产保护，不仅是对债权人的保护，也是对地方公众与区域公共利益负责，成为挽救地方政府信用的紧急制动阀；而没有及时申请破产的，要为进一步扩张的损失向债权人承担相应的赔偿责任。

（三）财政转移支付权领域

财政转移支付、税收与公债其实是并列的央地财政分权的几类途径，但前一者的主动权在中央，而后两者的主动权则在中央与地方等各发行主体。完善的财政转移支付与税收作为重要的偿债支撑，成为决定地方公债发行权能实际行使的程度的重要因素，另一方面也成为中央对地方公债控制的重要参考。合宪的财政转移支付法与独立的地方税权一样，都是建立地方完整财权不可忽视的一环。目前财政转移支付领域缺少统一的法律规范，是其最明显的制度缺憾。

除了前文提到的财政转移支付的秩序与公平价值，所应遵循的规范、均衡、公开原则，一般财政转移支付和专项财政转移支付的划分和适用问题应被重点强调。值得一提的是，2015 年 12 月，财政部预算司在其通过的《中央对地方专项转移支付管理办法》中已经做了相应的设计，并将事权与相应财政转移支付对应起来（参见表 5-1）。

---

① 赵强、郑筱倩：《民企"破产"历史 其实只有 8 年》，《河南商报》2015 年 6 月 24 日，第 A14 版。

② 曾智华：《中国地方政府如何破产？》，《凤凰周刊》2015 年第 16 期，第 50 页。

表 5 - 1　事权与财政转移支付种类对应一览

种　类	对应事权种类	具体特点和适用场合
委托类	中央事权	中央委托地方实施
共担类	中央与地方共同事权	中央将应分担部分委托地方实施
引导类	地方事权	中央为鼓励和引导地方按照中央的政策意图办理事务而设立
救济类	地方事权	中央为帮助地方应对因自然灾害等发生的增支而设立
应急类	地方事权	中央为帮助地方应对和处理影响区域大、影响面广的突发事件而设立

　　从上述表格可以看出，我国财政转移支付已经与前述提到的发达国家的财政转移支付模式渐渐接近，如引导类专项转移支付类似国外的"Spending power"，这都说明在财政转移支付权这一财权领域，相应的立法经验的汲取和立法模式的选择已经付诸实施。

　　除此之外，财政转移支付还应该从具体的角度（如转移对象等）入手，彻底实现这种制度的合理化。一些具体的比如中央有计划单列市，这些城市在国家计划中单列户头，国家发改委及其他部委对某省市下达计划时对其单列指标。表面上看，这种设置既利于国家，也利于这些城市本身，它们获得了设置经济体制改革综合试点的权力，特别是它们也都有权利获得大规模的财政转移支付。而这种权利（力）有助于它们在原来较强的经济基础上进行改革，以"强"财权完成"大"事权。财权与事权在很大程度上实现了协调、匹配。而有些省也有自己的计划单列市，如陕西省的韩城市、内蒙古自治区的满洲里市。省内计划单列市是省上对市辖的县级市实行计划单列，即在行政建制不变的情况下，将县级市在省上计划中列入户头，并赋予它相当于地级市的经济管理权限。[①]如上所言，省内计划单列市的财权、事权匹配的程度也要高于一般的同级别城市，这种计划经济时代的产物虽然造就了"个案正义"，但是却让资源流向本身的必要性和公平性打了折扣。再如，财政转移支付应和我国当

---

　　① 《韩城试点省内计划单列市　将打造黄河沿岸中心城市》，《华商报》2014 年 7 月 12 日。

前的农业转移人口市民化的趋势结合起来，2016 年中央一号文件专门提到要健全财政转移支付同农业转移人口市民化挂钩机制，① 发挥其导向作用。再次表明了我们要利用好财政转移支付这根指挥棒，不断调控，加强政策诱导，但是，这种政策诱导从长远来看还是要逐渐向法治诱导靠拢。因此，对于财政转移支付来说，其立法与规则制定必须首先考虑这种最基本的要素，如主体、对象、时间、财源等方面的问题，只有对这些问题一一把关，才能将未来的财政转移支付彻底扶上正轨。

二 事权领域宪法保障制度补强

这实际上涉及的是原有的外延式行政体制改革向内涵式行政体制改革的过渡，并且这种内涵式的行政体制改革要由法治尤其是宪法来保障。②

（一）进一步明确央地之间的权限及其属性

这里主要是明确相对具体的标准，这样在以后出现相应的新型权力时就便于直接根据此标准来确定权力的归属。比如说，在中央与地方的立法事权划分的问题上，曾经有学者探讨过到底是"重要程度"标准还是"影响范围"标准决定了立法事权的归属。③ 这种标准的确定就具有相应的普适性意义，甚至影响到了立法法本身下一步的修改走向，而正是这种标准也在客观上决定了权力到底由哪一方在形式上才更具合理性。而在当代中国的语境之下，政治与经济体制改革的深入进行以及现代化过程的全面展开，都迫切要求通过制度设计在中央立法集权与地方立法分权之间设定一个合理的界限，使中央立法权与地方立法权能够各自保持在一定的限度之

---

① 摘自 2015 年 12 月 31 日中共中央、国务院下发的《关于落实发展新理念加快农业现代化实现全面小康目标的若干意见》。
② 石亚军、王湘军：《以法治深入推进内涵式行政体制改革》，http：//www. legaldaily. com. cn/zt/content/2013 - 11/20/content_ 5043900. htm？ node = 56081，最后访问日期：2016 年 2 月 26 日。
③ 封丽霞：《中央与地方立法权限的划分标准："重要程度"还是"影响范围"？》，《法制与社会发展》2008 年第 5 期，第 37 页。

内并具有某种可操作性的平衡。[1]

上述立法权这种抽象事权之间划分的经验模式实际上对具体事权也是同样适用的，目的也是殊途同归。在当下进行的政府行政审批改革过程中，大量的中央权力被下放甚至取消，有些还是中央指定地方实施行政审批事项的取消。[2] 这一方面是行政权力系统内部的调适，另一方面则是政府权力的"还权于民"。这种"还权"也需要依循一定的标准，如领导或管理事务涉及的地域范围、管辖事务的性质、行政机关领导或管理的效率、行政机关领导或管理事务的能力、法律的限制性规定以及不同地方的特点都有必要被考虑在内。[3] 从中央与地方之间的事权运行中心来看，我们可以假设下面几种理想型，将其融入未来宪法的内容设计，以期形成相对明确的政府职能划分原则（参见表5-2）：

表5-2　中央政府与地方政府责任划分[4]

	单一中心地方辅助模型	单一中心层层控制模型	多个中心各级并列模型	多个中心交叉网状模型
中央政府	中央政府为主承担外部防御（维护内外安全）责任和宏观调控（克服经济波动）责任	中央政府在政治统治责任中起主导作用，对下层层控制	中央政府承担本级应该提供的公共产品（受益范围为全国范围内或者外溢性强）	中央政府处于安全网的底层，承担安全网规则的制定和最后的兜底责任

---

[1] 封丽霞：《中央与地方立法权关系法治化研究》，北京大学出版社，2008，第490页。

[2] 2016年2月，国务院印发《关于第二批取消152项中央指定地方实施行政审批事项的决定》，决定再取消一批中央指定地方实施行政审批事项。这些取消的事项主要有以下特点：一是与投资、生产经营、促进就业等相关的审批事项有87项。取消这些事项，有利于缩短投资审批周期、减少环节，给企业松绑，激发市场活力。二是多数由省、市、县三级实施，量大面广，与人民群众联系密切。取消这些事项，有利于推动地方开展工作，方便群众办事。三是由地方实施"初审"和"预审"的有53项，取消后能进一步理顺国务院部门和地方审批事项的责权关系，明确各自的法律责任，减少管理层级，提高效率。参见新华社《取消152项中央指定地方实施行政审批事项的决定》，http://economy.enorth.com.cn/system/2016/02/22/030818774.shtml，最后访问日期：2016年2月23日。

[3] 任进：《和谐社会视野下中央与地方关系研究》，法律出版社，2012，第72~74页。

[4] 安秀梅主编《中央政府与地方政府间的责任划分与支出分配研究》，中国财政经济出版社，2007，第24页。

续表

	单一中心地方辅助模型	单一中心层层控制模型	多个中心各级并列模型	多个中心交叉网状模型
地方政府	地方政府在上述责任中仅起辅助作用	地方政府在政治统治责任重有所分工	地方政府相对独立地提供本级应该提供的公共产品（受益范围为辖区内或在下级政府有较强外溢的）	地方各级政府处于安全网的不同层面，相互协作、共同承担内部治安、民主法治、收入再分配、维护社会信用、健全法律机制、反失业和贫穷、保护环境责任

　　虽然上表是从财政学的角度进行的划分，但是从具体事权（具体服务提供）的角度，依然可以为我国未来行政事权的划分提供路向参考，也促使我们分阶段改造我国目前的央地事权配置模式。从"单一中心地方辅助模型"尽快过渡到"多个中心交叉网状模型"，完善中央事权、地方事权和中央与地方共同事权的制度设置。

　　对于中央事权而言，有时不便于由其来行使是一个很大的问题，所以，权力下放是一场自我解剖式的革命。而有时作为中央权力，并不是一定要高高在上、远离地方，而是有时可以采取近便于民、非集权化，凸显权力本身行使的指向性。[1] 中央事权完全可以做到近民、贴民，这不是联邦制国家才有的专利，单一制国家同样可以采取这种灵活的事权行使模式。中国古代便有所谓"行省"以及先期的"巡行天下，抚军按民"的巡抚，这些制度实际上都是中央事权的延伸，当然只是当时中央集权的表现。现今我们需要打破的模式是那种牢牢在上、不往下看的中央行政模式，中央事权的下行与地方事权形成很好的融合，实际上是提升效率、实现行政一体的最好途径。

────────────

[1]　我们可以从广义的事权角度来理解这一问题。比如，2014年在《中共中央关于全面推进依法治国若干重大问题的决定》中，也提出"设立最高人民法院的巡回法庭"，并且在实际的操作中已经开始运行。第一巡回法庭巡回区为广东、广西、海南，而第二巡回法院则巡回辽宁、吉林和黑龙江，他们的裁决代表最高人民法院的裁决，代表着中央事权的行使，其目的不仅仅是巡回，正如一名参与巡回法庭庭审的律师所言："如果不是最高法院的法官来了，当地哪会这么重视？"刘长：《巡回法庭：最高法院"开到家门口"》，《看天下》2015年第8期，第22～23页。

中央和地方在事权创制和分配方面，不能坐而论道，而是要结合实际，甚至从最具体最基层的地方研判，对事权的级级配置逐一定夺。"基层政府的行政性制度安排"，"行政权力如何在部门之间配置等等，不应当成为中央政府的职权范围"，"中央应该在地方政治改革进程中承担较多责任，积极规划设计政治改革的基本框架和基本路线，成为这些改革思路强有力的推动者"。① 省级政府倒是应该在事权分割中起到更直接的作用，承上启下，把中央的改革意图参透，把事权在自身一级和其下各级政府与其职能部门之间合理配置。也即突出省级以下单位事权划分的细化，特别是县级机构应发挥"一线总指挥"的作用，决定党政机构的领导绩效。② 当然，在中央推行的改革中，也有相应的重点突破与样板确立。在 2014 年 4月 14 日国务院发布的国发〔2014〕16 号文中，专门提到"各部门（指国务院各部委、各直属机构，作者注）面向地方政府等方面的非行政许可审批事项，凡与地方政府之间能够协商处理的，或者直接面向市、县、乡政府的，或者由地方政府管理更方便有效的，或者不适应经济社会发展要求的，要于本通知印发后一年内予以取消或下放"。

对于地方政府而言，其事权连接着支出责任，而中央作为其上级，有时在某些领域成为"甩手掌柜"，地方成为不得不接招的下级"跑堂"，中央的某些事权就成为地方的当然事权。如果能按照前文所言及的事权之外搭配中央的委托支出责任，地方尚能承担，如若不然，地方则无法在具体的事权承担中一直表现坚挺。基于行政开支的不断增加和为避免州政府的财政负担加重，美国国会曾在 1995 年通过了《未予补助的委任命令改革法》（the Unfunded Mandate Reform Act of 1995），规定任何"草案"（bill）如果对某州、地方或原住民的部落政府强加超过 5000 万美元的财政委任时，将会有政府失灵的危险，这也是促使国会注意通过立法和其他步骤来确保联邦政府不要轻易加重次级政府的财政负担。③ 在我国，有些领域本

---

① 赵树凯：《重新界定中央地方权力关系》，《中国经济报告》2013 年 10 月 12 日。
② 罗旻：《中央党校的县委书记班》，《环球人物》2015 年第 3 期，第 22 页。
③ 林钟沂：《行政学》，三民书局股份有限公司，2005，第 604 页。

为中央的当然责任，却也在某些经费的承担方面委于地方，如国防领域某些经费开支仍有由地方承担的状况。还有些方面，中央的减权或权力下放，并不一定能为地方所接住，这就往往形成了这样一种格局，某些领域事务的落地而无人或少人问津，以环保产业和养老产业为例，表现非常明显。前者是属于党的十八届三中全会所言及的需要强化的地方政府职责，但对于地方而言这是"花钱的买卖"，而不像其他产业是可以造就 GDP 与地方税收的，这就要求地方处理好一种开源与节流的关系问题，也就是如何增收或解决支出问题。养老产业也是如此，正如美国学者鲁特科斯基所指出的，如果没有中央政府在如医保和养老支出上承担更大的责任，地方政府的相应事权就很难完成。

以前文第一章曾经提到粮食事权的问题为例，该问题也是我国目前改革的一项重点。粮食行政领域很早就有关于"事权粮食"的概念，中央事权粮食与地方事权粮食也相对明确。在《国务院关于粮食部门深化改革实行两条线运行的通知》（国发〔1995〕15 号）中，"明确划分中央和地方的粮食事权"也被提出，"中央直接掌握的粮油由国家储备粮油和中央进口粮油组成。国家定购粮粮权属于中央，由省级政府使用"，"不允许粮食企业将定购粮转作议价粮销售"，而"地方粮食管理要由省级政府负责"。其中具体表现参见表 5 - 3：

表 5 - 3　地方政府在粮食平衡中的权责表现

稳定粮食播种面积和规定的库存数量，提高粮食单产，增加粮食总产量；
掌握粮源，管好市场，完成国家下达的定购任务、储备粮油收购计划及地方确定的市场收购计划；
按照国家核定的规模建立地方储备和风险基金；
主产省、自治区要保质保量地完成国家规定的省际粮食调剂任务，并进一步提高粮食的商品率，不能自给自足的省、自治区、直辖市必须完成粮食进口计划和调入任务，并逐步提高粮食的自给率，努力组织粮源，确保供应和粮价稳定。

这实际上也是我国政府从计划经济向市场经济职能转变的一个缩影。伴随着形势的不断变化，简政放权也在粮食行政领域日渐明显，央地事权

在做着深刻的调整。在 2014 年公布的《粮食法（送审稿）》中，提出了"粮食安全实行国家宏观调控下的省级人民政府行政首长负责制"，"省级人民政府负责本区域粮食生产、流通、储备和市场调控，保证粮食市场供应、维护粮食市场秩序、保障粮食质量安全等"。可以说，这是在原有"粮食平衡"基础上向"粮食安全"这一战略目标的升华与总结。

在《粮食法（送审稿）》征求意见环节结束（2014 年 12 月 21 日截止）、尚未正式通过之际，2014 年 12 月 31 日，国务院就紧急通过了《关于建立健全粮食安全省长责任制的若干意见》，对粮食安全省长责任制做出全面部署。可以看出，这实际上是对《粮食法（送审稿）》内容的总括，实际上也在地方粮食事权上做了一种系统梳理。其中在"保障区域粮食市场基本稳定"之"维护粮食市场秩序"中，提到省级政府要"接受国家有关部门委托，做好行政区域内中央储备粮等中央事权粮食库存检查工作"。其实，在此之前，有些地方早已有了诸多的实践，如安徽滁州市粮食系统在本区域所作的实验性调研就表明，"委托地方粮食行政主管部门监管中央事权粮食的探索尝试是突破性的，是可行的，也是有效的"。[①] 换句话说，这实际上也是对实践经验上升为规范文件进而立法而产生的一系列连锁反应。只不过，在《粮食法（送审稿）》中，又增加了上级人民政府对下级人民政府在此方面进行监督以及纳入政绩考核的规定来做约束。

从实质来看，这种改革驱动实际上与十八届三中全会所言及的中央可将部分事权支出责任委托于地方来承担的精神相契合，或许这种精神总结也来源于包括粮食行政在内的诸多行政领域，这种渠道的基础则是财政转移支付。

（二）地方事权主体的合理再造

在宪法之中我们可以首先像其他单一制国家那样建构集中事权类型，

---

① 许尔惠、钱秀萍：《滁州市中央事权粮食库存检查的实践与探索》，《中国粮食经济》2012年第 7 期。

然后再依次确定其行使方式。比如前文提到的玻利维亚宪法所规定的特有职权，该类事项的立法、监管和实施都不得被转让和委托授权，必须由中央政府保留；而专属职权则是某级政府在确定的事件上所拥有的立法、监管和实施职权，后两项职能可以予以转让或委托授权，同时在立法职权为中央级别或其他级别政府拥有时，该政府可以同时行使监管权和实施职权，这样就区分了各种情形下的事权行使主体。在宪法层面，国家代议机构有义务促进地方利益和一定程度自治的重构，完全有理由肯认领土实体的基本财权与事权匹配的原则，诸如各种行政事权和司法事权的具备，为有效运转其资源而设立的必要税收，以及对国家税收的参与。比如有些国家宪法中提及的不动产税只能由市政府征收的规定，就是对在区分不同主体事权的基础上所采取的规范。2015 年 12 月 30 日，由中共中央和国务院印发的《法治政府建设实施纲要（2015～2020 年）》再次重申了党的十八届四中全会关于"财权、事权匹配"的精神，即"推进各级政府事权规范化、法律化，完善不同层级政府特别是中央和地方政府事权法律制度"。对于中央来说，主要是宏观管理、制度的设定以及必要的执法等方面的事权，而对于各级地方政府则有不同的发展方向。

1. 省级主体

在《法治政府建设实施纲要（2015～2020 年）》中，省级政府的主要事权方向还是"统筹推进区域内基本公共服务均等化"，这既需要相应的财权与之匹配，也需要一些具体的行政策略。

（1）主体合作与区别发展

在很多国家，为了维护次国家政府一级的利益及体现其共同呼声，建有相应的地方政府理事会（如尼日利亚等），这实际上是一种省级主体的合作机制。省级主体之前的合作实际上已经成为我国当下行政体制中的一道亮景，只不过这种区域协作机制（如立法或治理污染方面的合作）还没有为我国的宪法这种最高层级的法律规范所肯认。在当前的形势下，合作的意义大于相互之间的单纯竞争。2014 年修订后的《中华人民共和国环境保护法》第二十条作出这样的规定，国家要建设联合法治的协调机制，主要针对跨行政区域的重点区域以及流域的污染和生态破坏，实行统一规划、标准、监测、统一防治，此外的跨区的环境污染和生态破坏，由上级人民政府协调解决防治问题，或由相关地方政府协商解决。而在南美国家厄瓜多尔的宪法中，两个以上的相邻省份，如果土地面积超过20000平方公里，而人口超过全国数量的5%的，可依法成为自治大区，同时尽量维持区域间的均衡发展、历史及文化连贯性、生态互补性以及小水域的综合治理，法律则应促成各省构成自治大区的经济或其他方面的激励机制。建立自治大区的建议、立法提案以及制定区域自治章程的草案由各省政府提出，由全国性的代议机构经由法定的程序通过，自治章程草案经过违宪审查程序，然后在此基础上进行相应的机构设置并展开具体运作。在我国，无论是京津冀、长三角或者珠三角，都存在这种建构可能，即地方政府之间存在经济、社会或财政关系，具有上述所说的大都会区特征，可以建立相应的行政实体，授权该实体在其权限范围内规划和协调发展本地区的整体开发、精简机构、共同提供服务、开展所谓的城市化项目，而这目前恰恰是我国法治建设中所缺少的一环。更多的整体架构是通过行政领域尤其是国务院的审批来完成的，具有很大的随机性和不稳定性。

省级主体在我国目前的行政体制中作用关键，承上启下，但是目前，某些地方承担了不均衡或曰过多的事权职能，这种承担导致了事权对财权的过度倚重、城市规模的无限扩张以及"无底洞"式的财政挥霍。北京作为首都即是一例，从原来的定位到现今的政治中心、文化中心、对外交流中心和科技创新中心定位，这实际上是对事权的重新厘定。习近平在2015年2月的中央财经领导小组会议上也专门提出，要"通过疏解北京非首都功能"，遏制城市"摊大饼"式发展，[1]"促进区域协调发展，形成新增长极"，这种发展路径实际上在很多国家尤其是联邦制国家中都有相应的法

---

[1] 魏毅：《拆分河北：早在不知不觉中开始，未来是否还会进行?》，《中国国家地理》2015年第1期，第75页。

律乃至宪法保障。因此，完全可以在一定区域尤其是京津冀范围内开展多规合一试点。如前所述的大都会区架构，考虑产业基础、城镇体系、城市配套和公共服务等综合条件，解决规划细节不畅，探索有效的税收分享和产值分计，为全国其他区域提供经验，同时有些适当的外迁与对接是机制和商业模式的创新。[1] 在某些联邦制国家的宪法之中，如果代表中央的联邦向代表地方的联邦成员单位发布某些特殊命令，其开支超出接受该命令前联邦履行正常职责时可能发生的开支，则联邦政府应支付给该联邦成员单位经过相应的司法机构认可或确定的金额。

　　另外一些经济发达的省级单位，则走着其他一条径路。以上海为例，上海是在笼子里创造天地，不冒犯、不反抗，你给它多大的天地，它就做多大的文章。别人很难理解上海会建设得如此好，充满了好奇，有点羡慕嫉妒。上海的建设从来没有要中央政府投入任何钱，额外的上缴却是不少。[2] 对于此类主体，应该采取激励的范式，鼓励其对自身事权进行合理定位，以政策支持来进一步激活其发展潜力。比如中央在上海建设了国家自由贸易园区（FTZ），之后又在自由贸易园区的基础上批复了四个特殊的海关监管区域，增加了若干行业试点，采取自由贸易园区之上的自贸试验区模式。这实际上就是对上海的政策激活，需以其事权开放的成功经验反哺其他地方，以成标杆。对于一些国家的特别的地方公共管理组织，宪法要求政府法应在中央机构和地方机构中分配其属性以及规定该等政治管理机构和联邦特区政府主管之间的关系，同时，执行联邦特区区域划分的标准以及对于每一政治管理机构的设立方式和其职能都需要由政府法予以明确。我国当下的特别区域组织日益增多，应通过宪法或其他组织法明确其地位及权力和责任。

　　（2）事权种类

　　在具体的事权种类上，笔者曾提出我国当下地方行政主体的权力应该

---

① 《京津冀协同发展规划纲要将要出台》，《财经》2015 年第 8 期，第 16 页。
② 转引自曹景竹《为上海新年悲剧叹一声》，《明报月刊》2015 年第 2 期，第 70 页。

包括四类：比如立法与制度创新权、行政区划与组织权、具体自主行政权以及谋求地方财政的自主性的地方物权、债权和自治财政权。① 在有些国家的宪法中，明确规定了省级主体或次国家政府的这些权力，比如各地方单位可通过配套法律规定，将相邻的多个市组合成大都市区、城市群和小型区域，领土规划组织法则对大都市区采取特殊的行政和财政手段，以整合具有共同利益的公共职能的组织、规划和运行。这实际上是一种通过立法等抽象的事权来实现制度创新、促成行政区划的变革，行政区划是动态的，经济区域可以影响甚至转化为行政区域，② 所以它代表未来权力行使的交叉性趋势，是抽象事权与具体事权的统一。对我国当下的各类主体功能区、产业集聚区、城市群等打破行政区划的发展模式来说，这种趋势更具有直接的宪法意义。这一点笔者曾以中原经济区为例进行过实地的研究与调查。③

2. 市级主体

在《法治政府建设实施纲要（2015～2020年)》中，市级政府的事权重点主要在于执行方面的职责。执行当然需要相应的财权与之相匹配，市级主体在国外宪法中的事权地位和财权受保障的状况非常值得称道，很多国家的市级主体都确立了"市公共权力"，其中明确规定了财权、事权的诸多问题。④ 在我

---

① 具体可参见谭波所撰"地方行政主体"，摘自薛刚凌主编《行政主体的理论与实践》，中国方正出版社，2009，第229～242页。

② 北京大学政府管理学院李国平教授认为，在做一个区域的城市群的规划时，没有必要过分严格看中行政区划的界限，而是其内在联系。当然，最理想的经济运转形式应该与行政区划没有关系，许多国家从来不改变行政区划，并不影响经济运行。复旦大学周振鹤教授甚至认为，不断调整行政区划实际上是一种落后的表现。参见魏毅《拆分河北：早在不知不觉中开始，未来是否还会进行？》，《中国国家地理》2015年第1期，第77页。

③ 参见谭波、李晓沛《中原经济区行政区划权力研究》，《河南工业大学学报》（社会科学版）2012年第3期。

④ 在南美有社会主义属性的国度委内瑞拉，其宪法第四编第四章为专章，规定市是一个主要的政治主体，在宪法和法律规定的限度内享有法人资格和一定的自治权，市的自治内容包括权力机构的选举、权限内的事务管理以及财政税收的设立、征收和投资，市的征税权不同于并独立于宪法或法律授予国家或州的管理权。市的财政收入也比较明确，包括资产收入、提供商品和服务的收费、农村土地税与城市土地税，依照法律确立的增值税和国家与州分配的税收、宪法分配的收入以及其他国家与州的转移支付或补贴，权限范围内的罚款和法律规定的其他税收。很明显，这里的地方财力与地方财权理念是并存的，并不矛盾。

国，这级主体本来不为宪法所肯认，但是随着我国派出机关制度的坐实以及"撤地划市"的展开，市级单位也成为我国地方行政层级中不可缺少的一类。分税制改革界定了中央和省级单位的财力划分，却没有划分清楚省和省以下的财力分配。一些省会城市也时常面临地方版的"事权财权不匹配"的状况，例如西部某地的省级财政和市、县财政的营业税分成比例为5：3：2。① 财力不足和省以下财政转移支付的随意性也决定了市级主体不能成为一种真正意义上的事权主体。对于国外的城市尤其是自治市而言，其地方发展计划由相应的市政委员会批准，而且国家机构就自治市的发展应该与自治市合作。这实际上也是尊重市级主体地位的表现。同时，2015 年立法法的修缮已经赋予了更多的设区的地级市以立法权，这意味着其抽象事权已经补足了原来具体事权行使的不便。目前，我国有些省级单位（如东北几省）具有相应的区域协同立法机制，有些地方（如长三角四省十几地市）有相应的联席会议机制，还有的国家目前批复的经济区等主体功能区域也有相应的城市联系机制。其实法律可以根据各地人口、财政资源、经济上的重要性、地理环境和法定的管辖范围，建立不同等级的市，确定其组织形式、政府和管理等具体制度。在亚洲，日本已经在地方自治的框架内建构了上述城市制度，并且通过专门的地方自治法和地方财政法予以保障。② 韩国也通过宪法对地方自治予以保障，③ 1988 年制定并实施了地方自治法，并于 1989 年、1990 年和 1991 年对该法进行修改，并制定了一系列有关地方自治的法律。这些都是现代社会地方自治理念深入发展的结果。④

---

① 谭保罗：《地方财政博弈中的"省城困境"》，《南风窗》2015 年第 11 期，第 27～28 页。
② 日本地方自治法第十二章的规定为"有关大城市等的特例"，其中第一节到第三节的名称分别为"有关大城市的特例"、"有关核心市的特例"和"有关特例市的特例"，相应内容一目了然。参见万鹏飞、白智立《日本地方政府法选编》，北京大学出版社，2009。
③ 韩国宪法第八章"地方自治"仅包含两条，但这两条已经通过宪法授权将所有的地方自治的权限赋予法律，"地方自治团体的种类由法律来规定"，"地方议会的组织、权限、议员选举和地方自治团体长官的选任方法及其他关于地方自治团体组织和运营的事项由法律来规定"。
④ 熊文钊：《大国地方——中国中央与地方关系宪政研究》，北京大学出版社，2005，第19 页。

如果市要开展深度的合作，还需要在行政区划以及行政合作方面进行更为实质的动作。如厄瓜多尔宪法规定，除地区（高于省的一级单位）和省能够按照宪法规定形成区域联合体外，两个以上的市也可以形成区域联合体，以改善各区的管辖范围并利于发展和融合，区域联合体的形成、结构和管理根据法律进行。占有全国人口一定比例的市的联合体，甚至还可以形成所谓的大都市区。① 大都市区的形成程序经由法定，由各市共同提出，并制定相应的自治章程草案，经由国家代议机构通过、进行违宪审查之后正式生效，再据此建立相应的自治机构并运行，各市则与相邻省份及地区协调管理大都市区。在我国当下的发展模式中，也渐渐生成了大都市区这样一种发展模式，如温州、福州等城市，这与国外的大都市区有着异曲同工的发展趋势之妙，但这种法治化的规控路径却是我们应该着力向上述宪法模式学习的。应该明确的是，市级主体日后的发展路径，应是单独发展，以此保证区域公共服务事权的实现，即为实现我国区域公共服务均等化的目标实现贡献己力，同时这也是地方自治制度正常扩展的一种表现。而这种地方自治"要以一定的地域为基础""应拥有广泛的自治权利"，同时"以维护国家统一为前提"，② 如前文所述，地方自治权本身作为一种基本权利应该被体现于宪法之中，③ 作为其应有之义。

3. 县级主体

在《法治政府建设实施纲要（2015～2020年）》中，县级政府和市级政府的事权重点一样，都在于执行。但是，长期以来，我国形成的"城市"与"农村"发展"两张皮"的路径，造成了县域经济的相对落后，而如前文所提及的那样，如果市级主体单独发展，实现市县分治，那么就不再允许"市刮县"等现象的存在，县级政府的事权主体地位和

---

① 大都市区（Metropolitan area）曾经出现在很多发达国家城市发展的模式之中，如美国、日本、英国、法国、德国等，成为一种相对通行的趋势，http://baike.haosou.com/doc/4090312-4289167.html，最后访问日期：2015年5月17日。

② 熊文钊主编《大国地方：中国民族区域自治制度的新发展》，法律出版社，2008，第69页。

③ 王建学：《作为基本权利的地方自治》，厦门大学出版社，2010，第42～44页。

执行主体地位就相应凸显。有学者就据此提出要将地方立法的权限赋予县级政府,[①] 以此来首倡其独立主体地位。"郡县治,天下安",县域经济的发展对一国的经济社会发展相当关键。县级主体可能已经成为除了30 多个省级单位和近 300 个地级单位之外更为直接的事权主体,目前的数量是 2000 多个(含县级市、市辖区)。在这种庞大的规模数量下,怎样组织好其事权行使的"上传下达"是十分重要的,因为县的执行力度直指民间。但"当地方的权力既不归属于中央,也不归属当地人民,而是归属于一个地方官僚利益集团时","这意味着一种治理上失控的风险"。[②] 对于这种状况,一方面是推进地方治理的民主化水平,另一方面当然还存在法治的庇佑,通过法治的规控将中央的执政意志顺利地彰显于县级地方的行政事权行使过程之中。

第三节　我国央地财权、事权匹配宪法保障机制的配套改革

一　事权相关领域

(一)解决事权行使中的现实难题

这里的现实难题主要在于,当下的事权规范化、法律化的过程中存在许多不同种类,具体与当下的行政伦理、上下级关系以及具体行政领域有关,不一而足。比如,十八届三中全会提到跨区的公共服务项目影响较大,那么可以通过财政转移支付来实现支出,用以促进地方事权的实现。那么这种原则性的提法如何落实,"对其他地区影响较大"如何判定,"一部分地方事权支出责任"如何确定比例,所有这些在财政转移支付的统一立法尚未出台的情况下,恐怕只能是地方的一厢情愿。这些问题取决于作为上级领导的中央如何表态,以及上下级关系的紧密程

---

① 周刚志:《财政分权的宪政原理:政府间财政关系之宪法比较研究》,法律出版社,2010,第 214 页。著名行政法学者姜明安也同样持此观点。
② 唐昊:《解决"地方集权"的路径选择》,《南风窗》2015 年第 3 期,第 27 页。

度，同时，这种领域是否出政绩，也会成为地方政府在执行过程中所必须面对的实际考验。谈到"政绩"考核，我们亦可以在不同的场合中看到这样的词语表述和制度设置。比如 2014 年《粮食法（送审稿）》中谈到，上级人民政府对下级人民政府在粮食"储备、供应、质量安全、市场监管等方面的情况进行监督，并纳入政府绩效考核体系"，这里的纳入政绩考核体系本身并无可厚非，但是通过法律途径将一种非完全法治化的手段纳入，并使之促进法治目标的达成，未免期望过高。这实际上假设了一种这样的思维，即如果政绩考核过关了，地方事权粮食的管理就达到了目标。

事权行使是有现实障碍的，这点无论我们是否看到，它都客观存在并发挥着作用。前文举到的两例只是简证。更重要的还是我们真正是以"全面推进依法治国"这一标准来对待事权改革，有些方式比较好用，但未必就需要常用，"政绩考核"需要具体化，但绝不是说我们想到一项就纳入一项，就像我们前些年评断公共利益之时"就像一个筐，什么都可以往里装"，这种状态不是我们期待的目的。这种评判标准应该交给人大或其常设机构来决定，不"搞特殊"，否则我们的政绩考核必然是：这一块，那一块，五花八门，想到哪说到哪。曾有学者提出"法治 GDP"的目标，十八届四中全会也把宪法法律相关的落实纳入考核指标，这实际上才是我们所追求的客观目的之一。事权执行得如何，不是看其他，而是看它有没有在既定的良性规则下依法合规地运行。当然，在此之前，要做的就是规则的良性化，把该明确的事项明确下来，这实际上是靠一国行政领域制度的细致化来实现的。这实际上又应验了古希腊的亚氏在两千多年前的那句金玉良言，已经出台生效的法律得到大家一致的遵从，而大家一致遵从的法律本身又是一种明显的良法。

（二）杜绝行政审批权下放过程中的与民争利

行政审批权一直是近年来中央力推的改革领域，之所以如此，就是因为在此领域中央所拥有的权限太大，故此，目前中央的主要任务是在这方面"做减法"，取消或下放权力是其大势。^① 这里既包括财权的下放，也有事权的下放，从准财政权的角度来考量，主要是中央要放弃与民争利及与地方争利的思想，而地方尤其是次国家政府的省级地方，也应该如此。但是，实际的问题是，省一级简政放权的力度，远远赶不上国务院的力度，省一级承接来自国务院审批项目的数量，也高于本级下放的项目数量。在这一次简政放权之前，省级政府拥有行政审批权 949 项，地级市平均有 700 ~ 800 项，县一级平均不到 600 项。^② 这样的后果是，有时财权下放在省一级时会被卡壳，这就造成了整个财权、事权匹配链条的断线。2015 年 4 月，国务院常务会议再次做出决议，对 2014 年中央与地方政府确定取消、停征和减免的 600 多项收费规定进行自查、督查，禁止以任何理由拖延或拒绝执行或变换名目继续收取，要求"严禁行业协会商会打着政府旗号擅自设立收费项目或提高收费标准"，"对政府性基金收费超过服务成本，以及有较大收支结余的，要降低征收标准"等。^③ 这种决定和决心实际就彰显了中央推行行政审批改革的力度，以及行政审批权作为一种名为事权实含财权的准财政权的重要地位。

（三）规范政策支持的获取

与上述行政审批权一样，这里的政策支持获取权实际上也包含了财权与事权的两面。有些城市因其特殊的地理位置和战略地位而获取了各方面财政支持，这实际上也可被视作一种准财政权，而这种政策待遇并不是任何地方主体都能够顺利获取的。不过，在有些场合中央可能会考虑全国整体利益的需要而将某种国家经济发展战略惠及更多的地方，以调动各地的积极性。比如，《国家新型城镇化规划（2014 ~ 2020 年）》，国务院于 2010

---

① 谭波、邢群：《我国行政审批"放权"改革之法治透视——以商务行政审批为视角》，《福建江夏学院学报》2014 年第 6 期，第 43 页。

② 韩永：《地方政府·陆昊的"硬仗"》，《中国新闻周刊》2014 年第 9 期，第 65 ~ 66 页。

③ 郑丽纯、古美仪、张子鹏：《国务院常务会议：半年时间集中全面清理规范涉企收费》，参见网易财经，http://money.163.com/15/0408/19/AMN0G1QR00253B0H.html，最后访问日期：2015 年 4 月 9 日。

年以来先后批准了《珠江三角洲地区改革发展规划纲要（2008~2020）》
《长江三角洲地区区域规划》《长江中游城市群发展规划》《京津冀都市圈
区域规划》等区域发展规划，这些上升为国家级战略的城市群成为推动国
土空间均衡开发、引领区域经济发展的重要增长极。根据《国家新型城镇
化规划（2014~2020年）》，下一步还会加快培育成渝、中原、哈长等城市
群，而一旦上升为国家级战略，就意味着将会获得更大的财政空间，成为
中国经济发展新的经济增长极，足见国务院在这种财权赋予上所占据的位
置及其能带来的力量。城市群依其规模和发展程度还被分为国家一级城市
群、国家二级城市群和地区性城市群。①

目前国家正在推行自贸区模式和"一带一路"战略，26个省级地方政
府想争取自贸区，但除了2014年上海获批以及2015年广东福建天津三省
获批外，截至目前其他省的申请还未有下文。其他省级地方也纷纷效仿成
功者，先期成功获批的省级单位也在其下发展其自身的政策资源优势。这
样广东福建两省就各自出现了3个相应的自由贸易片区试点，将带来与以
往不同的推行规则和管理体制，以及新一轮的城市与城市间、区域与区域
间的竞争与合作。②另外，这种改革先行力度之大可以说已经成为下一步
地方财权改革的试点，同时也成为相应事权改动的试点；从国家推行的
"一带一路"战略来看，28个省市政府中有20个表示有意成为"一带一
路"的一部分，丝路倡议的跨地区特征能给地方政府更多成功的希望，③
这也是一种准财政的典型表现。2015年3月28日国务院授权国家发改委、
外交部和商务部联合发布了《推动共建丝绸之路经济带和21世纪海上丝
绸之路的愿景与行动》，圈定了18个省份，设计了7个高地型省会城市，
布局了15个需要强化建设的港口。这种国家级的大战略可以说是全盘布

---

① 《中国将打造20个城市群 国家级新增2个》，http://business.sohu.com/20150114/
n407779480.shtml，最后访问日期：2015年4月9日。
② 李欣：《四大自贸区实际是"八个"，竞合关系变微妙》，http://www.huaxia.com/tslj/
lasq/2015/04/4345627.html，最后访问日期：2015年4月9日。
③ 丁雨晴：《地方政府紧盯"一路一带"》，《环球时报》2015年2月7日，第6版。

局，也实现了更多地方的政策支持获取权。这与原来的各种类型的经济区、城市群一样，都是地方为争取国家支持而采取的各种政策策略。而随着自由贸易区等政策的铺开，这种政策本身所能带来的制度收益也是逐渐下降，甚至不能成为地方政府的"肥肉"（参见表 5 - 4）。①

表 5 - 4　2015 年中央确定的"一带一路"战略各地定位

地　方	定　位
新疆	丝绸之路经济带上重要的交通枢纽、商贸物流和文化科教中心，打造丝绸之路经济带核心区
福建	"21 世纪海上丝绸之路核心区"
广西	21 世纪海上丝绸之路与丝绸之路经济带有机衔接的重要门户
云南	面向南亚、东南亚的辐射中心
对沿海诸市	"一带一路"特别是 21 世纪海上丝绸之路建设的排头兵和主力军
陕西、甘肃、宁夏、青海	面向中亚、南亚、西亚国家的通道、商贸物流枢纽、重要产业和人文交流基地
内蒙古、黑龙江、吉林、辽宁、北京	建设向北开放的重要窗口
港澳台	发挥海外侨胞以及香港、澳门特别行政区独特优势作用，积极参与和助力"一带一路"建设

二　财权相关领域

（一）进一步规范各级政府的财源

除了财权之外，各级政府治下的企业盈利（权）静态财产权表现有很多，虽然目前我国的所有权结构是国家所有制，但是地方政府完全可能成为代表国家形式的物权行使主体，各地既存的国有资产监督管理委员会是其明证。有些法律如企业国有资产法也对其做出了明确规定但从实际状况来看，这里的所谓静态财产所带来的收益还是有区别的，对地方财权、事权匹配也带来了不同程度的影响。2013 年度，中央企业实现营业收入 24.4

---

① 钟春平：《自贸区试点不是地方政府的"肥肉"》，http：//opinion. china. com. cn/opinion_
1_ 117201. html，最后访问日期：2015 年 5 月 4 日。

万亿元，比上年增长 9.1%，实现营业收入超过千亿元的企业有 56 家。①
在效益方面，2013 年度，中央企业实现利润总额 1.3 万亿元，比上年增长
3.6%；在全部中央企业中，实现利润总额比上年增长的企业有 82 家；
2013 年度中央企业平均净资产收益率为 7.6%，平均成本费用利润率为
5.6%（参见表 5 - 5）。

表 5 - 5　中央企业 2013 年度总体运行情况一览

	国有及国有控股企业实现利润总额	集体企业实现利润总额	股份制企业实现利润总额	私营企业实现利润总额
数字（亿元）	7613.5	349	16930.3	9104.9
同比增长（%）	5.6	1.5	10.8	13.5%

当然，为了加快"政企分离"的步伐，我国也在采取组建国有资本运
营公司的方式，也就是所谓的新加坡"淡马锡"模式，② 2014 年 12 月，
112 家国资委监管的企业中，有 74 家已有规范董事会建设，引入了外部董
事制度。中央的财权属性发生了一定程度的转变，但去行政化和公开透明
的问题仍然有待深入。

在省管企业方面，省也有国家资产监督管理委员会的设置，各省参差
不同的情形也决定了其各自的实力。各省也在推进 GDP 统一核算的改革，
实现下级单位 GDP 汇总数据与上级党委数据的基本衔接。③ 当然，在这方
面，各省的经济增长率高低不一，出现如学者所言的"欧洲一般四分五裂
的"景象。④

所谓动态的财产权，言外之意即该项财产权不固定，如果成功或成型，

---

① "中央企业 2013 年度总体运行情况"，http://www.sasac.gov.cn/n1180/n1566/n258203/
n258329/15975366.html，最后访问日期：2014 年 7 月 28 日。

② 淡马锡公司成立于 1974 年，是一家由新加坡财政部负责监管的控股公司，掌管新加坡多
个产业大型国有企业的股权，所持有的股票市值占整个新加坡股票市场的近 47%，其运
营模式被称为国有资本运营的典范。参见方澍晨《中国经济里的新加坡印记》，《看天
下》2015 年第 8 期，第 57 页。

③ 王冠星：《我省将推进地区 GDP 统一核算改革》，《河南日报》2015 年 2 月 7 日，第 1 版。

④ 马尔科姆·斯科特：《各省经济增长参差不齐像欧洲》，张旺译，《环球时报》2015 年 2
月 7 日，第 6 版。

就能够给地方带去不小的支持，而如果不受重视时，则也有可能遭遇"失势"之难。以地处北京与天津之间的廊坊市为例，2013 年之前环保曾是其骄傲，这是黄河以北首个通过"国家环保城市"复检的地级市，蝉联河北省 12 年的总评优秀，但 2013 年根据环保部发布的 74 个重点城市空气质量状况报告，该市位居倒数第五。于是，2014 年廊坊全市大气污染防治投入 53.19 亿元，其中中央、省级专项资金 3.7 亿元，市县财政投入 11.73 亿元，社会资金投入 37.76 亿元。[①] 当然，这种所谓的财政支持实际上也是广义的财政转移支付的一种，但比其更特殊，可以视为是地方的动态财产之一部分。

（二）强化从财权反腐向制度反腐的转化

财权分配只是初步，当制度主体不将分配到的财权用到事权之上，就产生了腐败。这其实是从"好钢用在刀刃上"的角度来强化地方财权的有效行使以及地方财力的合理定夺。地方政府在政治权力、经济能力和社会舆论等方面面临新变化，地方政府的"地方发展董事长"的身份也面临重新定位。中央通过各种领导小组、纪委双重领导和司法去地方化的制度化措施加强中央权力，缩小地方官员的自由活动范围，央地关系尤其是腐败治理方面存在着制度化规范的迫切需要。[②] "上官廉，则吏自不敢为贪；上官不廉，则吏虽欲廉而不可得。"这实际上包含着财权与事权两方面，即"廉"和"贪"。如"廉"，则可能将中央财政转移支付的钱或地方运用财权获取的钱都用在事权的行使上；而如"贪"，则可能自落腰包，将事权的行使置于脑后。但"廉"，仅仅靠权力和人治反腐，都靠不住、不持久，制度的制约腐败才是可以模式化、定型化的。[③] 这实际上也是我国长久以

---

① 李珊珊、郑廷鑫：《环保局长和他的雾霾之城》，《南方人物周刊》2015 年第 7 期，第 55 页。

② 覃爱玲：《反腐高压下的地方主义式微》，《南风窗》2015 年第 11 期，第 32 ~ 33 页。

③ 这实际上正如"强人政治"与"威权体制"的关系，不同的强人政治孕育出不同的威权体制，但是否把政治合法性建构成一种法理型结构而不是魅力型结构，是问题的重点，强人政治或反腐如果能培育出成熟的法制和制度环境，制度产生权威，而权威不依靠领袖魅力，这便是留给政治的正资产。雷墨：《政治强人与他的国》，《南风窗》2015 年第 9 期，第 76 ~ 77 页。

来在财权、事权匹配过程中的一个重要的边缘问题。即赋予了地方财权之后，还要对其财权进行有效约束，保证其权都用在了相应的事权上。这样才能不偏不倚，防止从一个极端划入另一个极端，既不能让地方总"穷"，无钱可贪，同样也难为无米之炊，也不能让地方突然变"土豪"，自我造钱。而中央治贪也要重点防止地方出现不贪且不作为现象，对事权的行使淡然处之，这实际上是当下权力反腐过程中极容易出现并爆发的一个问题，所以制度反腐在此时当属必要。但是，制度反腐需要形成系统的法治体系，旨在监督国家财政支出以及最大限度地控制政府管理手段的机构应依法设立才能奏效，比如新加坡作为拥有高度廉洁政治体系的国度，其廉洁程度可以比肩西方社会，并不是通过所谓的"高薪养廉"。当然从财权、事权匹配的角度而言也不是"财"的配置多多益善，依托贪污管理局、《法治贪污法》、《没收贪污贿赂利益法》、《公务员惩戒规则》、《财产审核法》、《中央公积金制度》等形成的体系相当重要。① 当预算款项在各政府组织、单位、分权实体或者其他的特殊地方机构之间转移时，款项转移情况应立即通报给国家的代议机构或者审计机构，而专款专用等宗旨应该进一步被强调，投资等用途的款项不能被转拨用于运作方案或公共债务方案。清廉指数刚刚及格的韩国直到新近才通过《关于禁止接受不正当请托和财物的法律制定案》，走出法治反腐最严的一步。当制度反腐逐渐坐实时，不仅地方事权能够实现物尽其用，中央政府的事权也会逐渐落到实处，比如一些跨行政区划的政府治理项目的变现，而不该管的则放给市场，而不再是由中央转到地方，② 这也是配合事权取消与下放改革的重点步骤。只有这种反腐败制度才能获得独立的生命力，生成遏制腐败的法治体制。③

---

① 易萱：《去新加坡培训：关于"海外党校"的想象与误读》，《看天下》2015 年第 8 期，第 55 页。当然从另外一个角度讲，新加坡也是只有中央没有地方的"城市国家"，因此，这种论题与本人所关注的财权、事权在央地之间的匹配不同，在此说明。

② 刘春雷：《中国反腐败与经济高质量增长》，《人民周刊》2015 年第 1 期，第 25 页。

③ 叶竹盛：《反腐败"制度大爆炸"》，《南风窗》2015 年第 11 期，第 41 页。

（三）改变以"土地财政"为主的融资思路

"土地财政"突破了新中国成立初期对地方财权限制的不可言表之政治逻辑，一度以地方政府的金融工具形态出现，土地出让金在中国地方财政和政府收入中的比重分别占到 35% 和 23%，[①] 成为 GDP 的主支点。但是，随着国家关注焦点的转移，"土地财政"以其产生的非常态性而逐渐面临穷途末路的状况。在新常态的预期下，土地财政的式微大体有如下几个原因：建设用地未来供应不足、征地成本逐年上升、房地产市场进入下行周期而出让金和相关税收同时下降以及中央政府开始限制地方土地融资以致地方政府可能因到期债务而陷入困境。[②] 最后一项原因实际上就是央地关系处理过程中的一种新型关系，也是法治视阈甚至是宪治视阈内一种新的制度架构。2014 年以来，房地产业对地方政府 GDP 和财政收入的拉动作用都在削弱，土地出让收入逐季回落，15 个省份的土地出让收入出现负增长。因此，对于地方政府而言，需要"开源节流"，通过改革方式规范地方融资创新，通过引入社会力量，防止政府债务飙升，帮助银行摆脱难关以及促进债务市场的良性发展，[③] 以良好的金融支持实体经济。目前，有些地方开展的优秀金融生态市县的评选其实也是一种类似的鼓励形式[④]。2014 年 12 月，国家发改委和财政部分别在官网上发布了《关于开展政府和社会资本合作的指导意见》以及《政府和社会资本合作模式操作指南（实行）》，对 PPP 的政策和操作步骤给予了定调，将未来的融资从"有限"变为"无限"，使地方不再受制于地方政府财力规模的约束。[⑤] 2015 年 3 月，国家发展改革委、财政部和水利部联合出台了《关于鼓励和引导

---

① 这里 BBC 报道德国德意志银行统计的 2015 年数字，参见《地方财政收入减少　中国面临挑战》，《凤凰周刊》2015 年第 5 期，第 12 页。

② 夏楠：《房地产税加征需慎行》，《财经》2015 年第 7 期，第 75 页。

③ 张明：《克鲁格曼的两大观点值得我们重视》，《财经》2015 年第 8 期，第 8 页。

④ 王延辉：《省政府公布 2011～2012 年度优秀金融生态市县》，《河南日报》2014 年 5 月 8 日。

⑤ 宋晓珊：《来认识一个"高大上"模式：PPP》，《河南商报》2015 年 4 月 8 日，第 A05 版。

社会资本参与重大水利工程建设运营的实施意见》，主要内容参见表 5-6：

表 5-6　中央出台的鼓励引导社会资本参与水利项目的意见主要内容一览①

完善方面	完善具体举措
发挥政府投资引导带动作用	鼓励发展重大水利工程的投资基金，政府认购基金份额、直接注资等方式予以支持
完善项目财政补贴管理	对于社会效益较好的公私合作经营制（Public - Private - Partnership），给予适当补贴
完善价格形成机制	价格调整不到位时，地方政府可根据实际情况安排财政性资金，进行合理补偿
发挥政策性金融作用	提出加大重大水利工程信贷支持力度，完善贴息政策
推进水权制度改革	鼓励开展地区间、用水户间的水权交易②

在此之余，权责划分就显得异常重要，2014 年 6 月国务院曾出台《关于加强城市地下管线建设管理的指导意见》，其中就要求尽快摸清"地下家底"，在明确了各地下管辖的归属后，将其作为考核内容之一，确定具体负责人，以备追责。③ 作为主政一方的主体，政府应向经济结构调整和改革要动力，退出一般性商业土地开发市场，减少卖地冲动，④ 将房地产业和地方政府融资平台所投入的基础设施纳入实体经济之内。⑤ 改变倚重"土地财政"的思路还必须针对有强力的监督。比如，从 2008 年 2013 年，全国土地出让金收入接近 15 万亿元，那么，对这种收入能否进行针对性地

---

① 郝多：《打破行业垄断　重大水利工程向社会资本全面开放》，《人民日报》2015 年 3 月 31 日。

② 南水北调中线干渠刚通水不久，河南即正式批准首宗水权交易，该省新密市每年将获得 2200 万立方米南水北调中长期水量指标。河南还在探索搭建省级水权交易平台。《财苑知道：南水北调开启水权交易，关注利好股》，http://finance.ifeng.com/a/20141217/ 13362178_ 0.shtml，最后访问日期：2015 年 3 月 31 日。

③ 赵志疆：《城市的"里子"比"面子"更重要》，《大河报》2015 年 4 月 11 日，第 A05 版。

④ 王晖余、夏冠男：《房价·房产税·土地财政——博鳌论坛聚焦 2015 房地产市场三大焦点》，《郑州日报》2015 年 3 月 30 日，第 3 版。

⑤ 徐诺金：《反思中国的主流经济学》，《财经》2015 年第 8 期，第 27 页。

审计,① 特别是在审计已经逐渐垂直化管理的今天②这种机制更显必要。

三　结语

想要彻底实现我国央地财权、事权的匹配,需要多方面的改革思路与配套措施,法律、政治、经济等方面的举措都不可忽视,这毫无疑问。但是随着我国全面推进依法治国进程的深入,依法治国乃至依宪治国在整个国家治理进程中作用得到强化,以宪法为核心的社会主义法律体系在各方面所起到的作用必然是"百尺竿头更进一步",央地财权、事权匹配的问题解决也不能处于其外。然而,我们需要的不仅是明确的宪法规定与良好的宪法实施状态,更需要的是生成并成长于宪法主体心中的宪法观念,"真正的治本之道,应该是在巩固财政分权和转移支付制度对地方民生建设所具有的级级效应存量的同时,大力培育和扩展民主治理机制","切实提升地方辖区选民/居民对基本公共服务需求偏好的表达能力和地方政权的回应能力",③ 实现财政分权、政治集权与地方政府支出结构在宪法规范下的良性互动。只有这种"成文宪法 – 现实宪法 – 观念宪法"都达成一致的局面形成,才能对我国央地财权、事权匹配实现完整而有力的宪法保障。

---

① 而从土地审计的角度看,这个审计成本比较高,设计专业人员的配备、相应官员的阻挠等,所以面临的阻力也比较大。刘德炳:《官员落马,地产商成标配?》《人民文摘》2015年第1期,第21页。

② 党的十八届四中全会提出,"强化上级审计机关对下级审计机关的领导。探索省以下地方审计机关人财物统一管理",便是此意。

③ 孔卫拿:《财政分权、政治集权与地方政府的财政支出结构——基于1997~2009年省际面板数据的分析》,《行政科学论坛》2015年第1期,第34页。

附录

附录一　中华人民共和国预算法

(1994 年 3 月 22 日第八届全国人民代表大会第二次会议通过　1994 年 3 月 22 日中华人民共和国主席令第二十一号公布　自 1995 年 1 月 1 日起施行　根据 2014 年 8 月 31 日第十二届全国人民代表大会常务委员会第十次会议《全国人民代表大会常务委员会关于修改〈中华人民共和国预算法〉的决定》修正　自 2015 年 1 月 1 日起施行)

第一章　总则

第一条　为了规范政府收支行为，强化预算约束，加强对预算的管理和监督，建立健全全面规范、公开透明的预算制度，保障经济社会的健康发展，根据宪法，制定本法。

第二条　预算、决算的编制、审查、批准、监督，以及预算的执行和调整，依照本法规定执行。

第三条　国家实行一级政府一级预算，设立中央，省、自治区、直辖市，设区的市、自治州，县、自治县、不设区的市、市辖区，乡、民族乡、镇五级预算。

全国预算由中央预算和地方预算组成。地方预算由各省、自治区、直辖市总预算组成。

地方各级总预算由本级预算和汇总的下一级总预算组成；下一级只有本级预算的，下一级总预算即指下一级的本级预算。没有下一级预算的，总预算即指本级预算。

第四条　预算由预算收入和预算支出组成。

政府的全部收入和支出都应当纳入预算。

第五条　预算包括一般公共预算、政府性基金预算、国有资本经营预算、社会保险基金预算。

一般公共预算、政府性基金预算、国有资本经营预算、社会保险基金预算应当保持完整、独立。政府性基金预算、国有资本经营预算、社会保险基金预算应当与一般公共预算相衔接。

第六条　一般公共预算是对以税收为主体的财政收入，安排用于保障和改善民生、推动经济社会发展、维护国家安全、维持国家机构正常运转等方面的收支预算。

中央一般公共预算包括中央各部门（含直属单位，下同）的预算和中央对地方的税收返还、转移支付预算。

中央一般公共预算收入包括中央本级收入和地方向中央的上解收入。中央一般公共预算支出包括中央本级支出、中央对地方的税收返还和转移支付。

第七条　地方各级一般公共预算包括本级各部门（含直属单位，下同）的预算和税收返还、转移支付预算。

地方各级一般公共预算收入包括地方本级收入、上级政府对本级政府的税收返还和转移支付、下级政府的上解收入。地方各级一般公共预算支出包括地方本级支出、对上级政府的上解支出、对下级政府的税收返还和转移支付。

第八条　各部门预算由本部门及其所属各单位预算组成。

第九条　政府性基金预算是对依照法律、行政法规的规定在一定期限内向特定对象征收、收取或者以其他方式筹集的资金，专项用于特定公共事业发展的收支预算。

政府性基金预算应当根据基金项目收入情况和实际支出需要，按基金项目编制，做到以收定支。

第十条　国有资本经营预算是对国有资本收益作出支出安排的收支

预算。

国有资本经营预算应当按照收支平衡的原则编制，不列赤字，并安排资金调入一般公共预算。

第十一条　社会保险基金预算是对社会保险缴款、一般公共预算安排和其他方式筹集的资金，专项用于社会保险的收支预算。

社会保险基金预算应当按照统筹层次和社会保险项目分别编制，做到收支平衡。

第十二条　各级预算应当遵循统筹兼顾、勤俭节约、量力而行、讲求绩效和收支平衡的原则。

各级政府应当建立跨年度预算平衡机制。

第十三条　经人民代表大会批准的预算，非经法定程序，不得调整。各级政府、各部门、各单位的支出必须以经批准的预算为依据，未列入预算的不得支出。

第十四条　经本级人民代表大会或者本级人民代表大会常务委员会批准的预算、预算调整、决算、预算执行情况的报告及报表，应当在批准后二十日内由本级政府财政部门向社会公开，并对本级政府财政转移支付安排、执行的情况以及举借债务的情况等重要事项作出说明。

经本级政府财政部门批复的部门预算、决算及报表，应当在批复后二十日内由各部门向社会公开，并对部门预算、决算中机关运行经费的安排、使用情况等重要事项作出说明。

各级政府、各部门、各单位应当将政府采购的情况及时向社会公开。

本条前三款规定的公开事项，涉及国家秘密的除外。

第十五条　国家实行中央和地方分税制。

第十六条　国家实行财政转移支付制度。财政转移支付应当规范、公平、公开，以推进地区间基本公共服务均等化为主要目标。

财政转移支付包括中央对地方的转移支付和地方上级政府对下级政府的转移支付，以为均衡地区间基本财力、由下级政府统筹安排使用的一般性转移支付为主体。

按照法律、行政法规和国务院的规定可以设立专项转移支付，用于办理特定事项。建立健全专项转移支付定期评估和退出机制。市场竞争机制能够有效调节的事项不得设立专项转移支付。

上级政府在安排专项转移支付时，不得要求下级政府承担配套资金。但是，按照国务院的规定应当由上下级政府共同承担的事项除外。

第十七条　各级预算的编制、执行应当建立健全相互制约、相互协调的机制。

第十八条　预算年度自公历 1 月 1 日起，至 12 月 31 日止。

第十九条　预算收入和预算支出以人民币元为计算单位。

第二章　预算管理职权

第二十条　全国人民代表大会审查中央和地方预算草案及中央和地方预算执行情况的报告；批准中央预算和中央预算执行情况的报告；改变或者撤销全国人民代表大会常务委员会会关于预算、决算的不适当的决议。

全国人民代表大会常务委员会会监督中央和地方预算的执行；审查和批准中央预算的调整方案；审查和批准中央决算；撤销国务院制定的同宪法、法律相抵触的关于预算、决算的行政法规、决定和命令；撤销省、自治区、直辖市人民代表大会及其常务委员会会制定的同宪法、法律和行政法规相抵触的关于预算、决算的地方性法规和决议。

第二十一条　县级以上地方各级人民代表大会审查本级总预算草案及本级总预算执行情况的报告；批准本级预算和本级预算执行情况的报告；改变或者撤销本级人民代表大会常务委员会会关于预算、决算的不适当的决议；撤销本级政府关于预算、决算的不适当的决定和命令。

县级以上地方各级人民代表大会常务委员会监督本级总预算的执行；审查和批准本级预算的调整方案；审查和批准本级决算；撤销本级政府和下一级人民代表大会及其常务委员会关于预算、决算的不适当的决定、命令和决议。

乡、民族乡、镇的人民代表大会审查和批准本级预算和本级预算执行情况的报告；监督本级预算的执行；审查和批准本级预算的调整方案；审查和批准本级决算；撤销本级政府关于预算、决算的不适当的决定和命令。

第二十二条 全国人民代表大会财政经济委员会对中央预算草案初步方案及上一年预算执行情况、中央预算调整初步方案和中央决算草案进行初步审查，提出初步审查意见。

省、自治区、直辖市人民代表大会有关专门委员会对本级预算草案初步方案及上一年预算执行情况、本级预算调整初步方案和本级决算草案进行初步审查，提出初步审查意见。

设区的市、自治州人民代表大会有关专门委员会对本级预算草案初步方案及上一年预算执行情况、本级预算调整初步方案和本级决算草案进行初步审查，提出初步审查意见，未设立专门委员会的，由本级人民代表大会常务委员会有关工作机构研究提出意见。

县、自治县、不设区的市、市辖区人民代表大会常务委员会对本级预算草案初步方案及上一年预算执行情况进行初步审查，提出初步审查意见。县、自治县、不设区的市、市辖区人民代表大会常务委员会有关工作机构对本级预算调整初步方案和本级决算草案研究提出意见。

设区的市、自治州以上各级人民代表大会有关专门委员会进行初步审查、常务委员会有关工作机构研究提出意见时，应当邀请本级人民代表大会代表参加。

对依照本条第一款至第四款规定提出的意见，本级政府财政部门应当将处理情况及时反馈。

依照本条第一款至第四款规定提出的意见以及本级政府财政部门反馈的处理情况报告，应当印发本级人民代表大会代表。

全国人民代表大会常务委员会和省、自治区、直辖市、设区的市、自治州人民代表大会常务委员会有关工作机构，依照本级人民代表大会常务委员会的决定，协助本级人民代表大会财政经济委员会或者有关专门委员会承担审查预算草案、预算调整方案、决算草案和监督预算执行等方面的具体工作。

第二十三条 国务院编制中央预算、决算草案；向全国人民代表大会作关于中央和地方预算草案的报告；将省、自治区、直辖市政府报送备案的预算汇总后报全国人民代表大会常务委员会会备案；组织中央和地方预算的执行；决定中央预算预备费的动用；编制中央预算调整方案；监督中央各部门和地方政府的预算执行；改变或者撤销中央各部门和地方政府关于预算、决算的不适当的决定、命令；向全国人民代表大会、全国人民代表大会常务委员会会报告中央和地方预算的执行情况。

第二十四条 县级以上地方各级政府编制本级预算、决算草案；向本级人民代表大会作关于本级总预算草案的报告；将下一级政府报送备案的预算汇总后报本级人民代表大会常务委员会会备案；组织本级总预算的执行；决定本级预算预备费的动用；编制本级预算的调整方案；监督本级各部门和下级政府的预算执行；改变或者撤销本级各部门和下级政府关于预算、决算的不适当的决定、命令；向本级人民代表大会、本级人民代表大会常务委员会会报告本级总预算的执行情况。

乡、民族乡、镇政府编制本级预算、决算草案；向本级人民代表大会作关于本级预算草案的报告；组织本级预算的执行；决定本级预算预备费的动用；编制本级预算的调整方案；向本级人民代表大会报告本级预算的执行情况。

经省、自治区、直辖市政府批准，乡、民族乡、镇本级预算草案、预算调整方案、决算草案，可以由上一级政府代编，并依照本法第二十一条的规定报乡、民族乡、镇的人民代表大会审查和批准。

第二十五条 国务院财政部门具体编制中央预算、决算草案；具体组织中央和地方预算的执行；提出中央预算预备费动用方案；具体编制中央预算的调整方案；定期向国务院报告中央和地方预算的执行情况。

地方各级政府财政部门具体编制本级预算、决算草案；具体组织本级总预算的执行；提出本级预算预备费动用方案；具体编制本级预算的调整方案；定期向本级政府和上一级政府财政部门报告本级总预算的执行情况。

第二十六条　各部门编制本部门预算、决算草案；组织和监督本部门预算的执行；定期向本级政府财政部门报告预算的执行情况。

各单位编制本单位预算、决算草案；按照国家规定上缴预算收入，安排预算支出，并接受国家有关部门的监督。

第三章　预算收支范围

第二十七条　一般公共预算收入包括各项税收收入、行政事业性收费收入、国有资源（资产）有偿使用收入、转移性收入和其他收入。

一般公共预算支出按照其功能分类，包括一般公共服务支出，外交、公共安全、国防支出，农业、环境保护支出，教育、科技、文化、卫生、体育支出，社会保障及就业支出和其他支出。

一般公共预算支出按照其经济性质分类，包括工资福利支出、商品和服务支出、资本性支出和其他支出。

第二十八条　政府性基金预算、国有资本经营预算和社会保险基金预算的收支范围，按照法律、行政法规和国务院的规定执行。

第二十九条　中央预算与地方预算有关收入和支出项目的划分、地方向中央上解收入、中央对地方税收返还或者转移支付的具体办法，由国务院规定，报全国人民代表大会常务委员会备案。

第三十条　上级政府不得在预算之外调用下级政府预算的资金。下级政府不得挤占或者截留属于上级政府预算的资金。

第四章　预算编制

第三十一条　国务院应当及时下达关于编制下一年预算草案的通知。

编制预算草案的具体事项由国务院财政部门部署。

各级政府、各部门、各单位应当按照国务院规定的时间编制预算草案。

第三十二条 各级预算应当根据年度经济社会发展目标、国家宏观调控总体要求和跨年度预算平衡的需要，参考上一年预算执行情况、有关支出绩效评价结果和本年度收支预测，按照规定程序征求各方面意见后，进行编制。

各级政府依据法定权限作出决定或者制定行政措施，凡涉及增加或者减少财政收入或者支出的，应当在预算批准前提出并在预算草案中作出相应安排。

各部门、各单位应当按照国务院财政部门制定的政府收支分类科目、预算支出标准和要求，以及绩效目标管理等预算编制规定，根据其依法履行职能和事业发展的需要以及存量资产情况，编制本部门、本单位预算草案。

前款所称政府收支分类科目，收入分为类、款、项、目；支出按其功能分类分为类、款、项，按其经济性质分类分为类、款。

第三十三条 省、自治区、直辖市政府应当按照国务院规定的时间，将本级总预算草案报国务院审核汇总。

第三十四条 中央一般公共预算中必需的部分资金，可以通过举借国内和国外债务等方式筹措，举借债务应当控制适当的规模，保持合理的结构。

对中央一般公共预算中举借的债务实行余额管理，余额的规模不得超过全国人民代表大会批准的限额。

国务院财政部门具体负责对中央政府债务的统一管理。

第三十五条 地方各级预算按照量入为出、收支平衡的原则编制，除本法另有规定外，不列赤字。

经国务院批准的省、自治区、直辖市的预算中必需的建设投资的部分资金，可以在国务院确定的限额内，通过发行地方政府债券举借债务的方式筹措。举借债务的规模，由国务院报全国人民代表大会或者全国人民代表大会常务委员会批准。省、自治区、直辖市依照国务院下达的限额举借的债务，列入本级预算调整方案，报本级人民代表大会常务委员会批准。举借的债务应当有偿还计划和稳定的偿还资金来源，只能用于公益性资本支出，不得用于经常性支出。

除前款规定外，地方政府及其所属部门不得以任何方式举借债务。

除法律另有规定外，地方政府及其所属部门不得为任何单位和个人的债务以任何方式提供担保。

国务院建立地方政府债务风险评估和预警机制、应急处置机制以及责任追究制度。国务院财政部门对地方政府债务实施监督。

第三十六条　各级预算收入的编制，应当与经济社会发展水平相适应，与财政政策相衔接。

各级政府、各部门、各单位应当依照本法规定，将所有政府收入全部列入预算，不得隐瞒、少列。

第三十七条　各级预算支出应当依照本法规定，按其功能和经济性质分类编制。

各级预算支出的编制，应当贯彻勤俭节约的原则，严格控制各部门、各单位的机关运行经费和楼堂馆所等基本建设支出。

各级一般公共预算支出的编制，应当统筹兼顾，在保证基本公共服务合理需要的前提下，优先安排国家确定的重点支出。

第三十八条　一般性转移支付应当按照国务院规定的基本标准和计算方法编制。专项转移支付应当分地区、分项目编制。

县级以上各级政府应当将对下级政府的转移支付预计数提前下达下级政府。

地方各级政府应当将上级政府提前下达的转移支付预计数编入本级预算。

第三十九条　中央预算和有关地方预算中应当安排必要的资金，用于扶助革命老区、民族地区、边疆地区、贫困地区发展经济社会建设事业。

第四十条　各级一般公共预算应当按照本级一般公共预算支出额的百分之一至百分之三设置预备费，用于当年预算执行中的自然灾害等突发事件处理增加的支出及其他难以预见的开支。

第四十一条　各级一般公共预算按照国务院的规定可以设置预算周转金，用于本级政府调剂预算年度内季节性收支差额。

各级一般公共预算按照国务院的规定可以设置预算稳定调节基金，用于弥补以后年度预算资金的不足。

第四十二条　各级政府上一年预算的结转资金，应当在下一年用于结转项目的支出；连续两年未用完的结转资金，应当作为结余资金管理。

各部门、各单位上一年预算的结转、结余资金按照国务院财政部门的规定办理。

第四十三条　中央预算由全国人民代表大会审查和批准。

地方各级预算由本级人民代表大会审查和批准。

第四十四条　国务院财政部门应当在每年全国人民代表大会会议举行的四十五日前，将中央预算草案的初步方案提交全国人民代表大会财政经济委员会进行初步审查。

省、自治区、直辖市政府财政部门应当在本级人民代表大会会议举行的三十日前，将本级预算草案的初步方案提交本级人民代表大会有关专门委员会进行初步审查。

设区的市、自治州政府财政部门应当在本级人民代表大会会议举行的三十日前，将本级预算草案的初步方案提交本级人民代表大会有关专门委员会进行初步审查，或者送交本级人民代表大会常务委员会有关工作机构征求意见。

县、自治县、不设区的市、市辖区政府应当在本级人民代表大会会议举行的三十日前，将本级预算草案的初步方案提交本级人民代表大会常务委员会进行初步审查。

第四十五条　县、自治县、不设区的市、市辖区、乡、民族乡、镇的人民代表大会举行会议审查预算草案前，应当采用多种形式，组织本级人民代表大会代表，听取选民和社会各界的意见。

第四十六条　报送各级人民代表大会审查和批准的预算草案应当细化。本级一般公共预算支出，按其功能分类应当编列到项；按其经济性质分类，基本支出应当编列到款。本级政府性基金预算、国有资本经营预算、社会保险基金预算支出，按其功能分类应当编列到项。

第五章　预算审查和批准

第四十七条　国务院在全国人民代表大会举行会议时，向大会作关于中央和地方预算草案以及中央和地方预算执行情况的报告。

地方各级政府在本级人民代表大会举行会议时，向大会作关于总预算草案和总预算执行情况的报告。

第四十八条　全国人民代表大会和地方各级人民代表大会对预算草案及其报告、预算执行情况的报告重点审查下列内容：

（一）上一年预算执行情况是否符合本级人民代表大会预算决议的要求；

（二）预算安排是否符合本法的规定；

（三）预算安排是否贯彻国民经济和社会发展的方针政策，收支政策是否切实可行；

（四）重点支出和重大投资项目的预算安排是否适当；

（五）预算的编制是否完整，是否符合本法第四十六条的规定；

（六）对下级政府的转移性支出预算是否规范、适当；

（七）预算安排举借的债务是否合法、合理，是否有偿还计划和稳定的偿还资金来源；

（八）与预算有关重要事项的说明是否清晰。

第四十九条　全国人民代表大会财政经济委员会向全国人民代表大会主席团提出关于中央和地方预算草案及中央和地方预算执行情况的审查结果报告。

省、自治区、直辖市、设区的市、自治州人民代表大会有关专门委员会，县、自治县、不设区的市、市辖区人民代表大会常务委员会，向本级人民代表大会主席团提出关于总预算草案及上一年总预算执行情况的审查结果报告。

审查结果报告应当包括下列内容：

（一）对上一年预算执行和落实本级人民代表大会预算决议的情况作出评价；

（二）对本年度预算草案是否符合本法的规定，是否可行作出评价；

（三）对本级人民代表大会批准预算草案和预算报告提出建议；

（四）对执行年度预算、改进预算管理、提高预算绩效、加强预算监督等提出意见和建议。

第五十条　乡、民族乡、镇政府应当及时将经本级人民代表大会批准的本级预算报上一级政府备案。县级以上地方各级政府应当及时将经本级人民代表大会批准的本级预算及下一级政府报送备案的预算汇总，报上一级政府备案。

县级以上地方各级政府将下一级政府依照前款规定报送备案的预算汇总后，报本级人民代表大会常务委员会会备案。国务院将省、自治区、直辖市政府依照前款规定报送备案的预算汇总后，报全国人民代表大会常务委员会会备案。

第五十一条　国务院和县级以上地方各级政府对下一级政府依照本法第四十条规定报送备案的预算，认为有同法律、行政法规相抵触或者有其他不适当之处，需要撤销批准预算的决议的，应当提请本级人民代表大会常务委员会会审议决定。

第五十二条　各级预算经本级人民代表大会批准后，本级政府财政部门应当在二十日内向本级各部门批复预算。各部门应当在接到本级政府财政部门批复的本部门预算后十五日内向所属各单位批复预算。

中央对地方的一般性转移支付应当在全国人民代表大会批准预算后三十日内正式下达。中央对地方的专项转移支付应当在全国人民代表大会批准预算后九十日内正式下达。

省、自治区、直辖市政府接到中央一般性转移支付和专项转移支付后，应当在三十日内正式下达到本行政区域县级以上各级政府。

县级以上地方各级预算安排对下级政府的一般性转移支付和专项转移支付，应当分别在本级人民代表大会批准预算后的三十日和六十日内正式下达。

对自然灾害等突发事件处理的转移支付，应当及时下达预算；对据实结算等特殊项目的转移支付，可以分期下达预算，或者先预付后结算。

县级以上各级政府财政部门应当将批复本级各部门的预算和批复下级政府的转移支付预算，抄送本级人民代表大会财政经济委员会、有关专门委员会和常务委员会有关工作机构。

第六章 预算执行

第五十三条 各级预算由本级政府组织执行，具体工作由本级政府财政部门负责。

各部门、各单位是本部门、本单位的预算执行主体，负责本部门、本单位的预算执行，并对执行结果负责。

第五十四条 预算年度开始后，各级预算草案在本级人民代表大会批准前，可以安排下列支出：

（一）上一年度结转的支出；

（二）参照上一年同期的预算支出数额安排必须支付的本年度部门基本支出、项目支出，以及对下级政府的转移性支出；

（三）法律规定必须履行支付义务的支出，以及用于自然灾害等突发事件处理的支出。

根据前款规定安排支出的情况，应当在预算草案的报告中作出说明。

预算经本级人民代表大会批准后，按照批准的预算执行。

第五十五条 预算收入征收部门和单位，必须依照法律、行政法规的规定，及时、足额征收应征的预算收入。不得违反法律、行政法规规定，多征、提前征收或者减征、免征、缓征应征的预算收入，不得截留、占用或者挪用预算收入。

各级政府不得向预算收入征收部门和单位下达收入指标。

第五十六条　政府的全部收入应当上缴国家金库（以下简称国库），任何部门、单位和个人不得截留、占用、挪用或者拖欠。

对于法律有明确规定或者经国务院批准的特定专用资金，可以依照国务院的规定设立财政专户。

第五十七条　各级政府财政部门必须依照法律、行政法规和国务院财政部门的规定，及时、足额地拨付预算支出资金，加强对预算支出的管理和监督。

各级政府、各部门、各单位的支出必须按照预算执行，不得虚假列支。

各级政府、各部门、各单位应当对预算支出情况开展绩效评价。

第五十八条　各级预算的收入和支出实行收付实现制。

特定事项按照国务院的规定实行权责发生制的有关情况，应当向本级人民代表大会常务委员会报告。

第五十九条　县级以上各级预算必须设立国库；具备条件的乡、民族乡、镇也应当设立国库。

中央国库业务由中国人民银行经理，地方国库业务依照国务院的有关规定办理。

各级国库应当按照国家有关规定，及时准确地办理预算收入的收纳、划分、留解、退付和预算支出的拨付。

各级国库库款的支配权属于本级政府财政部门。除法律、行政法规另有规定外，未经本级政府财政部门同意，任何部门、单位和个人都无权冻结、动用国库库款或者以其他方式支配已入国库的库款。

各级政府应当加强对本级国库的管理和监督，按照国务院的规定完善国库现金管理，合理调节国库资金余额。

各级政府应当加强对本级国库的管理和监督。

第六十条　已经缴入国库的资金，依照法律、行政法规的规定或者国务院的决定需要退付的，各级政府财政部门或者其授权的机构应当及时办理退付。按照规定应当由财政支出安排的事项，不得用退库处理。

第六十一条　国家实行国库集中收缴和集中支付制度，对政府全部收入和支出实行国库集中收付管理。

第六十二条　各级政府应当加强对预算执行的领导，支持政府财政、税务、海关等预算收入的征收部门依法组织预算收入，支持政府财政部门严格管理预算支出。

财政、税务、海关等部门在预算执行中，应当加强对预算执行的分析；发现问题时应当及时建议本级政府采取措施予以解决。

第六十三条　各部门、各单位应当加强对预算收入和支出的管理，不得截留或者动用应当上缴的预算收入，不得擅自改变预算支出的用途。

第六十四条　各级预算预备费的动用方案，由本级政府财政部门提出，报本级政府决定。

第六十五条　各级预算周转金由本级政府财政部门管理，不得挪作他用。

第六十六条　各级一般公共预算年度执行中有超收收入的，只能用于冲减赤字或者补充预算稳定调节基金。

各级一般公共预算的结余资金，应当补充预算稳定调节基金。

省、自治区、直辖市一般公共预算年度执行中出现短收，通过调入预算稳定调节基金、减少支出等方式仍不能实现收支平衡的，省、自治区、直辖市政府报本级人民代表大会或者其常务委员会批准，可以增列赤字，报国务院财政部门备案，并应当在下一年度预算中予以弥补。

第七章　预算调整

第六十七条　经全国人民代表大会批准的中央预算和经地方各级人民代表大会批准的地方各级预算，在执行中出现下列情况之一的，应当进行预算调整：

（一）需要增加或者减少预算总支出的；

（二）需要调入预算稳定调节基金的；

（三）需要调减预算安排的重点支出数额的；

（四）需要增加举借债务数额的。

第六十八条　在预算执行中，各级政府一般不制定新的增加财政收入或者支出的政策和措施，也不制定减少财政收入的政策和措施；必须作出并需要进行预算调整的，应当在预算调整方案中作出安排。

第六十九条　在预算执行中，各级政府对于必须进行的预算调整，应当编制预算调整方案。预算调整方案应当说明预算调整的理由、项目和数额。

在预算执行中，由于发生自然灾害等突发事件，必须及时增加预算支出的，应当先动支预备费；预备费不足支出的，各级政府可以先安排支出，属于预算调整的，列入预算调整方案。

国务院财政部门应当在全国人民代表大会常务委员会举行会议审查和批准预算调整方案的三十日前，将预算调整初步方案送交全国人民代表大会财政经济委员会进行初步审查。

省、自治区、直辖市政府财政部门应当在本级人民代表大会常务委员会举行会议审查和批准预算调整方案的三十日前，将预算调整初步方案送交本级人民代表大会有关专门委员会进行初步审查。

设区的市、自治州政府财政部门应当在本级人民代表大会常务委员会举行会议审查和批准预算调整方案的三十日前，将预算调整初步方案送交本级人民代表大会有关专门委员会进行初步审查，或者送交本级人民代表大会常务委员会有关工作机构征求意见。

县、自治县、不设区的市、市辖区政府财政部门应当在本级人民代表大会常务委员会举行会议审查和批准预算调整方案的三十日前，将预算调整初步方案送交本级人民代表大会常务委员会有关工作机构征求意见。

中央预算的调整方案应当提请全国人民代表大会常务委员会审查和批

准。县级以上地方各级预算的调整方案应当提请本级人民代表大会常务委员会审查和批准；乡、民族乡、镇预算的调整方案应当提请本级人民代表大会审查和批准。未经批准，不得调整预算。

第七十条　经批准的预算调整方案，各级政府应当严格执行。未经本法第六十九条规定的程序，各级政府不得作出预算调整的决定。

对违反前款规定作出的决定，本级人民代表大会、本级人民代表大会常务委员会会或者上级政府应当责令其改变或者撤销。

第七十一条　在预算执行中，地方各级政府因上级政府增加不需要本级政府提供配套资金的专项转移支付而引起的预算支出变化，不属于预算调整。

接受增加专项转移支付的县级以上地方各级政府应当向本级人民代表大会常务委员会报告有关情况；接受增加专项转移支付的乡、民族乡、镇政府应当向本级人民代表大会报告有关情况。

第七十二条　各部门、各单位的预算支出应当按照预算科目执行。严格控制不同预算科目、预算级次或者项目间的预算资金的调剂，确需调剂使用的，按照国务院财政部门的规定办理。

第七十三条　地方各级预算的调整方案经批准后，由本级政府报上一级政府备案。

第八章　决算

第七十四条　决算草案由各级政府、各部门、各单位，在每一预算年度终了后按照国务院规定的时间编制。

编制决算草案的具体事项，由国务院财政部门部署。

第七十五条　编制决算草案，必须符合法律、行政法规，做到收支真实、数额准确、内容完整、报送及时。

决算草案应当与预算相对应，按预算数、调整预算数、决算数分别列出。一般公共预算支出应当按其功能分类编列到项，按其经济性质分类编列到款。

第七十六条　各部门对所属各单位的决算草案，应当审核并汇总编制本部门的决算草案，在规定的期限内报本级政府财政部门审核。

各级政府财政部门对本级各部门决算草案审核后发现有不符合法律、行政法规规定的，有权予以纠正

第七十七条　国务院财政部门编制中央决算草案，经国务院审计部门审计后，报国务院审定，由国务院提请全国人民代表大会常务委员会审查和批准。

县级以上地方各级政府财政部门编制本级决算草案，经本级政府审计部门审计后，报本级政府审定，由本级政府提请本级人民代表大会常务委员会审查和批准。

乡、民族乡、镇政府编制本级决算草案，提请本级人民代表大会审查和批准。

第七十八条　国务院财政部门应当在全国人民代表大会常务委员会举行会议审查和批准中央决算草案的三十日前，将上一年度中央决算草案提交全国人民代表大会财政经济委员会进行初步审查。

省、自治区、直辖市政府财政部门应当在本级人民代表大会常务委员会举行会议审查和批准本级决算草案的三十日前，将上一年度本级决算草案提交本级人民代表大会有关专门委员会进行初步审查。

设区的市、自治州政府财政部门应当在本级人民代表大会常务委员会举行会议审查和批准本级决算草案的三十日前，将上一年度本级决算草案提交本级人民代表大会有关专门委员会进行初步审查，或者送交本级人民代表大会常务委员会有关工作机构征求意见。

县、自治县、不设区的市、市辖区政府财政部门应当在本级人民代表大会常务委员会举行会议审查和批准本级决算草案的三十日前，将上一年度本级决算草案送交本级人民代表大会常务委员会有关工作机构征求意见。

全国人民代表大会财政经济委员会和省、自治区、直辖市、设区的

市、自治州人民代表大会有关专门委员会，向本级人民代表大会常务委员会提出关于本级决算草案的审查结果报告。

第七十九条 县级以上各级人民代表大会常务委员会和乡、民族乡、镇人民代表大会对本级决算草案，重点审查下列内容：

（一）预算收入情况；

（二）支出政策实施情况和重点支出、重大投资项目资金的使用及绩效情况；

（三）结转资金的使用情况；

（四）资金结余情况；

（五）本级预算调整及执行情况；

（六）财政转移支付安排执行情况；

（七）经批准举借债务的规模、结构、使用、偿还等情况；

（八）本级预算周转金规模和使用情况；

（九）本级预备费使用情况；

（十）超收收入安排情况，预算稳定调节基金的规模和使用情况；

（十一）本级人民代表大会批准的预算决议落实情况；

（十二）其他与决算有关的重要情况。

县级以上各级人民代表大会常务委员会应当结合本级政府提出的上一年度预算执行和其他财政收支的审计工作报告，对本级决算草案进行审查。

第八十条 各级决算经批准后，财政部门应当在二十日内向本级各部门批复决算。各部门应当在接到本级政府财政部门批复的本部门决算后十五日内向所属单位批复决算。

第八十一条 地方各级政府应当将经批准的决算及下一级政府上报备案的决算汇总，报上一级政府备案。

县级以上各级政府应当将下一级政府报送备案的决算汇总后，报本级人民代表大会常务委员会备案。

第八十二条 国务院和县级以上地方各级政府对下一级政府依照本法

第六十四条规定报送备案的决算，认为有同法律、行政法规相抵触或者有其他不适当之处，需要撤销批准该项决算的决议的，应当提请本级人民代表大会常务委员会会审议决定；经审议决定撤销的，该下级人民代表大会常务委员会会应当责成本级政府依照本法规定重新编制决算草案，提请本级人民代表大会常务委员会会审查和批准。

第九章　监督

第八十三条　全国人民代表大会及其常务委员会会对中央和地方预算、决算进行监督。

县级以上地方各级人民代表大会及其常务委员会会对本级和下级预算、决算进行监督。

乡、民族乡、镇人民代表大会对本级预算、决算进行监督。

第八十四条　各级人民代表大会和县级以上各级人民代表大会常务委员会会有权就预算、决算中的重大事项或者特定问题组织调查，有关的政府、部门、单位和个人应当如实反映情况和提供必要的材料。

第八十五条　各级人民代表大会和县级以上各级人民代表大会常务委员会会举行会议时，人民代表大会代表或者常务委员会会组成人员，依照法律规定程序就预算、决算中的有关问题提出询问或者质询，受询问或者受质询的有关的政府或者财政部门必须及时给予答复。

第八十六条　国务院和县级以上地方各级政府应当在每年六月至九月期间向本级人民代表大会常务委员会报告预算执行情况。

第八十七条　各级政府监督下级政府的预算执行；下级政府应当定期向上一级政府报告预算执行情况。

第八十八条　各级政府财政部门负责监督检查本级各部门及其所属各单位预算的编制、执行，并向本级政府和上一级政府财政部门报告预算执行情况。

第八十九条　县级以上政府审计部门依法对预算执行、决算实行审计监督。

对预算执行和其他财政收支的审计工作报告应当向社会公开。

第九十条 政府各部门负责监督检查所属各单位的预算执行，及时向本级政府财政部门反映本部门预算执行情况，依法纠正违反预算的行为。

第九十一条 公民、法人或者其他组织发现有违反本法的行为，可以依法向有关国家机关进行检举、控告。

接受检举、控告的国家机关应当依法进行处理，并为检举人、控告人保密。任何单位或者个人不得压制和打击报复检举人、控告人。

第十章 法律责任

第九十二条 各级政府及有关部门有下列行为之一的，责令改正，对负有直接责任的主管人员和其他直接责任人员追究行政责任：

（一）未依照本法规定，编制、报送预算草案、预算调整方案、决算草案和部门预算、决算以及批复预算、决算的；

（二）违反本法规定，进行预算调整的；

（三）未依照本法规定对有关预算事项进行公开和说明的；

（四）违反规定设立政府性基金项目和其他财政收入项目的；

（五）违反法律、法规规定使用预算预备费、预算周转金、预算稳定调节基金、超收收入的；

（六）违反本法规定开设财政专户的。

第九十三条 各级政府及有关部门、单位有下列行为之一的，责令改正，对负有直接责任的主管人员和其他直接责任人员依法给予降级、撤职、开除的处分：

（一）未将所有政府收入和支出列入预算或者虚列收入和支出的；

（二）违反法律、行政法规的规定，多征、提前征收或者减征、免征、缓征应征预算收入的；

（三）截留、占用、挪用或者拖欠应当上缴国库的预算收入的；

（四）违反本法规定，改变预算支出用途的；

（五）擅自改变上级政府专项转移支付资金用途的；

（六）违反本法规定拨付预算支出资金，办理预算收入收纳、划分、留解、退付，或者违反本法规定冻结、动用国库库款或者以其他方式支配已入国库库款的。

第九十四条　各级政府、各部门、各单位违反本法规定举借债务或者为他人债务提供担保，或者挪用重点支出资金，或者在预算之外及超预算标准建设楼堂馆所的，责令改正，对负有直接责任的主管人员和其他直接责任人员给予撤职、开除的处分。

第九十五条　各级政府有关部门、单位及其工作人员有下列行为之一的，责令改正，追回骗取、使用的资金，有违法所得的没收违法所得，对单位给予警告或者通报批评；对负有直接责任的主管人员和其他直接责任人员依法给予处分：

（一）违反法律、法规的规定，改变预算收入上缴方式的；

（二）以虚报、冒领等手段骗取预算资金的；

（三）违反规定扩大开支范围、提高开支标准的；

（四）其他违反财政管理规定的行为。

第九十六条　本法第九十二条、第九十三条、第九十四条、第九十五条所列违法行为，其他法律对其处理、处罚另有规定的，依照其规定。

违反本法规定，构成犯罪的，依法追究刑事责任。

第十一章　附则

第九十七条　各级政府财政部门应当按年度编制以权责发生制为基础的政府综合财务报告，报告政府整体财务状况、运行情况和财政中长期可持续性，报本级人民代表大会常务委员会备案。

第九十八条　国务院根据本法制定实施条例。

第九十九条　民族自治地方的预算管理，依照民族区域自治法的有关规定执行；民族区域自治法没有规定的，依照本法和国务院的有关规定执行。

第一百条　省、自治区、直辖市人民代表大会或者其常务委员会根据本法，可以制定有关预算审查监督的决定或者地方性法规。

第一百零一条　本法自 1995 年 1 月 1 日施行。1991 年 10 月 21 日国务院发布的《国家预算管理条例》同时废止。

附录二　国务院关于推进中央与地方财政事权和支出责任划分改革的指导意见

国发〔2016〕49 号

各省、自治区、直辖市人民政府，国务院各部委、各直属机构：

合理划分中央与地方财政事权和支出责任是政府有效提供基本公共服务的前提和保障，是建立现代财政制度的重要内容，是推进国家治理体系和治理能力现代化的客观需要。根据党的十八大和十八届三中、四中、五中全会提出的建立事权和支出责任相适应的制度、适度加强中央事权和支出责任、推进各级政府事权规范化法律化的要求，按照党中央、国务院决策部署，现就推进中央与地方财政事权和支出责任划分改革提出如下指导意见。

一　推进财政事权和支出责任划分改革的必要性

财政事权是一级政府应承担的运用财政资金提供基本公共服务的任务和职责，支出责任是政府履行财政事权的支出义务和保障。改革开放以来，中央与地方财政关系经历了从高度集中的统收统支到"分灶吃饭"、包干制，再到分税制财政体制的变化，财政事权和支出责任划分逐渐明确，特别是 1994 年实施的分税制改革，初步构建了中国特色社会主义制度下中央与地方财政事权和支出责任划分的体系框架，为我国建立现代财政制度奠定了良好基础。总体看，我国财政事权和支出责任划分为坚持党的领导、人民主体地位、依法治国提供了有效保障，调动了各方面的积极性，对完善社会主义市场经济体制、保障和改善民生、促进社会公平正义，以及解决经济社会发展中的突出矛盾和问题发挥了重要作用。

但也要看到，新的形势下，现行的中央与地方财政事权和支出责任划分还不同程度存在不清晰、不合理、不规范等问题，主要表现在：政府职能定位不清，一些本可由市场调节或社会提供的事务，财政包揽过多，同时一些本应由政府承担的基本公共服务，财政承担不够；中央与地方财政事权和支出责任划分不尽合理，一些本应由中央直接负责的事务交给地方承担，一些宜由地方负责的事务，中央承担过多，地方没有担负起相应的支出责任；不少中央和地方提供基本公共服务的职责交叉重叠，共同承担的事项较多；省以下财政事权和支出责任划分不尽规范；有的财政事权和支出责任划分缺乏法律依据，法治化、规范化程度不高。

这种状况不利于充分发挥市场在资源配置中的决定性作用，不利于政府有效提供基本公共服务，与建立健全现代财政制度、推动国家治理体系和治理能力现代化的要求不相适应，必须积极推进中央与地方财政事权和支出责任划分改革。

二 指导思想、总体要求和划分原则

（一）指导思想

高举中国特色社会主义伟大旗帜，全面贯彻党的十八大和十八届三中、四中、五中全会精神，深入贯彻习近平总书记系列重要讲话精神，适应、把握和引领经济发展新常态，坚持"五位一体"总体布局和"四个全面"战略布局，牢固树立和贯彻落实创新、协调、绿色、开放、共享的发展理念，遵循宪法和政府组织法的相关规定，按照完善社会主义市场经济体制总体要求和深化财税体制改革总体方案，立足全局、着眼长远、统筹规划、分步实施，科学合理划分中央与地方财政事权和支出责任，形成中央领导、合理授权、依法规范、运转高效的财政事权和支出责任划分模式，落实基本公共服务提供责任，提高基本公共服务供给效率，促进各级政府更好履职尽责。

（二）总体要求

1. 坚持中国特色社会主义道路和党的领导。通过合理划分中央与地方在基本公共服务提供方面的任务和职责，形成科学合理、职责明确的财政事权和支出责任划分体系，充分发挥中国特色社会主义制度在维护社会公平正义和促进共同富裕方面的优势，确保党的路线、方针、政策得到贯彻落实，为加强和改善党的领导提供更好保障。

2. 坚持财政事权由中央决定。在完善中央决策、地方执行的机制基础上，明确中央在财政事权确认和划分上的决定权，适度加强中央政府承担基本公共服务的职责和能力，维护中央权威。要切实落实地方政府在中央授权范围内履行财政事权的责任，最大限度减少中央对微观事务的直接管理，发挥地方政府因地制宜加强区域内事务管理的优势，调动和保护地方干事创业的积极性和主动性。

3. 坚持有利于健全社会主义市场经济体制。要正确处理政府与市场、政府与社会的关系，合理确定政府提供基本公共服务的范围和方式，将应由市场或社会承担的事务，交由市场主体或社会力量承担；对应由政府提供的基本公共服务，要明确承担财政事权和支出责任的相应政府层级，促进社会主义市场经济体制不断完善，使市场在资源配置中的决定性作用得到充分发挥。

4. 坚持法治化规范化道路。要将中央与地方财政事权和支出责任划分基本规范以法律和行政法规的形式规定，将地方各级政府间的财政事权和支出责任划分相关制度以地方性法规、政府规章的形式规定，逐步实现政府间财政事权和支出责任划分法治化、规范化，让行政权力在法律和制度的框架内运行，加快推进依法治国、依法行政。

5. 坚持积极稳妥统筹推进。要从积极稳妥推进中央与地方事权和支出责任划分改革的全局出发，先在财政事权和支出责任划分上突破，为建立科学规范的政府间关系创造基础性条件。要处理好改革与稳定发展、总体设计与分步实施、当前与长远的关系，准确把握各项改革措施出台的时机、力度和节奏，加强中央与地方之间以及各部门之间的协同合作，形成合力，确保改革扎实推进，务求实效。

（三）划分原则

1. 体现基本公共服务受益范围。体现国家主权、维护统一市场以及受益范围覆盖全国的基本公共服务由中央负责，地区性基本公共服务由地方负责，跨省（区、市）的基本公共服务由中央与地方共同负责。

2. 兼顾政府职能和行政效率。结合我国现有中央与地方政府职能配置和机构设置，更多、更好发挥地方政府尤其是县级政府组织能力强、贴近基层、获取信息便利的优势，将所需信息量大、信息复杂且获取困难的基本公共服务优先作为地方的财政事权，提高行政效率，降低行政成本。信息比较容易获取和甄别的全国性基本公共服务宜作为中央的财政事权。

3. 实现权、责、利相统一。在中央统一领导下，适宜由中央承担的财政事权执行权要上划，加强中央的财政事权执行能力；适宜由地方承担的财政事权决策权要下放，减少中央部门代地方决策事项，保证地方有效管理区域内事务。要明确共同财政事权中央与地方各自承担的职责，将财政事权履行涉及的战略规划、政策决定、执行实施、监督评价等各环节在中央与地方间作出合理安排，做到财政事权履行权责明确和全过程覆盖。

4. 激励地方政府主动作为。通过有效授权，合理确定地方财政事权，使基本公共服务受益范围与政府管辖区域保持一致，激励地方各级政府尽力做好辖区范围内的基本公共服务提供和保障，避免出现地方政府不作为或因追求局部利益而损害其他地区利益或整体利益的行为。

5. 做到支出责任与财政事权相适应。按照"谁的财政事权谁承担支出责任"的原则，确定各级政府支出责任。对属于中央并由中央组织实施的财政事权，原则上由中央承担支出责任；对属于地方并由地方组织实施的财政事权，原则上由地方承担支出责任；对属于中央与地方共同财政事权，根据基本公共服务的受益范围、影响程度，区分情况确定中央和地方的支出责任以及承担方式。

三　改革的主要内容

（一）推进中央与地方财政事权划分

1. 适度加强中央的财政事权。坚持基本公共服务的普惠性、保基本、均等化方向，加强中央在保障国家安全、维护全国统一市场、体现社会公平正义、推动区域协调发展等方面的财政事权。强化中央的财政事权履行责任，中央的财政事权原则上由中央直接行使。中央的财政事权确需委托地方行使的，报经党中央、国务院批准后，由有关职能部门委托地方行使，并制定相应的法律法规予以明确。对中央委托地方行使的财政事权，受委托地方在委托范围内，以委托单位的名义行使职权，承担相应的法律责任，并接受委托单位的监督。

要逐步将国防、外交、国家安全、出入境管理、国防公路、国界河湖治理、全国性重大传染病防治、全国性大通道、全国性战略性自然资源使用和保护等基本公共服务确定或上划为中央的财政事权。

2. 保障地方履行财政事权。加强地方政府公共服务、社会管理等职责。将直接面向基层、量大面广、与当地居民密切相关、由地方提供更方便有效的基本公共服务确定为地方的财政事权，赋予地方政府充分自主权，依法保障地方的财政事权履行，更好地满足地方基本公共服务需求。地方的财政事权由地方行使，中央对地方的财政事权履行提出规范性要求，并通过法律法规的形式予以明确。

要逐步将社会治安、市政交通、农村公路、城乡社区事务等受益范围地域性强、信息较为复杂且主要与当地居民密切相关的基本公共服务确定为地方的财政事权。

3. 减少并规范中央与地方共同财政事权。考虑到我国人口和民族众多、幅员辽阔、发展不平衡的国情和经济社会发展的阶段性要求，需要更多发挥中央在保障公民基本权利、提供基本公共服务方面的作用，因此应保有比成熟市场经济国家相对多一些的中央与地方共同财政事权。但在现阶段，针对中央与地方共同财政事权过多且不规范的情况，必须逐步减少并规范中央与地方共同财政事权，并根据基本公共服务的受益范围、影响程度，按事权构成要素、实施环节，分解细化各级政府承担的职责，避免由于职责不清造成互相推诿。

要逐步将义务教育、高等教育、科技研发、公共文化、基本养老保险、基本医疗和公共卫生、城乡居民基本医疗保险、就业、粮食安全、跨省（区、市）重大基础设施项目建设和环境保护与治理等体现中央战略意图、跨省（区、市）且具有地域管理信息优势的基本公共服务确定为中央与地方共同财政事权，并明确各承担主体的职责。

4. 建立财政事权划分动态调整机制。财政事权划分要根据客观条件变化进行动态调整。在条件成熟时，将全国范围内环境质量监测和对全国生态具有基础性、战略性作用的生态环境保护等基本公共服务，逐步上划为中央的财政事权。对新增及尚未明确划分的基本公共服务，要根据社会主义市场经济体制改革进展、经济社会发展需求以及各级政府财力增长情况，将应由市场或社会承担的事务交由市场主体或社会力量承担，将应由政府提供的基本公共服务统筹研究划分为中央财政事权、地方财政事权或中央与地方共同财政事权。

（二）完善中央与地方支出责任划分

1. 中央的财政事权由中央承担支出责任。属于中央的财政事权，应当由中央财政安排经费，中央各职能部门和直属机构不得要求地方安排配套资金。中央的财政事权如委托地方行使，要通过中央专项转移支付安排相应经费。

2. 地方的财政事权由地方承担支出责任。属于地方的财政事权原则上由地方通过自有财力安排。对地方政府履行财政事权、落实支出责任存在的收支缺口，除部分资本性支出通过依法发行政府性债券等方式安排外，主要通过上级政府给予的一般性转移支付弥补。地方的财政事权如委托中央机构行使，地方政府应负担相应经费。

3. 中央与地方共同财政事权区分情况划分支出责任。根据基本公共服务的属性，体现国民待遇和公民权利、涉及全国统一市场和要素自由流动的财政事权，如基本养老保险、基本公共卫生服务、义务教育等，可以研究制定全国统一标准，并由中央与地方按比例或以中央为主承担支出责任；对受益范围较广、信息相对复杂的财政事权，如跨省（区、市）重大基础设施项目建设、环境保护与治理、公共文化等，根据财政事权外溢程度，由中央和地方按比例或中央给予适当补助方式承担支出责任；对中央和地方有各自机构承担相应职责的财政事权，如科技研发、高等教育等，中央和地方各自承担相应支出责任；对中央承担监督管理、出台规划、制定标准等职责，地方承担具体执行等职责的财政事权，中央与地方各自承担相应支出责任。

（三）加快省以下财政事权和支出责任划分

省级政府要参照中央做法，结合当地实际，按照财政事权划分原则合理确定省以下政府间财政事权。将部分适宜由更高一级政府承担的基本公共服务职能上移，明确省级政府在保持区域内经济社会稳定、促进经济协调发展、推进区域内基本公共服务均等化等方面的职责。将有关居民生活、社会治安、城乡建设、公共设施管理等适宜由基层政府发挥信息、管理优势的基本公共服务职能下移，强化基层政府贯彻执行国家政策和上级政府政策的责任。

省级政府要根据省以下财政事权划分、财政体制及基层政府财力状况，合理确定省以下各级政府的支出责任，避免将过多支出责任交给基层政府承担。

四　保障和配套措施

（一）加强与相关改革的协同配套

财政事权和支出责任划分与教育、社会保障、医疗卫生等各项改革紧密相连、不可分割。要将财政事权和支出责任划分改革与加快推进相关领域改革相结合，既通过相关领域改革为推进财政事权和支出责任划分创造条件，又将财政事权和支出责任划分改革体现和充实到各领域改革中，形成良性互动、协同推进的局面。

（二）明确政府间财政事权划分争议的处理

中央与地方财政事权划分争议由中央裁定，已明确属于省以下的财政事权划分争议由省级政府裁定。明确中央与地方共同财政事权和中央委托地方行使的财政事权设置的原则、程序、范围和责任，减少划分中的争议。

（三）完善中央与地方收入划分和对地方转移支付制度

加快研究制定中央与地方收入划分总体方案，推动进一步理顺中央与地方的财政分配关系，形成财力与事权相匹配的财政体制。进一步完善中央对地方转移支付制度，清理整合与财政事权划分不相匹配的中央对地方转移支付，增强财力薄弱地区尤其是老少边穷地区的财力。严格控制引导类、救济类、应急类专项转移支付，对保留的专项转移支付进行甄别，属于地方财政事权的划入一般性转移支付。

（四）及时推动相关部门职责调整

按照一项财政事权归口一个部门牵头负责的原则，合理划分部门职责，理顺部门分工，妥善解决跨部门财政事权划分不清晰和重复交叉问题，处理好中央和省级政府垂直管理机构与地方政府的职责关系，为更好履行政府公共服务职能提供保障。

（五）督促地方切实履行财政事权

随着中央与地方财政事权和支出责任划分改革的推进，地方的财政事权将逐渐明确。对属于地方的财政事权，地方政府必须履行到位，确保基本公共服务的有效提供。中央要在法律法规的框架下加强监督考核和绩效评价，强化地方政府履行财政事权的责任。

五　职责分工和时间安排

（一）职责分工

财政部、中央编办等有关部门主要负责组织、协调、指导、督促推进中央与地方财政事权和支出责任划分改革工作。各职能部门要落实部门主体责任，根据本指导意见，在广泛征求有关部门和地方意见基础上，研究提出本部门所涉及的基本公共服务领域改革具体实施方案，按程序报请党中央、国务院批准后实施。

在改革实施过程中，有关部门要妥善处理中央与地方财政事权和支出责任划分带来的职能调整以及人员、资产划转等事项，积极配合推动制订或修改相关法律、行政法规中关于财政事权和支出责任划分的规定。

各省级人民政府要参照本指导意见的总体要求和基本原则，根据本地实际情况，结合财税体制改革要求和中央与地方财政事权和支出责任划分改革的进程，制定省以下财政事权和支出责任划分改革方案，组织推动本地区省以下财政事权和支出责任划分改革工作。

（二）时间安排

1. 2016 年。有关部门要按照本指导意见要求，研究制定相关基本公共服务领域改革具体实施方案。选取国防、国家安全、外交、公共安全等基本公共服务领域率先启动财政事权和支出责任划分改革。同时，部署推进省以下相关领域财政事权和支出责任划分改革。

2. 2017～2018 年。总结相关领域中央与地方财政事权和支出责任划分改革经验，结合实际、循序渐进，争取在教育、医疗卫生、环境保护、交通运输等基本公共服务领域取得突破性进展。参照中央改革进程，加快推进省以下相关领域财政事权和支出责任划分改革。

3. 2019～2020 年。基本完成主要领域改革，形成中央与地方财政事权和支出责任划分的清晰框架。及时总结改革成果，梳理需要上升为法律法规的内容，适时制修订相关法律、行政法规，研究起草政府间财政关系法，推动形成保障财政事权和支出责任划分科学合理的法律体系。督促地方完成主要领域改革，形成省以下财政事权和支出责任划分的清晰框架。

中央与地方财政事权和支出责任划分改革是建立科学规范政府间关系的核心内容，是完善国家治理结构的一项基础性、系统性工程，对全面深化经济体制改革具有重要的推动作用。各地区、各部门要充分认识推进这项改革工作的重要性、紧迫性、艰巨性，把思想和行动统一到党中央、国务院决策部署上来，以高度的责任感、使命感和改革创新精神，周密安排部署，切实履行职责，密切协调配合，积极稳妥推进中央与地方财政事权和支出责任划分改革，为建立健全现代财政制度、推进国家治理体系和治理能力现代化、落实"四个全面"战略布局提供有力保障。

国务院

2016 年 8 月 16 日

附录三　国务院关于加强地方政府性债务管理的意见

国发〔2014〕43 号

各省、自治区、直辖市人民政府，国务院各部委、各直属机构：

为加强地方政府性债务管理，促进国民经济持续健康发展，根据党的十八大、十八届三中全会精神，现提出以下意见：

一　总体要求

（一）指导思想

以邓小平理论、"三个代表"重要思想、科学发展观为指导，全面贯彻落实党的十八大、十八届三中全会精神，按照党中央、国务院决策部署，建立"借、用、还"相统一的地方政府性债务管理机制，有效发挥地方政府规范举债的积极作用，切实防范化解财政金融风险，促进国民经济持续健康发展。

（二）基本原则

疏堵结合。修明渠、堵暗道，赋予地方政府依法适度举债融资权限，加快建立规范的地方政府举债融资机制。同时，坚决制止地方政府违法违规举债。

分清责任。明确政府和企业的责任，政府债务不得通过企业举借，企业债务不得推给政府偿还，切实做到谁借谁还、风险自担。政府与社会资本合作的，按约定规则依法承担相关责任。

规范管理。对地方政府债务实行规模控制，严格限定政府举债程序和资金用途，把地方政府债务分门别类纳入全口径预算管理，实现"借、用、还"相统一。

防范风险。牢牢守住不发生区域性和系统性风险的底线，切实防范和化解财政金融风险。

稳步推进。加强债务管理，既要积极推进，又要谨慎稳健。在规范管理的同时，要妥善处理存量债务，确保在建项目有序推进。

二 加快建立规范的地方政府举债融资机制

（一）赋予地方政府依法适度举债权限

经国务院批准，省、自治区、直辖市政府可以适度举借债务，市县级政府确需举借债务的由省、自治区、直辖市政府代为举借。明确划清政府与企业界限，政府债务只能通过政府及其部门举借，不得通过企事业单位等举借。

（二）建立规范的地方政府举债融资机制

地方政府举债采取政府债券方式。没有收益的公益性事业发展确需政府举借一般债务的，由地方政府发行一般债券融资，主要以一般公共预算收入偿还。有一定收益的公益性事业发展确需政府举借专项债务的，由地方政府通过发行专项债券融资，以对应的政府性基金或专项收入偿还。

（三）推广使用政府与社会资本合作模式

鼓励社会资本通过特许经营等方式，参与城市基础设施等有一定收益的公益性事业投资和运营。政府通过特许经营权、合理定价、财政补贴等事先公开的收益约定规则，使投资者有长期稳定收益。投资者按照市场化原则出资，按约定规则独自或与政府共同成立特别目的公司建设和运营合作项目。投资者或特别目的公司可以通过银行贷款、企业债、项目收益债券、资产证券化等市场化方式举债并承担偿债责任。政府对投资者或特别目的公司按约定规则依法承担特许经营权、合理定价、财政补贴等相关责任，不承担投资者或特别目的公司的偿债责任。

（四）加强政府或有债务监管

剥离融资平台公司政府融资职能，融资平台公司不得新增政府债务。地方政府新发生或有债务，要严格限定在依法担保的范围内，并根据担保合同依法承担相关责任。地方政府要加强对或有债务的统计分析和风险防控，做好相关监管工作。

三　对地方政府债务实行规模控制和预算管理

（一）对地方政府债务实行规模控制

地方政府债务规模实行限额管理，地方政府举债不得突破批准的限额。地方政府一般债务和专项债务规模纳入限额管理，由国务院确定并报全国人大或其常委会批准，分地区限额由财政部在全国人大或其常委会批准的地方政府债务规模内根据各地区债务风险、财力状况等因素测算并报国务院批准。

（二）严格限定地方政府举债程序和资金用途

地方政府在国务院批准的分地区限额内举借债务，必须报本级人大或其常委会批准。地方政府不得通过企事业单位等举借债务。地方政府举借债务要遵循市场化原则。建立地方政府信用评级制度，逐步完善地方政府债券市场。地方政府举借的债务，只能用于公益性资本支出和适度归还存量债务，不得用于经常性支出。

（三）把地方政府债务分门别类纳入全口径预算管理

地方政府要将一般债务收支纳入一般公共预算管理，将专项债务收支纳入政府性基金预算管理，将政府与社会资本合作项目中的财政补贴等支出按性质纳入相应政府预算管理。地方政府各部门、各单位要将债务收支纳入部门和单位预算管理。或有债务确需地方政府或其部门、单位依法承担偿债责任的，偿债资金要纳入相应预算管理。

四 控制和化解地方政府性债务风险

（一）建立地方政府性债务风险预警机制

财政部根据各地区一般债务、专项债务、或有债务等情况，测算债务率、新增债务率、偿债率、逾期债务率等指标，评估各地区债务风险状况，对债务高风险地区进行风险预警。列入风险预警范围的债务高风险地区，要积极采取措施，逐步降低风险。债务风险相对较低的地区，要合理控制债务余额的规模和增长速度。

（二）建立债务风险应急处置机制

要硬化预算约束，防范道德风险，地方政府对其举借的债务负有偿还责任，中央政府实行不救助原则。各级政府要制定应急处置预案，建立责任追究机制。地方政府出现偿债困难时，要通过控制项目规模、压缩公用经费、处置存量资产等方式，多渠道筹集资金偿还债务。地方政府难以自行偿还债务时，要及时上报，本级和上级政府要启动债务风险应急处置预案和责任追究机制，切实化解债务风险，并追究相关人员责任。

（三）严肃财经纪律

建立对违法违规融资和违规使用政府性债务资金的惩罚机制，加大对地方政府性债务管理的监督检查力度。地方政府及其所属部门不得在预算之外违法违规举借债务，不得以支持公益性事业发展名义举借债务用于经常性支出或楼堂馆所建设，不得挪用债务资金或改变既定资金用途；对企业的注资、财政补贴等行为必须依法合规，不得违法为任何单位和个人的债务以任何方式提供担保；不得违规干预金融机构等正常经营活动，不得强制金融机构等提供政府性融资。地方政府要进一步规范土地出让管理，坚决制止违法违规出让土地及融资行为。

五　完善配套制度

（一）完善债务报告和公开制度

完善地方政府性债务统计报告制度，加快建立权责发生制的政府综合财务报告制度，全面反映政府的资产负债情况。对于中央出台的重大政策措施如棚户区改造等形成的政府性债务，应当单独统计、单独核算、单独检查、单独考核。建立地方政府性债务公开制度，加强政府信用体系建设。各地区要定期向社会公开政府性债务及其项目建设情况，自觉接受社会监督。

（二）建立考核问责机制

把政府性债务作为一个硬指标纳入政绩考核。明确责任落实，各省、自治区、直辖市政府要对本地区地方政府性债务负责任。强化教育和考核，纠正不正确的政绩导向。对脱离实际过度举债、违法违规举债或担保、违规使用债务资金、恶意逃废债务等行为，要追究相关责任人责任。

（三）强化债权人约束

金融机构等不得违法违规向地方政府提供融资，不得要求地方政府违法违规提供担保。金融机构等购买地方政府债券要符合监管规定，向属于政府或有债务举借主体的企业法人等提供融资要严格规范信贷管理，切实加强风险识别和风险管理。金融机构等违法违规提供政府性融资的，应自行承担相应损失，并按照商业银行法、银行业监督管理法等法律法规追究相关机构和人员的责任。

六 妥善处理存量债务和在建项目后续融资

(一) 抓紧将存量债务纳入预算管理

以 2013 年政府性债务审计结果为基础，结合审计后债务增减变化情况，经债权人与债务人共同协商确认，对地方政府性债务存量进行甄别。对地方政府及其部门举借的债务，相应纳入一般债务和专项债务。对企事业单位举借的债务，凡属于政府应当偿还的债务，相应纳入一般债务和专项债务。地方政府将甄别后的政府存量债务逐级汇总上报国务院批准后，分类纳入预算管理。纳入预算管理的债务原有债权债务关系不变，偿债资金要按照预算管理要求规范管理。

(二) 积极降低存量债务利息负担

对甄别后纳入预算管理的地方政府存量债务，各地区可申请发行地方政府债券置换，以降低利息负担，优化期限结构，腾出更多资金用于重点项目建设。

(三) 妥善偿还存量债务

处置到期存量债务要遵循市场规则，减少行政干预。对项目自身运营收入能够按时还本付息的债务，应继续通过项目收入偿还。对项目自身运营收入不足以还本付息的债务，可以通过依法注入优质资产、加强经营管理、加大改革力度等措施，提高项目盈利能力，增强偿债能力。地方政府应指导和督促有关债务举借单位加强财务管理、拓宽偿债资金渠道、统筹安排偿债资金。对确需地方政府偿还的债务，地方政府要切实履行偿债责任，必要时可以处置政府资产偿还债务。对确需地方政府履行担保或救助责任的债务，地方政府要切实依法履行协议约定，作出妥善安排。有关债务举借单位和连带责任人要按照协议认真落实偿债责任，明确偿债时限，按时还本付息，不得单方面改变原有债权债务关系，不得转嫁偿债责任和逃废债务。对确已形成损失的存量债务，债权人应按照商业化原则承担相应责任和损失。

（四）确保在建项目后续融资

地方政府要统筹各类资金，优先保障在建项目续建和收尾。对使用债务资金的在建项目，原贷款银行等要重新进行审核，凡符合国家有关规定的项目，要继续按协议提供贷款，推进项目建设；对在建项目确实没有其他建设资金来源的，应主要通过政府与社会资本合作模式和地方政府债券解决后续融资。

七　加强组织领导

各地区、各部门要高度重视，把思想和行动统一到党中央、国务院决策部署上来。地方政府要切实担负起加强地方政府性债务管理、防范化解财政金融风险的责任，结合实际制定具体方案，政府主要负责人要作为第一责任人，认真抓好政策落实。要建立地方政府性债务协调机制，统筹加强地方政府性债务管理。财政部门作为地方政府性债务归口管理部门，要完善债务管理制度，充实债务管理力量，做好债务规模控制、债券发行、预算管理、统计分析和风险监控等工作；发展改革部门要加强政府投资计划管理和项目审批，从严审批债务风险较高地区的新开工项目；金融监管部门要加强监管、正确引导，制止金融机构等违法违规提供融资；审计部门要依法加强对地方政府性债务的审计监督，促进完善债务管理制度，防范风险，规范管理，提高资金使用效益。各地区、各部门要切实履行职责，加强协调配合，全面做好加强地方政府性债务管理各项工作，确保政策贯彻落实到位。

国务院

2014 年 9 月 21 日

附录四　国务院关于改革和完善中央对地方转移支付制度的意见

国发〔2014〕71号

各省、自治区、直辖市人民政府，国务院各部委、各直属机构：

财政转移支付制度是现代财政制度的重要内容，是政府管理的重要手段。根据党的十八届三中全会精神和《国务院关于深化预算管理制度改革的决定》（国发〔2014〕45号）要求，现就改革和完善中央对地方转移支付制度提出如下意见。

一　改革和完善中央对地方转移支付制度的必要性

1994年实行分税制财政管理体制以来，我国逐步建立了符合社会主义市场经济体制基本要求的财政转移支付制度。中央财政集中的财力主要用于增加对地方特别是中西部地区的转移支付，转移支付规模不断扩大，有力促进了地区间基本公共服务的均等化，推动了国家宏观调控政策目标的贯彻落实，保障和改善了民生，支持了经济社会持续健康发展。但与建立现代财政制度的要求相比，现行中央对地方转移支付制度存在的问题和不足也日益凸显，突出表现在：受中央和地方事权和支出责任划分不清晰的影响，转移支付结构不够合理；一般性转移支付项目种类多、目标多元，均等化功能弱化；专项转移支付涉及领域过宽，分配使用不够科学；一些项目行政审批色彩较重，与简政放权改革的要求不符；地方配套压力较大，财政统筹能力较弱；转移支付管理漏洞较多、信息不够公开透明等。对上述问题，有必要通过深化改革和完善制度，尽快加以解决。

二　总体要求

（一）指导思想

全面贯彻落实党的十八大和十八届二中、三中、四中全会精神，按照党中央、国务院的决策部署和新修订的预算法有关规定，围绕建立现代财政制度，以推进地区间基本公共服务均等化为主要目标，以一般性转移支付为主体，完善一般性转移支付增长机制，清理、整合、规范专项转移支付，严肃财经纪律，加强转移支付管理，充分发挥中央和地方两个积极性，促进经济社会持续健康发展。

（二）基本原则

加强顶层设计，做好分步实施。坚持问题导向，借鉴国际经验，注重顶层设计，使转移支付制度与事权和支出责任划分相衔接，增强改革的整体性和系统性；同时充分考虑实际情况，逐步推进转移支付制度改革，先行解决紧迫问题和有关方面认识比较一致的问题。

合理划分事权，明确支出责任。合理划分中央事权、中央地方共同事权和地方事权，强化中央在国防、外交、国家安全、全国统一市场等领域的职责，强化省级政府统筹推进区域内基本公共服务均等化的职责，建立事权与支出责任相适应的制度。

清理整合规范，增强统筹能力。在完善一般性转移支付制度的同时，着力清理、整合、规范专项转移支付，严格控制专项转移支付项目和资金规模，增强地方财政的统筹能力。

市场调节为主，促进公平竞争。妥善处理政府与市场的关系，使市场在资源配置中起决定性作用，逐步减少竞争性领域投入专项，市场竞争机制能够有效调节的事项原则上不得新设专项转移支付，维护公平竞争的市场环境。

规范资金管理，提高资金效率。既要严格转移支付资金管理，规范分配使用，加强指导和监督，做到公平、公开、公正；又要加快资金拨付，避免大量结转结余，注重提高资金使用效率。

三 优化转移支付结构

合理划分中央和地方事权与支出责任，逐步推进转移支付制度改革，形成以均衡地区间基本财力、由地方政府统筹安排使用的一般性转移支付为主体，一般性转移支付和专项转移支付相结合的转移支付制度。属于中央事权的，由中央全额承担支出责任，原则上应通过中央本级支出安排，由中央直接实施；随着中央委托事权和支出责任的上收，应提高中央直接履行事权安排支出的比重，相应减少委托地方实施的专项转移支付。属于中央地方共同事权的，由中央和地方共同分担支出责任，中央分担部分通过专项转移支付委托地方实施。属于地方事权的，由地方承担支出责任，中央主要通过一般性转移支付给予支持，少量的引导类、救济类、应急类事务通过专项转移支付予以支持，以实现特定政策目标。

四 完善一般性转移支付制度

（一）清理整合一般性转移支付

逐步将一般性转移支付中属于中央委托事权或中央地方共同事权的项目转列专项转移支付，属于地方事权的项目归并到均衡性转移支付，建立以均衡性转移支付为主体、以老少边穷地区转移支付为补充并辅以少量体制结算补助的一般性转移支付体系。

（二）建立一般性转移支付稳定增长机制

增加一般性转移支付规模和比例，逐步将一般性转移支付占比提高到60%以上。改变均衡性转移支付与所得税增量挂钩的方式，确保均衡性转移支付增幅高于转移支付的总体增幅。大幅度增加对老少边穷地区的转移支付。中央出台增支政策形成的地方财力缺口，原则上通过一般性转移支付调节。

（三）加强一般性转移支付管理

一般性转移支付按照国务院规定的基本标准和计算方法编制。科学设置均衡性转移支付测算因素、权重，充分考虑老少边穷地区底子薄、发展慢的特殊情况，真实反映各地的支出成本差异，建立财政转移支付同农业转移人口市民化挂钩机制，促进地区间基本公共服务均等化。规范老少边穷地区转移支付分配，促进区域协调发展。建立激励约束机制，采取适当奖惩等方式，引导地方将一般性转移支付资金投入到民生等中央确定的重点领域。

五　从严控制专项转移支付

（一）清理整合专项转移支付

清理整合要充分考虑公共服务提供的有效性、受益范围的外部性、信息获取的及时性和便利性，以及地方自主性、积极性等因素。取消专项转移支付中政策到期、政策调整、绩效低下等已无必要继续实施的项目。属于中央委托事权的项目，可由中央直接实施的，原则上调整列入中央本级支出。属于地方事权的项目，划入一般性转移支付。确需保留的中央地方共同事权项目，以及少量的中央委托事权项目及引导类、救济类、应急类项目，要建立健全定期评估和退出机制，对其中目标接近、资金投入方向类同、资金管理方式相近的项目予以整合，严格控制同一方向或领域的专项数量。

（二）逐步改变以收定支专项管理办法

结合税费制度改革，完善相关法律法规，逐步取消城市维护建设税、排污费、探矿权和采矿权价款、矿产资源补偿费等专款专用的规定，统筹安排这些领域的经费。

（三）严格控制新设专项

专项转移支付项目应当依据法律、行政法规和国务院的规定设立。新设立的专项应有明确的政策依据、政策目标、资金需求、资金用途、主管部门和职责分工。

（四）规范专项资金管理办法

做到每一个专项转移支付都有且只有一个资金管理办法。对一个专项有多个资金管理办法的，要进行整合归并，不得变相增设专项。资金管理办法要明确政策目标、部门职责分工、资金补助对象、资金使用范围、资金分配办法等内容，逐步达到分配主体统一、分配办法一致、申报审批程序唯一等要求。需要发布项目申报指南的，应在资金管理办法中进行明确。补助对象应按照政策目标设定，并按政府机构、事业单位、个人、企业等进行分类，便于监督检查和绩效评价。

六　规范专项转移支付分配和使用

（一）规范资金分配

专项转移支付应当分地区、分项目编制。严格资金分配主体，明确部门职责，社会团体、行业协会、企事业单位等非行政机关不得负责资金分配。专项转移支付可以采取项目法或因素法进行分配。对用于国家重大工程、跨地区跨流域的投资项目以及外部性强的重点项目，主要采取项目法分配，实施项目库管理，明确项目申报主体、申报范围和申报条件，规范项目申报流程，发挥专业组织和专家的作用，完善监督制衡机制。对具有地域管理信息优势的项目，主要采取因素法分配，选取客观因素，确定合理权重，按照科学规范的分配公式切块下达省级财政，并指导其制定资金管理办法实施细则，按规定层层分解下达到补助对象，做到既要调动地方积极性，又要保证项目顺利实施。对关系群众切身利益的专项，可改变行政性分配方式，逐步推动建立政府引导、社会组织评价、群众参与的分配机制。

（二）取消地方资金配套要求

除按照国务院规定应当由中央和地方共同承担的事项外，中央在安排专项转移支付时，不得要求地方政府承担配套资金。由中央和地方共同承担的事项，要依据公益性、外部性等因素明确分担标准或比例。在此基础上，根据各地财政状况，同一专项对不同地区可采取有区别的分担比例，但不同专项对同一地区的分担比例应逐步统一规范。

（三）严格资金使用

除中央委托事项外，专项转移支付一律不得用于财政补助单位人员经费和运转经费，以及楼堂馆所等国务院明令禁止的相关项目建设。加强对专项资金分配使用的全过程监控和检查力度，建立健全信息反馈、责任追究和奖惩机制，重点解决资金管理"最后一公里"问题。

七　逐步取消竞争性领域专项转移支付

（一）取消部分竞争性领域专项

凡属"小、散、乱"，效用不明显以及市场竞争机制能够有效调节的专项应坚决取消；对因价格改革、宏观调控等而配套出台的竞争性领域专项，应明确执行期限，并在后期逐步退出，到期取消。

（二）研究用税收优惠政策替代部分竞争性领域专项

加强竞争性领域专项与税收优惠政策的协调，可以通过税收优惠政策取得类似或更好政策效果的，应尽量采用税收优惠政策，相应取消竞争性领域专项。税收优惠政策应由专门税收法律法规或国务院规定。

（三）探索实行基金管理等市场化运作模式

对保留的具有一定外部性的竞争性领域专项，应控制资金规模，突出保障重点，逐步改变行政性分配方式，主要采取基金管理等市场化运作模式，逐步与金融资本相结合，发挥撬动社会资本的杠杆作用。基金可以采取中央直接设立的方式，也可以采取中央安排专项转移支付支持地方设立的方式；可以新设基金，也可以扶持已有的对市场有重大影响的基金。基金主要采取创业投资引导基金、产业投资基金等模式。基金设立应报经同级人民政府批准，应有章程、目标、期限及指定投资领域，委托市场化运作的专业团队管理，重在引导、培育和发展市场，鼓励创新创业。基金应设定规模上限，达到上限时，根据政策评估决定是否进一步增资。少数不适合实行基金管理模式的，也应在事前明确补助机制的前提下，事中或事后采取贴息、先建后补、以奖代补、保险保费补贴、担保补贴等补助方式，防止出现补助机制模糊、难以落实或套取补助资金等问题。

八 强化转移支付预算管理

（一）及时下达预算

加强与地方预算管理的衔接，中央应当将对地方的转移支付预计数提前下达地方，地方应当将其编入本级预算。除据实结算等特殊项目可以分期下达预算或者先预付后结算外，中央对地方一般性转移支付在全国人大批准预算后 30 日内下达，专项转移支付在 90 日内下达。省级政府接到中央转移支付后，应在 30 日内正式下达到本行政区域县级以上各级政府。中央下达的财政转移支付必须纳入地方政府预算管理，按规定向同级人大或其常委会报告。

（二）推进信息公开

中央对地方转移支付预算安排及执行情况在全国人大批准后 20 日内由

财政部向社会公开，并对重要事项作出说明。主动向社会公开一般性转移支付和专项转移支付的具体项目、规模、管理办法和分配结果等。

（三）做好绩效评价

完善转移支付绩效评价制度，科学设置绩效评价机制，合理确定绩效目标，有效开展绩效评价，提高绩效评价结果的可信度，并将绩效评价结果同预算安排有机结合。逐步创造条件向社会公开绩效评价结果。

（四）加强政府性基金预算和一般公共预算的统筹力度

政府性基金预算安排支出的项目，一般公共预算可不再安排或减少安排。政府性基金预算和一般公共预算同时安排的专项转移支付，在具体管理中应作为一个专项，制定统一的资金管理办法，实行统一的资金分配方式。

（五）将一般性转移支付纳入重点支出统计范围

大幅度增加一般性转移支付后，中央财政对相关重点领域的直接投入相应减少。由于中央对地方税收返还和转移支付最终形成地方财政支出，为满足统计需要，可将其按地方财政支出情况分解为对相关重点领域的投入。

九　调整优化中央基建投资专项

在保持中央基建投资合理规模的基础上，划清中央基建投资专项和其他财政专项转移支付的边界，合理划定主管部门职责权限，优化中央基建投资专项支出结构。逐步退出竞争性领域投入，对确需保留的投资专项，调整优化安排方向，探索采取基金管理等市场化运作模式，规范投资安排管理；规范安排对地方基本公共服务领域的投资补助，逐步减少对地方的小、散投资补助；逐步加大属于中央事权的项目投资，主要用于国家重大工程、跨地区跨流域的投资项目以及外部性强的重点项目。

十　完善省以下转移支付制度

省以下各级政府要比照中央对地方转移支付制度，改革和完善省以下转移支付制度。与省以下各级政府事权和支出责任划分相适应，优化各级政府转移支付结构。对上级政府下达的一般性转移支付，下级政府应采取有效措施，确保统筹用于相关重点支出；对上级政府下达的专项转移支付，下级政府可在不改变资金用途的基础上，发挥贴近基层的优势，结合本级安排的相关专项情况，加大整合力度，将支持方向相同、扶持领域相关的专项转移支付整合使用。

十一　加快转移支付立法和制度建设

为增强转移支付制度的规范性和权威性，为改革提供法律保障，需要加快转移支付立法，尽快研究制定转移支付条例，条件成熟时推动上升为法律。相关文件中涉及转移支付的规定，应当按照本意见进行修改完善。

十二　加强组织领导

改革和完善中央对地方转移支付制度是财税体制改革的重要组成部分，涉及面广、政策性强，利益调整大。各地区、各部门要高度重视，加强组织领导，确保相关改革工作顺利推进。要提高认识，把思想和行动统一到党中央、国务院决策部署上来。要加强沟通，凝聚各方共识，形成改革合力。要周密部署，加强督查，抓好落实，对违反预算法等法律法规规定的，严肃追究责任。

各地区、各部门要根据本意见要求，结合本地区、本部门实际调整完善管理体制，健全相关管理机构，制定完善配套措施，主动作为、勇于担当，积极研究解决工作中遇到的新情况、新问题。财政部要会同有关部门和地区及时总结经验，加强宣传引导，推动本意见确定的各项政策措施贯彻落实，重大事项及时向国务院报告。

国务院

2014 年 12 月 27 日

附录五　国务院关于深化财政转移支付制度改革情况的报告

（2016 年 12 月 26 日）

财政部部长　肖捷

全国人民代表大会常务委员会：

受国务院委托，现向全国人大常委会报告深化财政转移支付制度改革情况，请审议。

一　深化财政转移支付制度改革情况

近年来，党中央、全国人大、国务院高度重视转移支付制度改革工作。党的十八届三中全会通过的《中共中央关于全面深化改革若干重大问题的决定》和中央政治局会议审议通过的《深化财税体制改革总体方案》明确提出了完善转移支付制度的总体要求，新修订的预算法对完善转移支付制度作出了明确规定，《国务院关于改革和完善中央对地方转移支付制度的意见》（国发〔2014〕71 号）提出了改革和完善转移支付制度的基本思路和具体措施。按照党中央、国务院决策部署和全国人大有关要求，财政部会同各地区、各部门，认真贯彻落实预算法规定，坚持以问题为导向，大力推进转移支付制度改革，取得了阶段性成效，转移支付管理的规范性、科学性、有效性和透明度明显提高。2016 年中央对地方转移支付规模达到 5.29 万亿元，其中一般性转移支付 3.2 万亿元，专项转移支付 2.09 万亿元，有力地推进了基本公共服务均等化、促进了区域协调发展、保障了各项民生政策的顺利落实。

（一）转移支付资金管理办法逐步规范

一是落实预算法"一般性转移支付应当按照国务院规定的基本标准和计算方法编制"的要求，对均衡性转移支付、县级基本财力保障机制奖补资金等一般性转移支付逐项制定了资金管理办法。二是制定了《中央对地方专项转移支付管理办法》（财预〔2015〕230号），对专项转移支付的设立调整、资金申报分配、下达使用、绩效管理、监督检查等进行了全面规范。三是按照《国务院关于实施支持农业转移人口市民化若干财政政策的通知》（国发〔2016〕44号）要求，逐步调整完善现有转移支付测算分配办法，推进以人为核心的新型城镇化。四是按照全国人大有关决议和审计要求，对所有专项转移支付管理办法进行了逐项梳理和修订完善，集中解决了部分办法中存在的支持条件、范围、标准不明确，以及缺乏监督检查和责任追究条款等问题。

（二）转移支付结构进一步优化

一是落实预算法和全国人大有关决议提出的财政转移支付以一般性转移支付为主体的要求，稳步增加一般性转移支付规模，一般性转移支付占全部转移支付的比重由2013年的56.7%逐步提高至2016年的60.5%。二是在所得税增量放缓的情况下，及时改变均衡性转移支付与所得税增量挂钩的方式，确保均衡性转移支付增幅高于转移支付的总体增幅。2016年，均衡性转移支付增长10.2%，高于转移支付总体增幅4.6个百分点。三是贯彻落实党的十八届三中全会要求，连续多年大幅度增加对革命老区、民族地区、边疆地区、贫困地区的转移支付，老少边穷地区转移支付由2013年的1081亿元增加到2016年的1538亿元，年均增长12.5%。四是在整体压缩专项转移支付的前提下，优化专项转移支付内部结构，加大教科文卫、社会保障、节能环保、农林水等重点民生领域的投入力度。

（三）专项转移支付数量明显压减

贯彻落实党的十八届三中全会提出的"清理、整合、规范专项转移支付项目"的要求以及全国人大有关决议，加大清理整合力度，取消了一批政策到期、预定目标实现、绩效低下等已无必要继续实施的专项，包括竞争性领域专项以及以收定支专项，整合归并了一批政策目标相似、投入方向类同、管理方式相近的专项。与此同时，从严控制新设专项。凡是新设专项必须经过严格论证，履行必要审批程序。2016 年，专项转移支付数量已由 2013 年的 220 个大幅压减到 94 个，压减率达 57%。

（四）转移支付预算执行进度明显加快

针对转移支付存在的下达晚、使用慢、资金沉淀闲置等问题，财政部会同相关部门综合施策、多管齐下。一是做好转移支付提前下达工作，逐步提高转移支付提前下达比例，增强地方预算编制的完整性。二是进一步加快预算下达进度，凡是具备条件的项目都及时下达预算并拨付资金。三是加强资金和项目衔接。对于按项目法分配的专项转移支付，在提前下达和正式下达环节都要求一并明确到具体项目，避免资金、项目"两张皮"。四是大力盘活转移支付结转资金。对结转两年以上的专项转移支付资金收回预算重新安排使用；对结转不到两年的专项转移支付资金，也要求地方财政加大盘活力度。

（五）转移支付预算公开力度不断加大

按照"公开是常态、不公开是例外"的要求，财政部不断推进转移支付预算公开，提高预算透明度。2015 年起，在报送全国人大审议的中央预算草案中，中央对地方转移支付预算已经做到了分项目、分地区编制，并对项目预算安排及落实到地区等情况逐一做了说明，在全国人大批准后向社会公开。2016 年，财政部门户网站专门建立"中央对地方转移支付管理平台"，集中公开除涉密信息外的各项转移支付信息，包括转移支付项目基本情况、资金管理办法、申报指南、分配结果等具体内容，便于社会公众查询监督。

（六）转移支付绩效管理稳步推进

按照《深化财税体制改革总体方案》和全国人大决议提出的健全预算绩效管理机制的要求，财政部出台了《中央对地方专项转移支付绩效目标管理暂行办法》（财预〔2015〕163号），对绩效目标的设定、审核、下达、调整与应用等进行了规定。2016年，在报送全国人大审议的中央预算草案中增加了专项转移支付绩效目标有关内容。

二　存在的主要问题

经过近几年深入推进转移支付制度改革，尽管转移支付制度更趋完善，结构不断优化，资金使用效益明显提升，但受我国经济社会发展不平衡、城乡二元结构比较明显、政府职能转变不到位，以及中央与地方财政事权和支出责任划分改革刚刚启动、地方税体系尚未建立等多种因素制约，转移支付改革尚需继续推进。特别是与建立现代财政制度、推进国家治理体系和治理能力现代化的要求相比，现行中央对地方转移支付制度还存在一些差距和不足。主要表现在：转移支付改革与财政事权和支出责任划分改革衔接不够；转移支付资金统筹力度有待加强，资金闲置沉淀问题依然存在；专项转移支付清理整合没有到位；转移支付管理有待规范，预算公开和绩效评价有待加强。此外，省及省以下财政转移支付制度改革进展不平衡。

三　下一步改革措施

转移支付制度改革是深化财税体制改革的重要任务，是建立现代财政制度的重要内容，是确保中央宏观调控政策和民生保障措施落实的有效手段。按照党中央、全国人大、国务院有关要求，财政部将会同有关部门认真贯彻落实预算法，结合全国人大有关决议和审计提出的整改要求，进一步推进转移支付制度改革，坚持以问题为导向，坚持以事权属性为遵循，将转移支付改革同中央与地方财政事权和支出责任划分改革相衔接，同绩效评价、预算公开、问责机制等制度建设相结合，从根本上解决转移支付与财政事权和支出责任不相匹配，转移支付交叉重叠、退出难、资金使用效益不高等问题，逐步形成一套定位清晰、规模适度、结构合理的转移支付体系和分配科学、使用规范、注重绩效、公开透明、监管严格的资金管理机制，更好发挥转移支付的职能作用，提高转移支付资金使用效益。

（一）促进转移支付与财政事权和支出责任划分相适应

根据事权属性，对于属于中央事权的，要将转移支付上划转列为中央本级支出，由中央单位直接承担；对于属于地方事权的，原则上由地方承担支出责任，相应取消专项转移支付。

（二）加大转移支付资金统筹力度

一是针对当前基层财政尤其是能源资源型地区财政困难，要加大均衡性转移支付、县级基本财力保障机制奖补资金、阶段性财力补助、产粮大县奖励资金、农村综合改革转移支付等一般性转移支付的统筹力度，兜住"保工资、保运转、保基本民生"的底线，保证基层财政正常运行。在此基础上，要逐步提高均衡性转移支付在一般性转移支付中的比重。二是全面盘活转移支付结转资金，及时收回闲置沉淀资金，统筹安排用于稳增长、补短板、保基本民生等领域。三是按照党的十八届三中全会决定要求，研究推进取消重点支出挂钩事项，增强财政统筹能力，保障重点支出需要。四是贯彻落实《国务院办公厅关于支持贫困县开展统筹整合使用财政涉农资金试点的意见》（国办发〔2016〕22 号），加大贫困县财政涉农资金统筹整合使用力度，促进脱贫攻坚任务按期完成。

（三）进一步清理整合专项转移支付

按照全国人大有关决议和审计的要求，专门制定清理整合规范专项转移支付方案。一是进一步适当压减专项转移支付数量，继续取消政策到期、预定目标实现、绩效低下的专项，逐步取消竞争性领域和以收定支专项。二是大幅度减少专项转移支付下不同支出方向的数量，同时探索建立"大专项＋工作任务清单"机制，推动同一专项下的不同支出方向资金的统筹使用，中央部门主要通过制定任务清单方式进行指导，将项目审批权下放地方，从根本上推进专项转移支付的实质性整合。三是进一步优化中央基建投资结构，优先用于全局性、基础性、战略性的重大项目，重点投向市场不能有效配置资源的社会公益服务、公共基础设施、农业农村、生态环境保护和修复、重大科技进步、社会管理、国家安全等公共领域项目。

（四）逐步取消竞争性领域专项

按照党的十八届三中全会决定提出的"逐步取消竞争性领域专项"的要求以及预算法关于"市场竞争机制能够有效调节的事项不得设立专项转移支付"的规定，着力规范竞争性领域专项，积极探索实行"由补变投"的方式，采取政府投资基金等市场化运作模式支持产业发展，并适度控制资金规模。

（五）建立健全专项转移支付设立、定期评估和退出机制

一是严格专项设立条件，新设专项必须以法律、行政法规或国务院规定为依据、符合中央与地方财政事权划分改革要求、符合政府职能转变和市场化改革方向，并明确政策目标、实施期限、退出机制等内容，按程序报国务院审批。二是研究建立常态化的评估退出机制，根据评估结果对专项进行完善，该退出的退出，该调整的调整，该压减的压减。

（六）不断强化转移支付管理

对采取项目法分配的转移支付，要积极推动实施三年滚动规划管理，加强项目库管理，做到资金与项目同步下达。要继续做好转移支付预算公开，进一步细化公开内容，完善集中公开平台，以信息公开倒逼转移支付

管理水平提高。要加强绩效评价结果应用，将专项转移支付绩效目标设定同当年预算安排相结合，将各地区绩效评价结果同以后年度资金分配相结合。要进一步加强转移支付监管，推动建立追究问责机制，解决转移支付资金管理"最后一公里"问题。

（七）推动地方完善财政转移支付制度

要指导地方完善省以下财政管理体制，清理整合省级专项转移支付，优化转移支付结构，加大资金统筹和对下转移支付力度，提高基层财政保障水平；要督促地方尽早提前下达转移支付预算并将其编入当年财政预算，提高预算编制的完整性；要推动地方进一步盘活财政存量资金，加大转移支付公开和绩效评价工作力度，做到"上面放得下，下面接得住"。

最后，需要指出的是，深化转移支付制度改革还迫切需要加快政府职能转变和深化财政体制改革。要进一步深化"放管服"改革，理顺政府和市场、政府与社会的关系，充分发挥市场在资源配置中的决定性作用；要加快推进中央与地方财政事权和支出责任划分改革，理顺中央与地方之间的关系，充分调动中央和地方两个积极性；要在保持中央和地方财力格局总体稳定的前提下，加快地方税体系建设，进一步推进中央和地方收入划分改革，从根本上为深化转移支付改革奠定基础和创造条件。

委员长、各位副委员长、秘书长、各位委员，长期以来，全国人大对推进财政转移支付制度改革给予了大力支持和帮助，提出了很多宝贵意见建议。此次听取和审议国务院关于深化财政转移支付制度改革情况的报告，加强对完善转移支付制度的监督指导，充分体现了全国人大常委会对规范转移支付管理、提高转移支付资金使用效益的高度重视，必将进一步推进转移支付制度改革工作。在此，我们向全国人大常委会表示衷心的感谢！我们将按照全国人大常委会的审议意见，以高度的责任感、使命感和紧迫感，继续深化转移支付制度改革，不断完善转移支付管理，努力为经济社会持续健康发展作出积极贡献。

附录六 财政部关于印发《中央对地方资源枯竭城市转移支付办法》的通知

2016 年 6 月 30 日 财预〔2016〕97 号

各省、自治区、直辖市、计划单列市财政厅（局）：

为进一步完善资源枯竭城市转移支付制度，经请示国务院同意，财政部研究制定了《中央对地方资源枯竭城市转移支付办法》，现予印发。

附件：中央对地方资源枯竭城市转移支付办法

抄送：财政部驻各省、自治区、直辖市、计划单列市财政监察专员办事处。

附件：

中央对地方资源枯竭城市转移支付办法

第一条 为促进资源枯竭城市和独立工矿区实现经济转型，规范中央对地方资源枯竭城市转移支付资金管理，按照《国务院关于促进资源型城市可持续发展的若干意见》（国发〔2007〕38 号）等有关规定，制定本办法。

第二条 中央对地方资源枯竭城市转移支付为一般性转移支付资金。

资源枯竭城市应当将转移支付资金主要用于解决本地因资源开发产生社保欠账、环境保护、公共基础设施建设和棚户区改造等历史遗留问题。享受转移支付补助的独立工矿区/采煤沉陷区所在县（市、区）应当将转移支付资金重点用于棚户区搬迁改造、塌陷区治理、化解民生政策欠账等方面。其中，资源枯竭城市转移支付中直接用于企业搬迁和支持企业技术改造等方面的支出不得超过总额的 10%。

第三条　中央对地方资源枯竭城市转移支付的补助对象包括：

（一）经国务院批准的资源枯竭城市；

（二）参照执行资源枯竭城市转移支付政策的城市；

（三）部分转型压力较大的独立工矿区和采煤沉陷区，独立工矿区采取先行试点，逐步推开的办法，由财政部商有关部门和地方研究确定试点范围。

第四条　补助地区属于第三条第（一）、（二）项的，第一轮补助期限为 4 年，第一轮期满后，根据国务院有关部门的评价结果，转型未成功的市县延续补助 5 年。补助政策到期后，按一定比例分年给予退坡补助。

补助地区属于第三条第（三）项的，补助期限暂定为 3 年。到期后视转型情况和资金使用绩效确定后续补助政策。

第五条　资源枯竭城市转移支付资金分配遵循以下原则：

（一）客观公正。选取影响资源枯竭城市财政运行的客观因素，采用统一规范的方式进行分配。

（二）公开透明。转移支付测算过程和分配结果公开透明。

（三）分类补助。体现资源枯竭市（县、区）的类别差异。

（四）激励约束。建立考核机制，根据考核情况予以相应的奖惩。

第六条　中央对地方资源枯竭城市转移支付按以下公式分配：

资源枯竭城市转移支付 = 定额补助 + 因素补助 + 奖惩资金

第七条　定额补助考虑县级、市辖区、参照执行资源枯竭城市转移支付政策的城市、独立工矿区的差异，分为四个档次，补助金额根据预算安排情况确定。

第八条　因素补助分资源枯竭城市、独立工矿区/采煤沉陷区两类。参照执行资源枯竭城市转移支付政策的城市暂不享受因素补助。

资源枯竭城市因素补助按照以下公式计算：

资源枯竭城市因素补助 = 按因素法分配的资源枯竭城市转移支付总额 × 〔各市县非农人口（市辖区采用总人口）占比 × 人均财力系数 × 困难程度系数 × 成本差异系数 × 资源枯竭程度系数 × 资源类型系数〕

人均财力系数根据各地区财力总额和人口总数分市、县、区分别确定。

困难程度系数和成本差异系数参照当年中央对地方均衡性转移支付办法测算。

资源枯竭程度系数参照可利用资源储量占累计查明储量的比重分档确定。

资源类型系数分林木资源和煤炭等其他资源两类。其中，林木资源类系数为80%、煤炭等其他资源类系数为100%。

独立工矿区/采煤沉陷区因素补助按照以下公式计算：

独立工矿区/采煤沉陷区因素补助 = 按因素法分配的独立工矿区转移支付总额 × 财力状况系数

第九条　奖惩资金按照以下规则确定：

（一）考核结果较差的地区，扣减当年一定比例的转移支付增量及存量资金。

（二）考核结果优秀的地区获得的奖励资金 = 奖励资金总额 × （该地定额与因素补助之和 ÷ 获得奖励地区定额与因素补助总额）

第十条　中央对地方资源枯竭城市转移支付资金分配到省、自治区、直辖市（以下统称省）。省级财政部门可根据本地实际情况，制定省对下转移支付办法，其补助范围不得超出本办法明确的资源枯竭城市转移支付范围，对下分配总额不得低于中央财政下达的资源枯竭城市转移支付额。具体享受转移支付的基层政府财政部门要会同相关部门制定资金使用方向及绩效目标方案，切实将资金用于本办法规定的领域和方向。

第十一条　各省财政部门应当强化对行政区域内资源枯竭城市转移支付资金监督管理，参照《资源枯竭城市绩效评价暂行办法》（财预〔2011〕

441 号）有关规定，会同发展改革部门对基层政府资金使用方向和绩效目标给予综合评价，定期监督考核，年度结果报财政部和国家发展改革委备案。

第十二条　本办法由财政部负责解释。

第十三条　本办法自印发之日起实行。

附录七　财政部关于印发《中央对地方专项转移支付管理办法》的通知

财预〔2015〕230 号

党中央有关部门，国务院各部委、各直属机构，全国人大常委会办公厅，全国政协办公厅，高法院，高检院，各民主党派中央，有关人民团体，有关中央管理企业，各省、自治区、直辖市、计划单列市财政厅（局）：

为进一步加强中央对地方专项转移支付管理，提高财政资金使用的规范性、安全性和有效性，依据《中华人民共和国预算法》等法律法规和国务院规定，我部重新制定了《中央对地方专项转移支付管理办法》。现印发给你们，请遵照执行。

附件：中央对地方专项转移支付管理办法

财政部

2015 年 12 月 30 日

附件：

中央对地方专项转移支付管理办法

第一章　总则

第一条　为进一步加强中央对地方专项转移支付管理，提高财政资金使用的规范性、安全性和有效性，促进经济社会协调发展，依据《中华人民共和国预算法》、《中华人民共和国预算法实施条例》和国务院有关规定，制定本办法。

第二条　本办法所称中央对地方专项转移支付（以下简称专项转移支付），是指中央政府为实现特定的经济和社会发展目标无偿给予地方政府，由接受转移支付的政府按照中央政府规定的用途安排使用的预算资金。

专项转移支付预算资金来源包括一般公共预算、政府性基金预算和国有资本经营预算。

第三条　按照事权和支出责任划分，专项转移支付分为委托类、共担类、引导类、救济类、应急类等五类。

委托类专项是指按照事权和支出责任划分属于中央事权，中央委托地方实施而相应设立的专项转移支付。

共担类专项是指按照事权和支出责任划分属于中央与地方共同事权，中央将应分担部分委托地方实施而设立的专项转移支付。

引导类专项是指按照事权和支出责任划分属于地方事权，中央为鼓励和引导地方按照中央的政策意图办理事务而设立的专项转移支付。

救济类专项是指按照事权和支出责任划分属于地方事权，中央为帮助地方应对因自然灾害等发生的增支而设立的专项转移支付。

应急类专项是指按照事权和支出责任划分属于地方事权，中央为帮助地方应对和处理影响区域大、影响面广的突发事件而设立的专项转移支付。

第四条　财政部是专项转移支付的归口管理部门，中央主管部门和地方政府按照职责分工共同做好专项转移支付管理工作。

财政部负责拟定专项转移支付总体管理制度，制定或者会同中央主管部门制定具体专项转移支付的资金管理办法；审核专项转移支付设立、调整事项；组织实施专项转移支付预算编制及执行；组织开展专项转移支付绩效管理和监督检查等工作。

财政部驻各地财政监察专员办事处（以下简称专员办）按照工作职责

和财政部要求，开展专项转移支付有关预算监管工作。

中央主管部门协同财政部制定具体专项转移支付的资金管理办法；协同财政部具体管理专项转移支付。

地方政府有关部门根据需要制定实施细则，并做好组织实施工作。

第五条　专项转移支付管理应当遵循规范、公平、公开、公正的原则。

第二章　设立和调整

第六条　设立专项转移支付应当同时符合以下条件：

（一）有明确的法律、行政法规或者国务院规定作为依据；

（二）有明确的绩效目标、资金需求、资金用途、主管部门和职责分工；

（三）有明确的实施期限，且实施期限一般不超过 5 年，拟长期实施的委托类和共担类专项除外；

（四）不属于市场竞争机制能够有效调节的事项。

从严控制设立引导类、救济类、应急类专项。不得重复设立绩效目标相近或资金用途类似的专项转移支付。

第七条　设立专项转移支付，应当由中央主管部门或者省级政府向财政部提出申请，由财政部审核后报国务院批准；或者由财政部直接提出申请，报国务院批准。

第八条　列入中央本级支出的项目，执行中改由地方组织实施需新设专项转移支付项目的，应当符合本办法第六条、第七条的规定。

第九条　专项转移支付到期后自动终止。确需延续的，应当按照本办法第七条规定的程序重新申请设立。

第十条　专项转移支付经批准设立后，财政部应当制定或者会同中央主管部门制定资金管理办法，做到每一个专项转移支付对应一个资金管理办法。中央基建投资专项应当根据具体项目制定资金管理办法。

资金管理办法应当明确规定政策目标，部门职责分工，资金用途，补助对象，分配方法，资金申报条件，资金申报、审批和下达程序，实施期限，绩效管理，监督检查等内容，做到政策目标明确、分配主体统一、分配办法一致、审批程序唯一、资金投向协调。需要发布申报指南或者其他与资金申报有关文件的，应当在资金管理办法中予以明确。

除涉及国家秘密的内容外，资金管理办法、申报指南等文件应当及时公开。

未制定资金管理办法的专项转移支付，不得分配资金，并限期制定。逾期未制定的，对应项目予以取消。

第十一条　建立健全专项转移支付定期评估机制。财政部每年编制年度预算前，会同中央主管部门对专项转移支付项目进行评估。评估重点事项主要包括：

（一）是否符合法律、行政法规和国务院有关规定；

（二）政策是否到期或者调整；

（三）绩效目标是否已经实现或需要调整、取消；

（四）资金用途是否合理，是否用于市场竞争机制能够有效调节的领域；

（五）是否按要求制定资金管理办法。

第十二条　建立健全专项转移支付项目退出机制。财政部根据专项转移支付评估结果，区分情形分别处理：

（一）不符合法律、行政法规和国务院有关规定的，予以取消。

（二）因政策到期、政策调整、客观条件发生变化等已无必要继续实施的，予以取消。

（三）市场竞争机制能够有效调节的，予以取消；可由市场竞争机制逐步调节的，规定一定实施期限实行退坡政策，到期予以取消。

（四）绩效目标已经实现、绩效低下、绩效目标发生变动或者实际绩效与目标差距较大的，予以取消或者调整。

（五）委托类专项具备由中央直接实施条件的，调整列入中央本级支出。

（六）属于地方事权的专项转移支付，可以列入一般性转移支付由地方统筹安排的，适时调整列入中央一般性转移支付。

（七）政策目标接近、资金投入方向类同、资金管理方式相近的，予以整合。

第三章　预算编制

第十三条　财政部于每年 6 月 15 日前部署编制下一年度中央对地方转移支付预算草案的具体事项，规定具体要求和报送期限等。

第十四条　专项转移支付实行中期财政规划管理。财政部会同中央主管部门根据中长期经济社会发展目标、国家宏观调控总体要求和跨年度预算平衡的需要，编制专项转移支付三年滚动规划。

第十五条　专项转移支付预算应当分地区、分项目编制，并遵循统筹兼顾、量力而行、保障重点、讲求绩效的原则。

属于委托类专项的，中央应当足额安排预算，不得要求地方安排配套资金。

属于共担类专项的，应当依据公益性、外部性等因素明确分担标准或者比例，由中央和地方按各自应分担数额安排资金。根据各地财政状况，同一专项转移支付对不同地区可以采取有区别的分担比例，但不同专项转移支付对同一地区的分担比例应当逐步统一规范。

属于引导类、救济类、应急类专项的，应当严格控制资金规模。

第十六条　专项转移支付预算总体增长幅度应当低于中央对地方一般性转移支付预算总体增长幅度。

第十七条　中央基建投资安排的专项转移支付，应当主要用于国家重点项目、跨省（区、市）项目以及外部性强的重点项目。

负责中央基建投资分配的部门应当将中央基建投资专项分地区、分项目安排情况按规定时间报财政部。

第十八条　专项转移支付预算一般不编列属于中央本级的支出。需要由中央单位直接实施的项目，应当在年初编制预算时列入中央本级支出。

第十九条　财政部应当在每年 10 月 31 日前将下一年度专项转移支付预计数提前下达省级政府财政部门，并抄送中央主管部门和当地专员办。省级政府财政部门应当在接到预计数后 30 日内下达本行政区域县级以上各级政府财政部门，同时将下达文件报财政部备案，并抄送当地专员办。县级以上地方各级政府财政部门应当将上级政府财政部门提前下达的专项转移支付预计数编入本级政府预算。

提前下达的专项转移支付预计数与其前一年度执行数之比原则上不低于 70%。其中：按照项目法分配的专项转移支付，应当一并明确下一年度组织实施的项目；按因素法分配且金额相对固定的专项转移支付预计数与其前一年度执行数之比应当不低于 90%。

专员办应当按照财政部要求，监督驻地财政部门做好提前下达专项转移支付的分解、落实工作，并及时将有关情况报告财政部。

负责中央基建投资分配的部门应当于每年 10 月 15 日前，将中央基建投资专项转移支付预计数分地区、分项目安排情况报财政部。

第二十条　财政部应当在全国人民代表大会批准年度预算草案后 20 日内向社会公开专项转移支付分地区、分项目情况，涉及国家秘密的内容除外。

第四章　资金申报、审核和分配

第二十一条　财政部会同中央主管部门按照规定组织专项转移支付资金申报、审核和分配工作。

需要发布申报指南或其他与资金申报有关文件的，应当及时发布，确保申报对象有充足的时间申报资金。

第二十二条　专项转移支付资金依照有关规定应当经地方政府有关部门审核上报的，应当逐级审核上报，并由省级政府财政部门联合省级主管部门在规定时限内将有关材料报送财政部和中央主管部门，同时抄送当地专员办。

专员办应当按照工作职责和财政部要求，审核驻地省级财政部门报送的申报材料，并提出审核意见和建议报送财政部。

第二十三条　专项转移支付资金的申报单位和个人应当保证申报材料的真实性、准确性、完整性；申报项目应当具备实施条件，短期内无法实施的项目不得申报。

以同一项目申报多项专项转移支付资金（含地方安排的专项资金）的，应当在申报材料中明确说明已申报的其他专项转移支付资金或者专项资金情况。依托同一核心内容或同一关键技术编制的不同项目视为同一项目。

第二十四条　地方政府财政部门和主管部门应当加强项目申报环节的信息公开工作，加大申报材料审查力度。

基层政府有关部门应当公平对待申报单位和个人，实行竞争性分配的，应当明确筛选标准，公示筛选结果，并加强现场核查和评审结果实地核查。

第二十五条　专项转移支付资金分配可以采取因素法、项目法、因素法与项目法相结合等方法。

因素法是指根据与支出相关的因素并赋予相应的权重或标准，对专项转移支付资金进行分配的方法。

项目法是指根据相关规划、竞争性评审等方式将专项转移支付资金分配到特定项目的方法。

中央向省级分配专项转移支付资金应当以因素法为主，涉及国家重大工程、跨地区跨流域的投资项目以及外部性强的重点项目除外。

第二十六条　财政部应当会同中央主管部门及时开展项目审核，按程序提出资金分配方案。

第二十七条　专项转移支付资金分配采取因素法的，应当主要选取自然、经济、社会、绩效等客观因素，并在资金管理办法中明确相应的权重或标准。

第二十八条　专项转移支付资金分配采取项目法的，应当主要采取竞争性评审的方式，通过发布公告、第三方评审、集体决策等程序择优分配资金。

第二十九条　采取第三方评审的，要在资金管理办法中对第三方进行规范，明确第三方应当具备的资质、选择程序、评审内容等。

第三方应当遵循公正诚信原则，独立客观发表意见。

第三十条　除委托类专项有明确规定外，各地区、各部门不得从专项转移支付资金中提取工作经费。

第三十一条　对分配到企业的专项转移支付资金，还应当遵循以下规定：

（一）各级政府财政部门应当在事前明确补助机制的前提下，事中或事后采取贴息、先建后补、以奖代补、保险保费补贴、担保补贴等补助方式。

（二）负责分配到企业的财政部门和主管部门应当在资金下达前将分配方案通过互联网等媒介向社会公示，公示期一般不少于7日，涉及国家秘密的内容除外。

（三）创新专项转移支付支持企业发展的方式，逐步减少无偿补助，采取投资基金管理等市场化运作模式，鼓励与金融资本相结合，发挥撬动社会资本的杠杆作用。

第五章　资金下达、拨付和使用

第三十二条　财政部应当在全国人民代表大会审查批准中央预算后90日内印发下达专项转移支付预算文件，下达省级政府财政部门，同时抄送中央主管部门和当地专员办。

对自然灾害等突发事件处理的专项转移支付，应当及时下达预算。

对据实结算等特殊项目的专项转移支付，一般采取先预拨后清算的方式。当年难以清算的，可以下年清算。确需实行分期下达预算的，应当合理设定分期下达数，最后一期的下达时间一般不迟于 9 月 30 日。

第三十三条　财政部应当将专项转移支付资金分配结果在下达专项转移支付预算文件印发后 20 日内向社会公开，涉及国家秘密的内容除外。

第三十四条　省级政府财政部门接到专项转移支付后，应当在 30 日内正式分解下达本级有关部门和本行政区域县级以上各级政府财政部门，同时将资金分配结果报财政部备案并抄送当地专员办。

财政部及中央主管部门不得要求省级财政部门分解下达转移支付时再报其审批。

第三十五条　基层政府财政部门接到专项转移支付后，应当及时分解下达资金。

对上级政府有关部门分配时已明确具体补助对象及补助金额的，基层政府财政部门应当在 7 个工作日内下达本级有关部门。不必下达本级有关部门的，应当及时履行告知义务。

对上级政府有关部门分配时尚未明确具体补助对象或补助金额的，基层政府财政部门原则上应当在接到专项转移支付后 30 日内分解下达到位，同时将资金分配结果及时报送上级政府财政部门备案。

对于补助到企业的专项转移支付资金，基层政府财政部门应当按照具体企业进行统计归集。

第三十六条　地方政府财政部门分配专项转移支付资金时，应当执行本办法第四章有关规定。

第三十七条　专项转移支付应当按照下达预算的科目和项目执行，不得截留、挤占、挪用或擅自调整。

地方政府财政部门可以在不改变资金类级科目用途的基础上，结合本级资金安排情况，加大整合力度，将支持方向相同、扶持领域相关的专项转移支付整合使用，报同级政府批准，并逐级上报后由省级政府财政部门会同省级主管部门及时上报财政部和中央主管部门备案，同时抄送当地专员办。

对于使用专项转移支付资金实施的项目,在专项转移支付资金到位前地方政府财政部门先行垫付资金启动实施的,待专项转移支付资金到位后,允许其将有关资金用于归垫,同时将资金归垫情况上报财政部和中央主管部门备案。

第三十八条 专项转移支付应当通过本级政府财政部门下达。除本级政府财政部门外,各部门、各单位不得直接向下级政府部门和单位下达专项转移支付资金。

第三十九条 专项转移支付的资金支付按照国库集中支付制度有关规定执行。严禁违规将专项转移支付资金从国库转入财政专户,或将专项转移支付资金支付到预算单位实有资金银行账户。

第四十条 预算单位应当加快项目实施,及时拨付资金。对因情况发生变化导致短期内无法继续实施的项目,预算单位应当及时向同级财政部门报告,由同级财政部门按规定收回统筹使用或者上交中央财政。

第四十一条 各级政府财政部门应当加强专项转移支付的执行管理,逐步做到动态监控专项转移支付的分配下达和使用情况。对未按规定及时分配下达或者闲置沉淀的专项转移支付,财政部可以采取调整用途、收回资金等方式,统筹用于经济社会发展亟需资金支持的领域。

专员办应当按照工作职责和财政部要求,对专项转移支付的预算执行情况进行全面监管,并按照财政部要求对部分专项开展重点监管,定期形成监管报告并及时报送财政部。

第四十二条 各级政府财政部门应当及时清理盘活专项转移支付结转结余资金。

对结余资金和连续两年未用完的结转资金,预算尚未分配到部门(含企业)和下级政府财政部门的,由同级政府财政部门在办理上下级财政结算时向上级政府财政部门报告,上级政府财政部门在收到报告后30日内办理发文收回结转结余资金;已分配到部门(或企业)的,由该部门(或企业)同级政府财政部门在年度终了后90日内收回统筹使用。

对不足两年的结转资金，参照第四十条、第四十一条执行。

第四十三条　专项转移支付项目依法应当实行政府采购的，原则上由项目实施单位组织采购。确因法律法规有明确规定或情况特殊需要上级主管部门集中采购的，应当按照有关规定履行报批手续。

第六章　预算绩效管理

第四十四条　各级政府财政部门和主管部门应当加强专项转移支付预算绩效管理，建立健全全过程预算绩效管理机制，提高财政资金使用效益。

第四十五条　各级政府财政部门和主管部门应当加强专项转移支付绩效目标管理，逐步推动绩效目标信息公开，接受社会公众监督。

有关部门、单位申请使用专项转移支付时，应当按要求提交明确、具体、一定时期可实现的绩效目标，并以细化、量化的绩效指标予以描述。

各级政府财政部门和主管部门应当加强对绩效目标的审核，将其作为预算编制和资金分配的重要依据，并将审核确认后的绩效目标予以下达，同时抄送当地专员办。

第四十六条　各级政府财政部门和主管部门应当加强专项转移支付预算执行中的绩效监控，重点监控是否符合既定的绩效目标。预算支出绩效运行与既定绩效目标发生偏离的，应当及时采取措施予以纠正；情况严重的，调整、暂缓或者停止该项目的执行。

第四十七条　各级政府财政部门和主管部门应当按照要求及时开展专项转移支付绩效评价工作，积极推进中期绩效评价，并加强对绩效评价过程和绩效评价结果的监督，客观公正地评价绩效目标的实现程度。

第四十八条　各级政府财政部门和主管部门应当加强对专项转移支付绩效评价结果的运用。及时将绩效评价结果反馈给被评价单位，对发现的问题督促整改；将绩效评价结果作为完善财政政策、预算安排和分配的参考因素；将重点绩效评价结果向本级政府报告；推进绩效评价结果信息公开，逐步建立绩效问责机制。

第四十九条 专员办应当按照工作职责和财政部要求，审核省级财政部门报送的专项转移支付绩效目标并提出审核意见，实施预算执行绩效监控，开展绩效评价并形成绩效评价报告和评价结果应用建议，督促相关部门落实财政部确定的绩效评价结果应用意见和有关问效整改要求，并对相关后续政策和问题的落实、整改进行跟踪。

第七章 监督检查和责任追究

第五十条 各级政府财政部门和主管部门应当加强对专项转移支付资金使用的监督检查，建立健全专项转移支付监督检查和信息共享机制。

第五十一条 分配管理专项转移支付资金的部门以及使用专项转移支付资金的部门、单位及个人，应当依法接受审计部门的监督，对审计部门审计发现的问题，应当及时制定整改措施并落实。

第五十二条 各级政府财政部门和主管部门及其工作人员、申报使用专项转移支付资金的部门、单位及个人有下列行为之一的，依照预算法等有关法律法规予以处理、处罚，并视情况提请同级政府进行行政问责：

（一）专项转移支付资金分配方案制定和复核过程中，有关部门及其工作人员违反规定，擅自改变分配方法、随意调整分配因素以及向不符合条件单位（或项目）分配资金的；

（二）以虚报冒领、重复申报、多头申报、报大建小等手段骗取专项转移支付资金的；

（三）滞留、截留、挤占、挪用专项转移支付资金的；

（四）擅自超出规定的范围或者标准分配或使用专项转移支付资金的；

（五）未履行管理和监督职责，致使专项转移支付资金被骗取、截留、挤占、挪用，或资金闲置沉淀的；

（六）拒绝、干扰或者不予配合有关专项转移支付的预算监管、绩效评价、监督检查等工作的；

（七）对提出意见建议的单位和个人、举报人、控告人打击报复的；

（八）其他违反专项转移支付管理的行为。

涉嫌犯罪的，移送司法机关处理。

第五十三条　对被骗取的专项转移支付资金，由地方政府有关部门自行查出的，由同级政府财政部门收回。由中央有关部门组织查出的，由省级政府财政部门负责追回并及时上缴中央财政。

第五十四条　对未能独立客观地发表意见，在专项转移支付评审等有关工作中存在虚假、伪造行为的第三方，按照有关法律法规的规定进行处理。

第八章　附则

第五十五条　省级政府财政部门应当根据本办法，结合本地实际，制定本地区专项转移支付管理办法，报财政部备案，同时抄送当地专员办。

第五十六条　本办法自印发之日起施行。2000 年 8 月 7 日发布的《中央对地方专项拨款管理办法》（财预〔2000〕128 号）同时废止。

附录八　财政部关于对地方政府债务实行
限额管理的实施意见

财预〔2015〕225号

各省、自治区、直辖市、计划单列市人民政府：

为进一步规范地方政府债务管理，更好发挥政府债务促进经济社会发展的积极作用，防范和化解财政金融风险，根据预算法、《国务院关于加强地方政府性债务管理的意见》（国发〔2014〕43号）和全国人民代表大会常务委员会批准的国务院关于提请审议批准2015年地方政府债务限额的议案有关要求，经国务院同意，现就地方政府债务限额管理提出以下实施意见：

一　切实加强地方政府债务限额管理

（一）合理确定地方政府债务总限额

对地方政府债务余额实行限额管理。年度地方政府债务限额等于上年地方政府债务限额加上当年新增债务限额（或减去当年调减债务限额），具体分为一般债务限额和专项债务限额。

地方政府债务总限额由国务院根据国家宏观经济形势等因素确定，并报全国人民代表大会批准。年度预算执行中，如出现下列特殊情况需要调整地方政府债务新增限额，由国务院提请全国人大常委会审批：当经济下行压力大、需要实施积极财政政策时，适当扩大当年新增债务限额；当经济形势好转、需要实施稳健财政政策或适度从紧财政政策时，适当削减当年新增债务限额或在上年债务限额基础上合理调减限额。

（二）逐级下达分地区地方政府债务限额

各省、自治区、直辖市政府债务限额，由财政部在全国人大或其常委会批准的总限额内，根据债务风险、财力状况等因素并统筹考虑国家宏观调控政策、各地区建设投资需求等提出方案，报国务院批准后下达各省级财政部门。

省级财政部门依照财政部下达的限额，提出本地区政府债务安排建议，编制预算调整方案，经省级政府报本级人大常委会批准；根据债务风险、财力状况等因素并统筹本地区建设投资需求提出省本级及所属各市县当年政府债务限额，报省级政府批准后下达各市县级政府。市县级政府确需举借债务的，依照经批准的限额提出本地区当年政府债务举借和使用计划，列入预算调整方案，报本级人大常委会批准，报省级政府备案并由省级政府代为举借。

（三）严格按照限额举借地方政府债务

省级财政部门在批准的地方政府债务限额内，统筹考虑地方政府负有偿还责任的中央转贷外债情况，合理安排地方政府债券的品种、结构、期限和时点，做好政府债券的发行兑付工作。中央和省级财政部门每半年向本级人大有关专门委员会书面报告地方政府债券发行和兑付等情况。对2015 年地方政府债务限额下达前举借的在建项目后续贷款中需要纳入政府债务的，由各地在 2015 年地方政府债务限额内调整结构解决。今后，需要纳入政府债务的在建项目后续融资需求在确定每年新增地方政府债务限额时统筹考虑，依法通过发行地方政府债券举借。地方政府新发生或有债务，要严格限定在依法担保的外债转贷范围内，并根据担保合同依法承担相关责任。

（四）将地方政府债务分类纳入预算管理

地方政府要将其所有政府债务纳入限额，并分类纳入预算管理。其中，一般债务纳入一般公共预算管理，主要以一般公共预算收入偿还，当赤字不能减少时可采取借新还旧的办法。专项债务纳入政府性基金预算管理，通过对应的政府性基金或专项收入偿还；政府性基金或专项收入暂时难以实现，如收储土地未能按计划出让的，可先通过借新还旧周转，收入实现后即予归还。

二 建立健全地方政府债务风险防控机制

（一）全面评估和预警地方政府债务风险

地方各级政府要全面掌握资产负债、还本付息、财政运行等情况，加快建立政府综合财务报告制度，全面评估风险状况，跟踪风险变化，切实防范风险。中央和省级财政部门要加强对地方政府债务的监督，根据债务率、新增债务率、偿债率、逾期债务率、或有债务代偿率等指标，及时分析和评估地方政府债务风险状况，对债务高风险地区进行风险预警。

（二）抓紧建立债务风险化解和应急处置机制

各省、自治区、直辖市政府要对本地区地方政府债务风险防控负总责，建立债务风险化解激励约束机制，全面组织做好债务风险化解和应急处置工作。列入风险预警范围的地方各级政府要制订中长期债务风险化解规划和应急处置预案，在严格控制债务增量的同时，通过控制项目规模、减少支出、处置资产、引入社会资本等方式，多渠道筹集资金消化存量债务，逐步降低债务风险。市县级政府难以自行偿还债务时，要启动债务风险应急处置预案并及时上报；省级政府要加大对市县级政府债务风险应急处置的指导力度，并督促其切实化解债务风险，确保不发生区域性和系统性风险。

（三）健全地方政府债务监督和考核问责机制

地方各级政府要主动接受本级人大和社会监督，定期向社会公开政府债务限额、举借、使用、偿还等情况。地方政府举债要遵循市场化原则，强化市场约束。审计部门要依法加强债务审计监督，财政部门要加大对地方政府违规举债及债务风险的监控力度。要将政府债务管理作为硬指标纳入政绩考核，强化对地方政府领导干部的考核。地方政府主要负责人要作为第一责任人，切实抓好本级政府债务风险防控等各项工作。对地方政府防范化解政府债务风险不力的，要进行约谈、通报，必要时可以责令其减少或暂停举借新债。对地方政府违法举债或担保的，责令改正，并按照预算法规定追究相关人员责任。

三 妥善处理存量债务

（一）切实履行政府债务偿还责任

对甄别后纳入预算管理的地方政府存量债务，属于公益性项目债务的，由地方政府统筹安排包括债券资金在内的预算资金偿还，必要时可以处置政府资产；属于非公益性项目债务的，由举借债务的部门和单位通过压减预算支出等措施偿还，暂时难以压减的可用财政资金先行垫付，并在以后年度部门和单位预算中扣回。取消融资平台公司的政府融资职能，推动有经营收益和现金流的融资平台公司市场化转型改制，通过政府和社会资本合作（PPP）、政府购买服务等措施予以支持。

地方政府存量债务中通过银行贷款等非政府债券方式举借部分，通过三年左右的过渡期，由省级财政部门在限额内安排发行地方政府债券置换。为避免地方竞相发债对市场产生冲击，财政部根据债务到期、债务风险等情况予以组织协调，并继续会同人民银行、银监会等有关部门做好定向承销发行置换债券等工作。

（二）依法妥善处置或有债务

对政府负有担保责任或可能承担一定救助责任的或有债务，地方政府要依法妥善处置。对确需依法代偿的或有债务，地方政府要将代偿部分的资金纳入预算管理，并依法对原债务单位及有关责任方保留追索权；对因预算管理方式变化导致原偿债资金性质变化为财政资金、相应确需转化为政府债务的或有债务，在不突破限额的前提下，报经省级政府批准后转化为政府债务；对违法违规担保的或有债务，由政府、债务人与债权人共同协商，重新修订合同，明确责任，依法解除担保关系。地方政府通过政府和社会资本合作等方式减少政府债务余额腾出的限额空间，要优先用于解决上述或有债务代偿或转化问题。

各地区、各部门要进一步统一思想认识，高度重视，严格执行地方政府债务管理的各项规定，结合本地区、本部门实际，明确任务分工、落实工作职责，积极研究解决新问题，及时总结经验做法，加强舆论引导，切实发挥规范地方政府债务管理对"稳增长"和"防风险"的积极作用，推动各项政策措施落实到位。

财政部

2015 年 12 月 21 日

附录九　广东省人民政府关于改革和完善省对下财政转移支付制度的实施意见

各地级以上市人民政府，各县（市、区）人民政府，省政府各部门、各直属机构：

为深化财税体制改革，加快建立现代财政制度，根据《国务院关于改革和完善中央对地方转移支付制度的意见》（国发〔2014〕71号）要求，现就改革和完善省对下财政转移支付制度提出以下实施意见。

一　总体要求

（一）工作目标

按照党中央、国务院和省委、省政府的决策部署，以促进区域协调发展、推进基本公共服务均等化为主要目标，深化省以下财税体制改革，加大转移支付力度，优化转移支付结构，规范资金分配和使用，加强监督管理和绩效评价，建立健全科学、规范、统一的省对下财政转移支付制度，提高区域间、级次间财力分布均衡度，促进全省经济社会持续健康发展。

（二）基本原则

1. 坚持问题导向，明确责任主体。针对当前财政转移支付制度中存在的主要问题，认真研究拟订措施予以解决，确保转移支付制度与合理划分事权和支出责任相衔接。强化省级统筹推进基本公共服务均等化的职能，明确市县用好上级转移支付促进经济社会发展的主体责任。

2. 坚持财力下沉，保障基层发展。坚持"压本级、保基层"，进一步加大省对市县转移支付力度。着力清理整合专项转移支付，完善一般性转移支付稳定增长机制，促进县域经济发展。

3. 坚持奖补结合，发挥引导作用。在确保基本公平、保障基本公共服务需要的前提下，强化转移支付的激励引导效应，调动省以下各级政府促进经济社会协调发展的积极性。

4. 坚持规范管理，提高资金效率。严格转移支付资金的分配、管理和使用，加强省对市县的指导和监督。加快转移支付资金拨付，切实提高资金使用效率。

二　优化调整转移支付结构

（一）结合事权划分调整转移支付结构

在合理划分各级政府事权与支出责任的基础上，优化调整转移支付结构。除按规定由中央承担的事权以外，属于省级事权的，由省全额承担支出责任，原则上应通过省本级支出安排，由省组织实施；属于省与市县共担事权的，由省与市县共同分担支出责任，省分担部分可通过专项转移支付委托市县实施；属于市县事权的，由市县承担支出责任。欠发达地区市县承担支出责任存在财力缺口的，省主要通过一般性转移支付给予适当支持，少量的引导类、救济类、应急类事务可通过专项转移支付予以支持。

（二）提高一般性转移支付比重

进一步压减专项转移支付，扩大一般性转移支付，增强市县财政的统筹能力。争取在 2015 年底前，省财政一般性转移支付占比提高到 60% 或以上，并在以后年度继续保持在较高水平。逐步形成以均衡地区间财力分布、由市县政府统筹安排使用的一般性转移支付为主体，一般性转移支付和专项转移支付比例合理适度的转移支付结构。

（三）扩大转移支付支出规模

进一步加大省对市县的转移支付力度，给予欠发达地区和基层政府倾斜支持，促进省内横向和纵向的财力结构均衡。通过转移支付向欠发达地区倾斜，改善地区间支出均衡度，逐步提高粤东西北地区支出占全省地市（县）级总支出的比重，进一步促进粤东西北地区振兴发展。通过转移支付下沉，改善级次间支出均衡度，逐步提高县级支出占全省各级总支出的比重，不断增强县级基本财力保障能力。

三　完善一般性转移支付制度

（一）完善一般性转移支付体系

按照"保基本"和"强激励"相结合的原则，建立健全以保障性转移支付、激励性转移支付、生态地区转移支付、特殊困难地区转移支付为主体的一般性转移支付体系。保障性转移支付、生态地区转移支付和特殊困难地区转移支付总额占一般性转移支付的比重应保持在 60% 以上。

（二）发挥保障性转移支付的托底作用

将均衡性转移支付基数、固定数额补助、结算补助以及有专门用途的一般性转移支付等纳入保障性转移支付范围。保障性转移支付以"保基本"为导向，确保市县既得利益，保障欠发达地区市县提供基本公共服务、维持政权正常运转的财力需要。

（三）加强激励性转移支付的引导效应

实施协调发展奖、财政增收奖等激励性转移支付机制，并结合经济社会形势发展，不断完善制度设计和因素指标。激励性转移支付以"强激励"为导向，围绕省委、省政府重点工作部署，激发和调动市县的积极性，引导市县完成"稳增长、调结构、促改革、惠民生、防风险"等目标任务。

（四）完善生态地区转移支付

对重点生态功能区等生态地区实施奖补结合的转移支付机制，建立健全生态环境保护指标体系，实施横向和纵向的考核评价，将资金分配与考核结果适当挂钩，引导和督促生态地区落实推动当地生态文明建设的主体责任。

（五）加大对特殊困难地区转移支付倾斜

充分考虑少数民族县、原中央苏区县、扶贫开发重点县等"老少边穷"地区经济基础薄弱、自然地理条件较差等实际情况，增加省对革命老区、民族地区、边境地区、财力困难地区和资源枯竭城市等的转移支付。特殊困难地区转移支付及保障性转移支付对"老少边穷"地区实施倾斜支持，确保上述地区人均获得一般性转移支付资金高于全省平均水平。

四 清理规范专项转移支付

（一）清理整合现行专项转移支付项目

对不符合经济社会发展要求、没有合理设立审批依据、经绩效评价发现资金使用效益低下或在财政监督和审计检查中发现明显违规问题的专项转移支付，坚决予以撤销。结合税费制度改革，逐步取消城市维护建设税、排污费、探矿权和采矿权价款、矿产资源补偿费等专款专用的规定，统筹安排有关领域的经费。对于设立期限已满，原定政策目标和任务已完成的专项转移支付，严格执行到期收回的规定。对零星分散、设立目标接近、使用方向类同、支持对象相近、资金管理方式相近的专项转移支付予以整合。严格控制省级部门管理的专项资金项目数量，按照"一个部门一个专项，没有专项的不新增专项"的原则，至2016年将省级一般公共预算专项资金压减至60项以内。对确需保留的专项转移支付项目，建立健全定期评估和退出机制。

（二）严控新设专项转移支付项目

除国家明确要求设立的转移支付项目外，原则上省级不再新增设立专项转移支付项目。确需新设立的省级专项转移支付项目，须按规定进行可行性研究并提出明确的绩效目标，报经省财政部门审核后，报省政府审批。新设专项应有明确的政策依据、政策目标、资金需求、资金用途、实施计划、分年度资金安排、设立期限、绩效目标、主管部门和职责分工，并相应建立定期评估和退出机制。对专项转移支付资金预算实行"一年一定"，不再固化安排，到期后仍需要继续安排的，应经过绩效评价和专项审计后再按程序报批。

（三）逐步退出竞争性领域

凡属"小、散、乱"，效用不明显以及市场竞争机制能够有效调节的专项转移支付，坚决予以取消。对因价格改革、宏观调控等而配套出台的竞争性领域专项转移支付，应明确执行期限，到期取消。对保留的具有一定外部性的竞争性领域专项，应控制资金规模，突出保障重点，逐步改变行政性分配方式，主要采取基金管理等市场化运作模式，逐步与金融资本相结合，发挥撬动社会资本的杠杆作用。对少数不适合实行基金管理模式的，应在事前明确补助机制的前提下，事中或事后采取贴息、先建后补、以奖代补、保险保费补贴、担保补贴等补助方式，防止出现补助机制模糊、难以落实或套取补助资金等问题。

（四）规范专项资金管理办法

每一个专项转移支付应有且只有一个资金管理办法。对一个专项有多个资金管理办法的，要进行整合归并，不得变相增设专项。资金管理办法应明确政策目标、部门职责分工、资金补助对象、资金使用范围、资金分配办法、资金拨付程序、监督检查与绩效管理要求、信息公开等内容，逐步达到分配主体统一、分配办法一致、申报审批程序唯一等要求。需要发布项目申报指南或申报通知的，应在资金管理办法中明确。补助对象应按照政策目标设定，并按政府机构、事业单位、个人、企业等分类，便于监督检查和绩效评价。

（五）逐步取消市县资金配套要求

在合理划分各级政府事权与支出责任的基础上，除按规定属于省与市县共担事权外，省在安排专项转移支付时，不再要求市县政府承担配套资金。省与市县共担事权的支出责任，要依据公益性、外部性等因素明确省以下各级政府分担支出责任的标准或比例。根据各地财政状况，同一专项对不同地区可采取有区别的分担比例，不同专项对同一地区的分担比例应逐步统一规范。

五 规范转移支付资金分配

（一）探索建立转移支付与农业转移人口市民化挂钩机制

建立健全农业转移人口动态管理和信息共享机制，加强农业转移人口统计和市民化政策梳理。对按因素法分配、受益范围涉及地区居民的各项一般性转移支付和专项转移支付，分配资金时应考虑市县的常住人口等因素，并与当地农业转移人口市民化情况适当挂钩，客观反映市县政府的基本公共服务支出需求。运用其他涉及人均水平的相关指标分配资金时，人口数应有针对性地考虑常住人口、户籍人口和财政供养人口等数据进行计算。

（二）完善一般性转移支付资金分配

一般性转移支付原则上采用因素法、公式化分配，科学设置分配的因素及权重，充分考虑转移支付性质和各地区实际情况，促进实现地区间财力分布均衡和基本公共服务均等化。保障性转移支付和特殊困难地区转移支付主要采用市县的人均可支配财力水平、人均一般公共预算支出水平、基本财力保障需求等指标，以及人口、辖区面积等客观因素核算分配。激励性转移支付可以有针对性地设立考核指标体系，与市县促进当地经济、社会、生态协调发展以及加强财政管理等情况适当挂钩，结合上年度转移支付资金监督检查和绩效评价结果核算分配。

（三）规范专项转移支付资金分配

严格专项转移支付资金分配主体要求，明确部门职责，社会团体、行业协会、企事业单位等非行政机关不得负责资金分配。专项转移支付一般采取项目法或因素法进行分配。对用于重大工程、跨市县跨流域的投资项目以及选择性、竞争性、外部性较强的重点项目，主要采取项目法分配，实施项目库管理，明确项目申报主体、申报范围和申报条件，规范项目申报流程，发挥专业组织和专家的作用，完善监督制衡机制。对具有地域管理信息优势的项目，主要采取因素法分配，选取客观因素，确定合理权重，按照科学规范的分配公式计算并切块下达市县，按规定层层分解下达到补助对象。对关系群众切身利益的专项，可改变行政性分配方式，逐步推动建立政府引导、社会组织评价、群众参与的分配机制。

六　强化转移支付预算管理

（一）加强预算编制

一般性转移支付按照中央和省规定的基本标准和计算方法编制预算；专项转移支付应当分项目、分地区编制预算。省级下达的财政转移支付必须纳入市县政府预算管理，准确列入相关收支科目，由市县政府按规定向同级人大或其常委会报告。

（二）及时下达预算

加强与市县预算管理的衔接，省财政部门应将转移支付预计数提前下达市县，其中按因素法分配且金额相对固定的转移支付提前下达的比例达到90%以上，市县应将预计数全部编入本级预算。除据实结算等特殊项目可以分期下达预算或者先预付后结算外，省对下一般性转移支付在省人大批准预算后 30 日内下达到市级和财政省直管县，专项转移支付在 60 日内下达到市级和财政省直管县。市级政府接到省对下财政转移支付后，应在 30 日内正式下达到所辖区县。

（三）推进信息公开

省对下财政转移支付预算安排及执行情况应在提交省人大审议的年度预算报告中予以说明，在省人大批准预算后 20 日内向社会公开，并对重要事项作出说明；市县政府应将上级财政转移支付资金的管理使用情况在提交同级人大审议的年度预决算报告予以中说明，并及时向社会公开。除涉及保密要求不予公开外，各级财政部门应主动将财政转移支付的设立依据、管理办法、资金规模、分配结果、用途项目、用款单位、绩效评价、监督检查、审计结果等信息向社会公开。

（四）加强政府性基金预算和一般公共预算的统筹力度

政府性基金预算安排支出的项目，一般公共预算可不再安排或减少安排。政府性基金预算和一般公共预算同时安排的专项转移支付，在具体管理中应作为一个专项，制定统一的资金管理办法，实行统一的资金分配方式。

七 加强转移支付资金监督检查和绩效评价

（一）建立健全监督检查制度

加强对转移支付预算执行、资金使用和财务管理等监督检查，将市县、部门自查，财政巡查抽查和审计监督等结合起来，切实防止民生等重点支出被挪作他用。省财政部门按规定组织巡查监督或重点抽查，每年监督检查的比例应达到当年转移支付资金总量的 10% 以上。省审计部门要根据有关法律法规和制度的规定，加强对省对下财政转移支付资金的审计监督。

（二）建立健全绩效评价制度

加强对转移支付资金的绩效目标、绩效自评、重点评价和结果应用的管理，建立健全市县、部门和用款单位自评，财政重点评价以及第三方独立评价相结合的多元化评价工作机制，完善一般性转移支付资金使用绩效评价办法。逐步扩大转移支付资金绩效评价范围，原则上全部转移支付资金均应实施绩效自评，超过一定额度的转移支付资金应实施重点评价或委托第三方机构独立评价。提高转移支付资金绩效评价结果的有效性和可信度，逐步将绩效评价结果同预算安排相结合并将绩效评价结果向社会公开。

八　加快推进相关配套改革

（一）建立事权和支出责任相适应的制度

在合理划分中央与地方事权的基础上，探索建立省以下各级政府事权与支出责任相适应的制度。强化省级政府统筹推进省内基本公共服务均等化的职责，明确市县政府用好自身财力和上级转移支付推动当地经济社会发展的主体责任，促进实现财力与事权相匹配。

（二）推进财政省直管县等管理体制改革

规范完善省直管县财政改革相关制度，适当扩大省直管县财政改革试点范围。在省对下财政转移支付资金分配逐步核算到县级的基础上，通过省直管县财政改革，发挥扁平化管理的优势，加快转移支付资金拨付到试点县，省财政部门开展监督检查和绩效评价直接到试点县，提高转移支付资金使用效率。

（三）实施对市县财政管理的综合绩效考核

根据中央对地方财政管理综合绩效考核的要求，省财政部门对市县财政部门实施财政管理综合绩效考核，建立绩效考核指标体系，促进提高各级财政管理水平。对市级财政部门，要求在改进自身管理的同时，加强对辖区内县级财力均衡度的宏观调控，提高市辖区基本财力保障水平。

（四）完善市对下财政转移支付制度

地级以上市政府应参照省对市县转移支付制度，改革和完善市对下转移支付制度。结合省以下各级政府事权和支出责任划分，优化市对下转移支付结构。对省级下达的一般性转移支付，市级政府应采取有效措施，确保统筹用于相关重点支出；对省级下达的专项转移支付，市级政府可在不改变资金用途的基础上，结合本级安排的相关专项情况，加大整合力度，将支持方向相同、扶持领域相关的专项转移支付整合使用。

九 加强组织领导和工作配合

改革和完善转移支付制度是财税体制改革的重要组成部分，涉及面广、政策性强，利益调整大。各地、各部门要高度重视，提高认识，认真按照中央和省的工作部署和要求，加强组织领导和工作配合，扎实推进各项工作措施，确保相关改革落实到位。各地政府承担转移支付资金管理的主体责任。财政部门负责转移支付制度建设、预算安排、资金分配和拨付，组织开展监督检查和绩效评价工作。相关主管部门提出相关转移支付资金分配意见和管理要求，具体负责项目申报管理、资金监管和绩效评价。资金使用单位承担资金使用管理的直接责任。审计部门依照有关法律、法规及相关规定，对转移支付资金管理情况进行全过程监督。纪检监察部门依纪依法查处转移支付管理使用中的违规违纪行为，并根据发现的违纪违规问题开展相关制度廉洁性审查工作。

广东省人民政府

2015 年 10 月 26 日

附录十　上海市人民政府关于推进市与区财政事权和支出责任划分改革的指导意见（试行）

（沪府发〔2017〕44 号）

各区人民政府，市政府各委、办、局：

为贯彻落实《国务院关于推进中央与地方财政事权和支出责任划分改革的指导意见》（国发〔2016〕49 号），按照党中央、国务院决策部署，结合本市实际，现就推进市与区财政事权和支出责任划分改革提出如下指导意见。

一　指导思想、总体要求和基本原则

（一）指导思想

全面贯彻党的十八大和十八届三中、四中、五中、六中全会精神，深入贯彻习近平总书记系列重要讲话精神和治国理政新理念新思想新战略，全面落实党中央、国务院决策部署，在中央与地方财政事权和支出责任划分总体框架下，统筹规划、分步实施，科学合理划分市与区财政事权和支出责任，逐步形成依法规范、权责匹配、运转高效的市与区财政事权和支出责任划分模式，落实基本公共服务提供责任，提高基本公共服务供给效率，促进市、区两级政府更好履职尽责，为我市加快建设社会主义现代化国际大都市提供有力支撑。

（二）总体要求

1. 全面落实党中央、国务院关于推进中央与地方财政事权和支出责任划分改革要求。准确把握改革目标取向、政策意图和推进节奏，全面承接和完成好各项改革任务，确保改革精神及时有效落实。在中央相关规定和授权范围内，结合本市实际，合理划分市与区财政事权和支出责任。

2. 坚持有利于健全市场经济体制。充分发挥市场在资源配置中的决定性作用，正确处理政府与市场、政府与社会的关系，合理确定政府提供基本公共服务的范围和方式。将应由市场或社会承担的事务，交由市场主体或社会力量承担；对应由政府提供的基本公共服务，要明确承担财政事权和支出责任的相应政府层级。

3. 坚持法治化规范化管理。按照依法行政的要求，将市区两级政府间财政事权和支出责任划分的基本制度以地方性法规或政府规章的形式作出规定，逐步实现市与区财政事权和支出责任划分法治化、规范化，让行政权力在法律和制度的框架内运行。

4. 坚持积极稳妥统筹推进。切实处理好改革与稳定发展、总体设计与分步实施、当前与长远的关系，准确把握各项改革措施出台的时机、力度和节奏，加强市、区两级政府之间，以及各部门之间的协同合作，形成合力，确保改革扎实推进，务求实效。

（三）基本原则

1. 体现基本公共服务受益范围。对保持宏观经济稳定、维护全市统一市场、促进区域协调发展、关乎社会公平正义，以及受益范围覆盖全市的基本公共服务由市级负责；地区性基本公共服务由区级负责；跨区基本公共服务由市与区共同负责。

2. 兼顾政府职能和行政效率。结合市与区政府职能配置和机构设置，充分发挥区政府组织能力强、贴近基层、获取信息便利的优势，将所需信息量大、信息复杂且获取困难、由基层管理更为方便有效的基本公共服务优先作为区级财政事权，提高行政效率，降低行政成本。将信息获取和甄别比较容易的全市性基本公共服务作为市级财政事权。

3. 实现权、责、利相统一。在市政府统一领导下，将适宜由市级承担的财政事权上划，加强市级财政事权执行能力；将适宜由区级承担的财政事权下放，减少市级部门代区级决策事项，强化基层政府贯彻执行国家和本市政策的责任。明确共同财政事权市与区各自承担的职责，对财政事权履行涉及的战略规划、政策决定、执行实施、监督评价等各环节在市与区之间合理安排和有效衔接，做到财政事权履行权责明确和全过程覆盖。

4. 鼓励区级政府主动作为。通过有效授权，合理确定区级财政事权，使基本公共服务受益范围与政府管辖区域保持一致，鼓励区级政府尽力做好辖区范围内的基本公共服务提供和保障。

5. 支出责任与财政事权相适应。按照"谁的财政事权，谁承担支出责任"的原则，确定市、区两级政府支出责任。对属于市级并由市级组织实施的财政事权，原则上由市级承担支出责任；对属于区级并由区级政府组织实施的财政事权，原则上由区级承担支出责任；对属于市与区共同财政事权，根据基本公共服务的受益范围、影响程度等因素区分情况确定市与区的支出责任以及承担方式。

二　改革的主要内容

（一）落实中央与地方财政事权划分

根据党中央、国务院部署，对确定为中央的财政事权，积极配合国家相关部门做好上划工作。对确定为地方财政事权或中央与地方共同的财政事权，按照明确的职责，主动承担相应财政事权，落实支出责任。对中央委托本市行使的财政事权，市政府在委托范围内，以中央委托单位的名义行使职权，承担相应的法律责任，并接受委托单位的监督。

（二）推进市与区财政事权划分

1. 明确市级财政事权。坚持基本公共服务的普惠性、保基本、均等化方向，加强市级在维护全市统一市场、体现社会公平正义、推动区域协调发展等方面的财政事权。强化市级履行责任，市级财政事权原则上由市级直接行使，加强全市统一管理，提高全市公共服务能力和水平。

市级财政事权确需委托区级行使的，报经市政府批准后，由有关职能部门委托区级行使。对市级委托区级行使的财政事权，受委托方在委托范围内，以委托单位的名义行使职权，承担相应的法律责任，并接受委托单位的监督。

逐步将高等教育、基础科学研究、标准化建设、生态环境质量监测、全市性重大传染病防治，以及企业养老、机关事业单位养老、职工医疗、工伤、失业、生育基金收支缺口弥补等基本公共服务确定或上划为市级财政事权。

2. 明确区级财政事权。加强区政府对辖区内公共服务、社会管理等方面的财政事权。将直接面向基层、量大面广、与当地居民密切相关、由区级提供更方便有效的基本公共服务确定为区级财政事权，赋予区政府充分自主权，依法保障其事权履行，调动和发挥区政府的积极性，更好地满足当地居民基本公共服务需求。区级财政事权由区级行使，市级对区级财政事权履行提出规范性要求。

逐步将社区服务、学前教育、征地拆迁，以及区域内的社会治安、基础设施建设、公共设施维护管理和市容环卫等地域信息强、外部性较弱且主要与当地居民密切相关的基本公共服务确定为区级财政事权。

3. 合理确定市与区共同财政事权。按照事权属性和划分原则，逐步规范市与区共同财政事权，并根据基本公共服务的受益范围、影响程度，按照事权构成要素、实施环节，分解细化市级与区级承担的职责，避免由于职责不清造成互相推诿和交叉重叠。

逐步将司法、义务教育、高中教育、成人教育、职业教育、特殊教育、科技研发、公共文化、公共体育、旅游公共服务、城乡居民基本养老和基本医疗保险、机关事业单位社会保险缴费、社会救助与社会服务、养老服务、就业服务、公共卫生、计划生育、住房保障、公共安全、公共交通、市场监督管理、安全生产监管、粮食安全、农业生产、农村村庄改造、林业建设、地方水利、环境保护与治理、需要市统筹布局的重要基础设施建设和公共设施维护管理等体现市委、市政府战略部署、跨区且区级具有地域管理信息优势或市区两级均设有相应公共服务机构的基本公共服务确定为市与区共同财政事权，并明确各承担主体的职责。

4. 建立财政事权划分动态调整机制。根据中央各领域改革进程及事权划分情况，结合本市实际，动态调整市与区财政事权划分。对因中央改革形成市与区财政事权发生变化的，按照中央规定及时调整。对因客观环境发生变化，造成现有市与区财政事权划分不适应经济社会发展要求的，结合实际予以调整完善。对新增及尚未明确划分的财政事权，要根据国家和本市的改革部署、经济社会发展需求以及市、区政府财力情况，将应由市场或社会承担的事务交由市场主体或社会力量承担；对应由政府提供的基本公共服务，统筹研究明确市、区财政事权划分。

（三）完善市与区支出责任划分

1. 市级财政事权由市级承担支出责任。属于市级的财政事权，应由市级财政安排经费，市级各职能部门和直属机构不得要求区级安排配套资金。市级财政事权委托区级行使的，通过市级专项转移支付安排相应经费。

2. 区级财政事权由区级承担支出责任。属于区级的财政事权，原则上由区级财政通过自有财力安排经费。对区级履行财政事权、落实支出责任存在收支缺口的，除部分资本性支出通过依法发行政府性债券等方式安排外，主要通过市级给予的一般性转移支付弥补。区级财政事权如委托市级机构行使，区级应负担相应经费。

3. 市与区共同财政事权区分情况划分支出责任。根据基本公共服务的属性，结合全市基本公共服务均等化和城乡发展一体化等总体要求，对体现国民待遇和公民权利、涉及全市统一市场和要素自由流动的财政事权，如城乡居民基本养老和基本医疗保险等，研究制定全市统一标准，并由市与区按比例或以市级为主承担支出责任；对受益范围较广且信息相对复杂的财政事权，如环境保护与治理、需要市统筹布局的重要基础设施建设等，根据财政事权外溢程度，由市与区按照比例或市级给予适当补助等方式承担支出责任；对市、区两级有各自机构承担相应职责的财政事权，如职业教育、公共卫生等，由市与区各自承担相应支出责任；对市级承担监督管理、出台规划、制定标准等职责，区级承担具体执行等职责的财政事权，市与区各自承担相应的支出责任。

三　保障和配套措施

(一) 推进政府职能转变和职责调整

按照"一项事权归口一个部门牵头负责"的原则，合理划分部门职责，理顺部门分工，妥善解决跨部门事权划分不清晰和重叠交叉问题，为更好履行政府公共服务职能提供保障。

(二) 推进相关领域改革

财政事权和支出责任划分与教育、医疗卫生、社会保障等各项改革紧密相连。要将本市财政事权和支出责任划分改革与加快推进相关领域改革相结合，既通过相关领域改革为推进财政事权和支出责任划分创造条件，又将财政事权和支出责任划分改革体现和充实到各领域改革中，形成良性互动、协同推进的局面。

(三) 推进财政管理体制改革

根据中央与地方收入划分总体方案，在保持现有市和区财力格局总体稳定的前提下，适时调整市与区财政收入划分，理顺市、区两级财政分配关系；进一步完善市对区财政转移支付制度，优化转移支付结构，健全一般性转移支付稳定增长机制，严格控制专项转移支付，加强转移支付预算管理，加快形成财力与事权相匹配的财政体制。

(四) 建立财政事权划分争议处理机制

市与区财政事权划分争议由市政府裁定，区级以下财政事权划分争议由区政府裁定。新增市与区共同财政事权和市级委托区级行使的财政事权，要加强沟通协调，明确各级政府支出范围和责任，减少划分中的争议。

（五）指导督促区政府切实履行财政事权

随着改革的推进，市与区财政事权划分将更为明确和合理。对属于区级的财政事权，区政府必须履行到位，确保基本公共服务的有效提供。市级要加强监督考核和绩效评价，强化区政府履行财政事权的责任。

四　职责分工和时间安排

（一）职责分工

市级层面成立推进财政事权和支出责任划分改革领导小组，由市长任组长，常务副市长任副组长，成员单位包括市财政局、市编办、市发展改革委等部门和各区政府，负责统筹组织、协调、指导、督促推进市与区财政事权和支出责任划分改革工作。市级各职能部门要落实部门主体责任，按照本指导意见（试行），结合中央改革进程和市委、市政府有关要求，在广泛征求有关部门和各区政府意见的基础上，研究提出本部门所涉及领域改革的具体实施意见，会同市财政局按程序报请市委、市政府批准后实施。

在改革实施过程中，各区、各部门、各单位要妥善处理财政事权和支出责任划分带来的职能调整以及人员、资产划转等事项，积极配合推动制订或修改地方性法规和相关规章制度中关于财政事权和支出责任划分的规定。

各区政府要参照本指导意见（试行）的总体要求和基本原则，根据中央和本市改革进程，结合本地区实际，制定区以下财政事权和支出责任划分改革方案，组织推动和落实好各项财政事权和支出责任划分改革工作。

（二）时间安排

2017～2018 年，市级各部门研究提出各领域财政事权和支出责任划分改革的实施意见，本市承接国家安排的国防、国家安全、外交、公共安全等领域中央与地方财政事权和支出责任划分改革任务，同步调整完善上述领域市与区财政事权和支出责任划分。2019～2020 年，按照国家统一部署和改革进程，承接教育、医疗卫生、环境保护、交通运输等领域财政事权和支出责任改革任务，同步调整完善上述领域市与区财政事权和支出责任划分，并加快推进其他相关领域市与区财政事权和支出责任划分改革，力争在 2020 年前完成主要领域改革，基本形成市与区财政事权和支出责任划分框架，为本市基本建立现代财政制度奠定坚实基础。

财政事权和支出责任划分改革是建立科学规范政府间关系的核心内容，是完善国家治理结构的一项基础性、系统性工程，对全面深化经济体制改革具有重要的推动作用。各区、各部门、各单位要充分认识推进这项改革工作的重要性、紧迫性、艰巨性，把思想和行动统一到党中央、国务院和市委、市政府决策部署上来，以高度的责任感、使命感和改革创新精神，周密安排部署，切实履行职责，密切协调配合，积极稳妥推进市与区财政事权和支出责任划分改革，为建立健全现代财政制度、推进国家治理体系和治理能力现代化、落实"四个全面"战略布局提供有力保障。

上海市人民政府

2017 年 6 月 23 日

参考文献

一 著作类

（一）国内教材

1. 林来梵：《宪法学讲义》，法律出版社，2015。

2. 姜明安主编《行政法与行政诉讼法》，北京大学出版社，2015。

3. 唐祥来、康峰莉主编《财政学》，人民邮电出版社，2013。

4. 周叶中：《宪法》，高等教育出版社，2011。

5. 《宪法学》编写组：《宪法学》，高等教育出版社、人民出版社，2011。

6. 谭建立、昝志宏主编《财政学》，人民邮电出版社，2010。

（二）国内学术著作

1. 魏建国：《中央与地方关系法治化研究——财政维度》，北京大学出版社，2015。

2. 谭波：《我国中央与地方权限争议法律解决机制研究》，法律出版社，2014。

3. 刘刚、李冬君：《中国近代的财与兵》，山西人民出版社，2014。

4 冉富强：《宪法视野下中央与地方举债权限划分研究》，中国政法大学出版社，2014。

5. 薛刚凌主编《中央与地方争议的法律解决机制研究》，中国法制出版社，2013。

6. 熊文钊主编《中央与地方关系法治化研究》，中国政法大学出版社，2012。

7. 任进：《和谐社会视野下中央与地方关系研究》，法律出版社，2012。

8. 张千帆：《国家主权与地方自治——中央与地方关系的法治化》，中国民主法制出版社，2012。

9. 王旭伟：《宪政视野下我国中央与地方财政关系研究》，中国社会科学出版社，2012。

10. 王世涛：《财政宪法学研究》，法律出版社，2012。

11. 吕冰洋：《税收分权研究》，中国人民大学出版社，2011。

12. 郭殊：《中央与地方关系的司法调控研究》，北京师范大学出版社，2010。

13. 陈丹：《论税收正义——基于宪法学角度的省察》，法律出版社，2010。

14. 谭建立主编《中央与地方财权、事权关系研究》，中国财政经济出版社，2010。

15. 周刚志：《财政分权的宪政原理：政府间财政关系之宪法比较研究》，法律出版社，2010。

16. 刘剑文等：《中央与地方财政分权法律问题研究》，人民出版社，2009。

17. 薛刚凌主编《行政主体的理论与实践》，中国方正出版社，2009。

18. 周波：《政府间财力与事权匹配问题研究》，东北财经大学出版社，2009。

19. 史言信：《国有资产产权：中央与地方关系研究》，中国财政经济出版社，2009。

20. 朱红琼：《中央与财政关系及其变迁史》，经济科学出版社，2008。

21. 封丽霞：《中央与地方立法关系法治化研究》，北京大学出版社，2008。

22. 安秀梅主编《中央与地方政府间的责任划分与支出分配研究》，中国财政经济出版社，2007。

23. 薛刚凌主编《行政体制改革研究》，北京大学出版社，2006。

24. 李松森：《中央与地方国有资产产权关系研究》，人民出版社，2006。

25. 熊文钊：《大国地方——中国中央与地方关系宪政研究》，北京大学出版社，2005。

（三）国内工具书类

1.《世界各国宪法》编辑委员会编译《世界各国宪法·美洲大洋洲卷》，中国检察出版社，2012。

2.《世界各国宪法》编辑委员会编译《世界各国宪法·非洲卷》，中国检察出版社，2012。

3. 《世界各国宪法》编辑委员会编译《世界各国宪法·欧洲卷》，中国检察出版社，2012。

4. 《世界各国宪法》编辑委员会编译《世界各国宪法·亚洲卷》，中国检察出版社，2012。

5. 薛波主编《元照英美法词典》，潘汉典总审订，法律出版社，2003。

6. 万鹏飞、白智立主编《日本地方政府法选编》，北京大学出版社，2009。

（四）国内政策类文献

1. 本书编写组编著《〈中共中央关于制定国民经济和社会发展第十三个文件规划的建议〉辅导读本》，人民出版社，2015。

2. 本书编写组编著《〈中共中央关于全面推进依法治国若干重大问题的决定〉辅导读本》，人民出版社，2014。

3. 本书编写组编著《〈中共中央关于全面深化改革若干重大问题的决定〉辅导读本》，人民出版社，2013。

4. 本书编写组编著《党的十八届五中全会〈决定〉学习辅导百问》，学习出版社、党建读物出版社，2015。

5. 本书编写组编著《党的十八届四中全会〈决定〉学习辅导百问》，学习出版社、党建读物出版社，2014。

6. 本书编写组编著《党的十八届三中全会〈决定〉学习辅导百问》，学习出版社、党建读物出版社，2013。

7. 李黎明、张振球主编《加强对政府全口径预算决算的审查和监督——地方预算审查监督工作研究》，黑龙江人民出版社，2013。

（五）国内史书及人物传记类

1. 马平安：《中国近代政治得失》，华文出版社，2014。

2. 《习仲勋传》编委会：《习仲勋传》，中央文献出版社，2013。

3. 岩锋：《民国初立：1912～1916年的民主、自由与宪政》，北方联合出版传媒（集团）股份有限公司、万卷出版公司，2013。

4. 陈秉安：《大逃港》，广东人民出版社，2010。

5. 韩毓海:《五百年来谁著史:1500 年以来的中国与世界》,九州出版社,2010。

6. 张鸣:《北洋裂变:军阀与五四》,广西师范大学出版社,2010。

7.《图说天下·世界历史系列》编委会编《古罗马》,吉林出版集团有限公司,2008。

8.《习仲勋主政广东》编写组:《习仲勋主政广东》,中共党史出版社,2007。

（六）国内译著与国外著作类

1.〔日〕新潮社编著《罗马人的故事精编体验本》,朱悦新译,中信出版社,2014。

2. Alberto López – Basaguren and Leire Escajedo San Epifanio（eds.）The Ways of Federalism in Western Countries and the Horizons of Territorial Autonomy in Spain, Springer – Verlag Berlin Heidelberg, 2013.

3.〔美〕华莱士·E. 奥茨:《财政联邦主义［Fiscal Federalism］》,陆符嘉译,凤凰出版传媒集团、译林出版社,2012。

4.〔美〕斯通等著、〔美〕葛维宝编《中央与地方关系的法治化［Legalizing Central – Local Relations］》,张千帆、程迈、牟效波译,凤凰出版传媒集团、译林出版社,2009。

5. Max M. Edling, *A Revolution in Favor of Government: Origins of the U. S. Constitution and the Making of the American State*, Oxford University Press, 2003.

6.〔美〕戴维·H. 罗森布鲁姆（David H. Rosenbloom）、〔美〕罗伯特·S. 克拉夫丘克（Robert S. Kravchuk）、〔美〕德博拉·戈德曼·罗森布鲁姆（DeborahGoldmanRosenbloom）:《公共行政学:管理、政治和法律的途径》,张成福等校译,中国人民大学出版社,2002。

7.〔日〕原田尚彦:《行政法要论》（全订第 4 版增补版）,日本学阳书房,2000。

8. Ronald Lampman Watts, *The spending power in federal systems: a comparative*

study, Institute of Intergovernmental Relations, Queen's University, 1999.

9. Mollie Dunsmuir, *The Spending Power*: *Scope and limitations*, Law and Government Division, Parliament of Canada, October 1991.

10. E. J. Ferguson, *The Power of the Purse*: *A History of American Public Finance*, 1776—1790, Chapel Hill: University of North Carolina Press, 1961.

11. Günter Dürig, Verfassung und Verwaltung im Wohlfahrtsstaat, JZ 1953.

二　论文类

（一）国内期刊论文类

1. 谢九:《切割地方债》,《三联生活周刊》2016 年第 48 期；张墨宁:《央地财政事权改革正式启动》,《南风窗》2016 年第 19 期。

2. 谢九:《重组地方债》,《三联生活周刊》2015 年第 12 期。

3. 谭波:《央地关系视角下的财权、事权及其宪法保障》,《求是学刊》2016 年第 1 期。

4. 谭波:《我国立法事权的制度立论及其改革之基本原则》,《学习论坛》2015 年第 11 期。

5. 李北方:《超级地租:税权旁落地产商——对话资深财经人士卢麒元》,《南风窗》2015 年第 10 期。

6. 刘敏、郭木容:《黔北杨氏土司墓:一种旧制度的缩影》,《三联生活周刊》2015 年第 10 期。

7. 欧阳觅剑:《在稳增长中防风险》,《南风窗》2015 年第 9 期。

8. 雷墨:《政治强人与他的国》,《南风窗》2015 年第 9 期。

9. 唐元鹏、白伟志:《李自成的 1644 哪只蝴蝶煽动了甲申鼎革的翅膀?》,《南方人物周刊》2015 年第 8 期。

10. 谭保罗:《万元债务置换"拆弹"中国经济》,《南风窗》2015 年第 8 期。

11. 唐昊:《立法权与国家治理体系渐进改革》,《南风窗》2015 年第 8 期。

12. 张明:《克鲁格曼的两大观点值得我们重视》,《财经》2015 年第 8 期。

13. 刘长:《巡回法庭:最高法院"开到家门口"》,《看天下》2015 年第

8 期。

14. 王大琪、郑廷鑫：《迪拜的野心》，《南方人物周刊》2015 年第 8 期。

15. 方澍晨：《中国经济里的新加坡印记》，《看天下》2015 年第 8 期。

16. 《京津冀协同发展规划纲要将要出台》，《财经》2015 年第 8 期。

17. 徐诺金：《反思中国的主流经济学》，《财经》2015 年第 8 期。

18. 谭波：《破解我国地方债务问题的法治思考》，《中州学刊》2015 年第 8 期。

19. 秦前红：《立法法修改得失》，《财经》2015 年第 8 期。

20. 邹金灿、杨宙、白伟志：《徐永昌 士人与将军》，《南方人物周刊》2015 年第 7 期。

21. 李珊珊、郑廷鑫：《环保局长和他的雾霾之城》，《南方人物周刊》2015 年第 7 期。

22. 杨宝璐：《民间智囊"小动作"倒逼官家亮账本》，《看天下》2015 年第 7 期。

23. 吴迪：《美国债务消肿的难关与启示》，《南风窗》2015 年第 7 期。

24. 夏楠：《房地产税加征须慎行》，《财经》2015 年第 7 期。

25. 卢楚涵：《孙宪忠：不动产登记是摸清家底》，《环球人物》2015 年第 6 期。

26. 赵嫣：《俄罗斯打响古建筑保卫战》，《环球》2015 年第 6 期。

27. 英国广播公司：《地方财政收入减少 中国面临挑战》，《凤凰周刊》2015 年第 5 期。

28. 谭波：《我国央地事权细化的法治对策——从粮食事权引发的思考》，《云南行政学院学报》2015 年第 5 期。

29. 高广：《历经 4 年，银广夏再获新生》，《看天下》2015 年第 5 期。

30. 唐昊：《解决"地方集权"的路径选择》，《南风窗》2015 年第 3 期。

31. 罗昊：《中央党校的县委书记班》，《环球人物》2015 年第 3 期。

32. 朱福惠、赖荣发：《全国人大常委会宪法解释形式探讨——以宪法第 67 条为视角》，《江苏行政学院学报》2015 年第 2 期。

33. 曹景竹:《为上海新年悲剧叹一声》,《明报月刊》2015 年第 2 期。

34. 谭元斌:《乡级财政还能有多乱》,《人民文摘》2015 年第 2 期。

35. 谭波:《共和国司法组织改革的宪法依托——兼及内地与特别行政区的比较》,《广州大学学报》(社会科学版) 2015 年第 1 期。

36. 谭波:《论司法权的事权属性及其启示》,《山东科技大学学报》(社会科学版) 2015 年第 1 期。

37. 魏毅:《拆分河北:早在不知不觉中开始,未来是否还会进行?》,《中国国家地理》2015 年第 1 期。

38. 刘玉海:《离首都 100 多公里 贫困县竟然连成片》,《中国国家地理》2015 年第 1 期。

39. 刘德炳:《官员落马,地产商成标配?》,《人民文摘》2015 年第 1 期。

40. 许倬云:《西汉时期的意识形态》,《国家人文历史》2015 年第 1 期。

41. 雪珥:《地方政改大博弈》,《国家人文历史》2015 年第 1 期。

42. 邹珊:《北部伊拉克:渴望独立的库尔德人》,《三联生活周刊》2014 年第 28 期。

43. 徐菁菁:《十年之乱:谁应为伊拉克负责》,《三联生活周刊》2014 年第 28 期。

44. 财经网:《首批地方自发债试点接近尾声》,《财经》2014 年第 25 期。

45. 李燕、王立:《从信用评级看地方融资》,《财经》2014 年第 25 期。

46. 贾康、梁季:《审视分税制》,《财经》2014 年第 22 期。

47. 叶檀:《逼地方政府守信》,《南方人物周刊》2014 年第 21 期。

48. 刘煜辉:《地方政府债务治理出路》,《中国新闻周刊》2014 年第 9 期。

49. 韩永:《地方政府·陆昊的"硬仗"》,《中国新闻周刊》2014 年第 9 期。

50. 郑思齐等:《以地生财,以财养地——中国特色城市建设投融资模式研究》,《经济研究》2014 年第 8 期。

51. 谭波、邢群:《我国行政审批"放权"改革之法治透视——以商务行政审批为视角》,《福建江夏学院学报》2014 年第 6 期。

52. 王全宝：《中国行政管理学会执行副会长高小平："进一步实行大部门制改革"》，《中国新闻周刊》2014 年第 6 期。

53. 李静：《地方债风险"总体可控"——对话中国社会科学院副院长李扬》，《瞭望东方周刊》2014 年第 6 期。

54. 叶姗：《税收优惠政策制定权的法律保留》，《税务研究》2014 年第 3 期。

55. 张守文：《税收法治当以"法定"为先》，《环球法律评论》2014 年第 1 期。

56. 韩大元：《维护宪法权威 全面实施宪法》，《中国法学会》2013 年第 6 期。

57. 谭波：《央地财权、事权匹配的宪法保障机制比较研究——以 500 份调研问卷为缘起》，《河南工业大学学报》（社会科学版）2013 年第 2 期。

58. 谭波：《论我国财政立宪与社会保障之联动》，《学习论坛》2013 年第 1 期。

59. 李齐云、马万里：《中国式财政分权体制下政府间财力与事权匹配研究》，《理论学刊》2012 年第 11 期。

60. 许尔惠、钱秀萍：《滁州市中央事权粮食库存检查的实践与探索》，《中国粮食经济》2012 年第 7 期。

61. 黄进：《让深圳经济特区立法权发挥更大的作用——纪念深圳特区获授立法权 20 周年》，《中国法律》2012 年第 4 期。

62. 谭波：《我国地方立法制度的宪政定位与完善》，《行政论坛》2012 年第 4 期。

63. 谭波：《中原经济区行政区划权力研究》，《河南工业大学学报》（社会科学版）2012 年第 3 期。

64. 谭波、李晓沛：《中原经济区行政区划权力研究》，《河南工业大学学报》（社会科学版）2012 年第 3 期。

65. 郑毅：《中央与地方事权划分基础三题——内涵、理论与原则》，《云南大学学报》（法学版）2011 年第 4 期。

66. 周刚志：《论合宪性解释》，《浙江社会科学》2010 年第 1 期。

67. 姜孟亚：《地方税税权的基本构成及其运行机制研究》，《南京社会科学》2009 年第 3 期。

68. 祝杰：《我国税收立法权划分均衡问题研究》，《天津财经大学 2008 年硕士学位论文库》。

69. 赵晓：《从宏观调控看中央地方关系变革》，《中国发展观察》2007 年 4 月 27 日。

70. 朱孔武：《财政立宪主义：论题、命题与范式》，《江苏行政学院学报》2007 年第 3 期。

71. 胡学勤：《论税收立法权的划分及立法体制的改革》，《涉外税务》2003 年第 10 期。

72. 刘瑞中、王诚德：《当前地方政府经济作用膨胀的原因剖析》，《中国：发展与改革》1988 年第 1 期。

（二）国内报刊文章类

1. 韩玮、傅明：《国税总局与地方税务部门"打架"背后》，《时代周报》2015 年 5 月 12 日。

2. 潘凌飞：《地方债置换开局不利 财政部与央行联手保驾》，《财经综合报道》2015 年 4 月 24 日。

3. 赵志疆：《城市的"里子"比"面子"更重要》，《大河报》2015 年 4 月 11 日。

4. 宋晓珊：《来认识一个"高大上"模式：PPP》，《河南商报》2015 年 4 月 8 日。

5. 新华社：《社保基金可投资地方政府债券》，《河南商报》2015 年 4 月 2 日。

6. 郝多：《打破行业垄断 重大水利工程向社会资本全面开放》，《人民日报》2015 年 3 月 31 日。

7. 王晖余、夏冠男：《房价·房产税·土地财政——博鳌论坛聚焦 2015 房地产市场三大焦点》，《郑州日报》2015 年 3 月 30 日。

8. 苑广阔:《"就地城镇化"是一种有益探索》,《大河报》2015年3月27日。

9. 吕红娟:《厉以宁:中央不能随便兜底"地方债"》,《学习时报》2015年3月23日。

10. 温江桦:《管住了税,还要管住费》,《河南商报》2015年3月12日。

11. 赵强、郑筱倩、宗雷:《删除"税率"有关规定 相比之前是退步》,《河南商报》2015年3月11日。

12. 贾康:《结构性减税是开征环境税的前提》,《新京报》2015年3月7日。

13. 袁静伟:《18个税种仅3个经人大立法》,《新文化报》2015年3月5日。

14. 马尔科姆·斯科特:《各省经济增长参差不齐像欧洲》,张旺译,《环球时报》2015年2月7日。

15. 王冠星:《我省将推进地区GDP统一核算改革》,《河南日报》2015年2月7日。

16. 丁雨晴:《地方政府紧盯"一路一带"》,《环球时报》2015年2月7日。

17. 刘慧:《地方粮食出问题 省长责任没得推》,《经济日报》2015年1月23日。

18. 王媛:《国务院明确地方债管理:谁借谁还 中央不兜底》,《上海证券报》2014年10月8日。

19. 林卿颖:《国务院组织大督察除"政令不出中南海"之弊》,《新京报》2014年8月12日。

20. 李光磊:《自发自还地方债:发行利率低于国债或难持续》,《金融时报》2014年7月15日。

21. 王延辉:《省政府公布2011~2012年度优秀金融生态市县》,《河南日报》2014年5月8日。

22. 邢东伟、仇飞:《通过部分授权实现税收法定》,《法制日报》2014年3月6日。

23. 董伟：《如何控制地方政府债风险》，《中国青年报》2013 年 12 月 23 日。

24. 刘尚希：《财力与事权相匹配将成改革重点》，《济南日报》2013 年 11 月 5 日。

25. 全杰、卢文洁、李栋、王广永：《全国人大何时收回税收授权？将在适当时候考虑这个问题!》，《广州日报》2013 年 3 月 10 日。

26. 周潇枭：《专访财政部财政科学研究所副所长刘尚希：未来应建立"财力"与"事权"相匹配的财政体制》，《21 世纪经济报道》2012 年 10 月 9 日。

27. 新华社：《预算法修正案草案二审稿提交 地方政府自行发债仍被禁》，《京华时报》2012 年 6 月 27 日。

（三）国内网络文献类

1. 杜涛：《预算法三审稿 审慎地方债务开口》，http：//www. eeo. com. cn/ 2014/0422/259530. shtml，最后访问日期：2016 年 2 月 14 日。

2. 程丹：《预算法三审稿拟适度放开地方发债》，http：//finance. sina. com. cn/stock/t/20140422/080618876313. shtml，最后访问日期：2016 年 2 月 14 日。

3. 迈克·杰拉奇：《中国潜在的债务危机》，牛亚茹译，http：//opinion. caixin. com/2015 － 04 － 07/100797999. html，最后访问日期：2016 年 2 月 14 日。

4. 新华网：《中国 15 年来首次修改立法法 六大亮点引关注》，http：// news. xinhuanet. com/politics/2015 － 03/15/c_ 127582571. htm，最后访问日期：2016 年 2 月 14 日。

5. 搜狐网：《一个授权，任性收税 30 年的教训》，http：//mt. sohu. com/ 20150306/n409429496. shtml，最后访问日期：2016 年 2 月 14 日。

6. 郑丽纯、古美仪、张子鹏：《国务院常务会议：半年时间集中全面清理规范涉企收费》，http：//money. 163. com/15/0408/19/AMN0G1QR00253 B0H. html，最后访问日期：2016 年 2 月 14 日。

7. 李欣:《四大自贸区实际是"八个"竞合关系变微妙》,http://www.huaxia.com/tslj/lasq/2015/04/4345627.html,最后访问日期:2016 年 2 月 14 日。

8. 钟春平:《自贸区试点不是地方政府的"肥肉"》,http://opinion.china.com.cn/opinion_1_117201.html,最后访问日期:2016 年 2 月 14 日。

9. 韩洁、高立、何雨欣:《一场关系国家治理现代化的深刻变革——财政部部长楼继伟详解深化财税体制改革总体方案》,http://www.zjdpc.gov.cn/art/2014/7/12/art_791_661680.html,最后访问日期:2016 年 2 月 14 日。

10. 赵红燕:《二套房首付 4 成满 2 年免征营业税 楼市新政接连落地》,http://www.china-daily.com.cn/hqcj/xfly/2015-03-31/content_13468500.html,最后访问日期:2016 年 2 月 14 日。

后　记

　　不知不觉中，这已是个人的第四本专著了，时光总是那么不等人，从 2011 年第一本个人专著面世以来，我一直没有放松过对自己创作上的要求。从博士论文到博士后出站报告，从教育部基金项目到国家社科基金项目，一次又一次地修改，加上身边快速发展的社会节奏与立法态势，让我的创作成果一番又一番地面临需要修改的境地。但，我不嫌累，因为学术研究本来就是一个不断攀爬的过程。对我来说，虽然实现了一个个阶段性的胜利，却总也难掩不思创作、"笔耕有辍"的压力与恐慌，于是，集中精力、奋笔疾书，就成为生活应有的态度。面对生活，有时我们无法把握太多，但是个人的节奏却往往可控，不断的积累和个人追求使我的这本小书终于得以在大家的关怀中出版。首先感谢博士学习阶段的多位师长，马怀德教授、莫纪宏教授、薛刚凌教授等老师的无私支持，让我从学术殿堂的青涩小生走向成熟；社会科学文献出版社的李晨编辑，用她的耐心和细致，为我的书稿付印鸣锣开道；贤妻晓沛的配合与儿子仲迪的乖巧，让我无时无刻不感受到来自家人的力量支持和精神慰藉。同时感谢《求是学刊》《学习论坛》《云南行政学院学报》《行政论坛》《广州大学学报（社会科学版）》《山东科技大学学报（社会科学版）》《审计观察》等诸多刊物的支持，使得我可以将散落的珍珠串成一挂，同时，对本校学报的日常关注与关怀，也深表感激。愿这本书的出版能为我这个学习上的奔跑者提供取之不竭的动力，愿书中的一些思路能为诸多同行的奔跑提供更明确的方向引导与智力共识。

图书在版编目（CIP）数据

央地财权、事权匹配的宪法保障机制研究 / 谭波著
. -- 北京：社会科学文献出版社，2018.3（2021.6 重印）
ISBN 978 - 7 - 5201 - 1800 - 2

Ⅰ.①央…　Ⅱ.①谭…　Ⅲ.①财政分散制 – 研究 – 中
国　Ⅳ.①F812.2

中国版本图书馆 CIP 数据核字（2017）第 281027 号

央地财权、事权匹配的宪法保障机制研究

著　　者 / 谭　波

出 版 人 / 王利民
项目统筹 / 李　晨
责任编辑 / 李　晨　郭瑞萍

出　　版 / 社会科学文献出版社·政法传媒分社（010）59367156
　　　　　　地址：北京市北三环中路甲 29 号院华龙大厦　邮编：100029
　　　　　　网址：www.ssap.com.cn
发　　行 / 市场营销中心（010）59367081　59367083
印　　装 / 三河市尚艺印装有限公司

规　　格 / 开　本：787mm × 1092mm　1/16
　　　　　　印　张：18.25　字　数：300 千字
版　　次 / 2018 年 3 月第 1 版　2021 年 6 月第 2 次印刷
书　　号 / ISBN 978 - 7 - 5201 - 1800 - 2
定　　价 / 78.00 元

本书如有印装质量问题，请与读者服务中心（010 - 59367028）联系